女殇

寻找侵华日军性暴力受害者

段瑞秋 著

中国青年出版社

图书在版编目（CIP）数据

女殇：寻找侵华日军性暴力受害者／段瑞秋著.
—— 北京 ：中国青年出版社，2014.11
ISBN 978-7-5153-3011-2
Ⅰ．①女… Ⅱ．①段… Ⅲ．①军国主义－性犯罪－研究—日本
Ⅳ．①K313.46

中国版本图书馆CIP数据核字(2014)第283851号

责任编辑：彭明榜
摄　　影：段苏夏
书名题签：孙初
书籍设计：孙初＋林业

中国青年出版社出版 发行
社址：北京东四12条21号
邮政编码：100708
网址：www.cyp.com.cn
编辑部电话：(010) 57350506
门市部电话：(010) 57350370
北京科信印刷有限公司印刷　　新华书店经销

787mm×1092mm　1/16　24.75印张　330千字
2015年1月北京第1版　2015年1月北京第1次印刷
定价：45.00元

本书如有印装质量问题，请凭购书发票与质检部联系调换
联系电话： (010) 57350377

缘起

三个人上了我的车。朋友的客人是一对来自北京的中年夫妇，他们想去昆明郊县，看筹建中的艺术园区。

那一天，是2012年的某个星期六。

中途的加油站，两位男士下车，女士留在车上和我闲聊，说她听我爱写东西，是写散文还是小说？我说也就是一些生活感悟、游记、读书和观影笔记这样的小文章。她说好是好，但不够震撼。五年前她去腾冲采访见到一位老大娘，得到传奇的故事，本想拍成电影，但后来不了了之。要不给我写个小说。

“十四岁的时候，她和几个小姐妹被抓到了慰安所，按长相的漂亮程度分配给不同军阶的日本军人。她长得最漂亮，就分给一个佐官。我忘记是少佐还是中佐？有可能是大佐也说不定。白天呢，小姐妹们都被分散出去，晚上才回慰安所，会互相说说白天的经历。她听着小姐妹的哭诉很吃惊，和自己的境遇相当不同。那种事情让她很害怕。

她每天照样来到佐官的住处。佐官要么在画画，要么在本子上记什么东西，偶尔和她聊聊天。直到半个月以后，她忍不住问这个佐官，为什么他们之间没有发生小姐妹们和日本军人那样的事情？佐官伤感地说最多还有三个月，他要不战死，要不回日本，不论是哪一种结局，他都不能碰她。她还是个小姑娘，他不想伤害她。之后呢，佐官每天就给她讲故事，教她画画什么的。还不到三个月，佐官果然战死，日本的残兵败将也退出了腾冲，被赶出中国。这个姑娘和小姐妹们就流落到各个山寨里。

不久之后，她发现自己喜欢上了那个死掉的佐官，越来越怀念那些和他一起度过的时光。然后呢，她就在寨子后面的山坡上垒起一座坟，把佐官送她的几样纪念品埋了进去。从那时候，她每天都会去对着那个衣冠冢，哦，算不上是衣冠冢，里面埋的就几件纪念品。反正她就这么坐在坟前和他说话。她说呀说，到文化大革命的时候，红卫兵把那座坟给铲了，还把她的一个手指给剁了。”

“啊，还有这样的事？！”

我开着车，脑后传来她的声音：“接着讲啊，坟没了，等风声过去，她就在山坡上找了一棵树，还是每天都去，对着那棵树说话。有一天，一个村里的农民在山坡上对她说，你嫁给我吧，要不你一辈子都背着那种名声。她听了很惊讶，说要回去想一想。几天以后那个男人又问她愿意不愿意？她说有一个条件，她永远都要跟那个死掉的佐官讲话。男人答应了，她就嫁给了他。他们生了几个孩子，生活过得不错。

五年前，老人该有七十八岁了吧？可是，当她对我说起这个故事的时候，说起那个日本兵，她的眼睛里，还充满了那种，那种爱意深情吧！”

“慰安妇”这个词并不陌生，听说就是日本军队带来中国战场的日本女人，好像还有朝鲜的姑娘。但是说中国，尤其是云南的女性也有人成了慰安妇，我还是第一次听到。

往后几天，经常想起这个故事。那个老人叫什么名字？住在什么地方？生活得怎么样？那个“佐官”长成什么样子？他每天画什么？在笔记本上记下哪些事？老人一辈子对着坟墓和大树究竟说了些什么话？

难道，这又是一个类似于杜拉斯《广岛之恋》中法国少女与德国士兵的爱情故事？

我的问题越来越多，疑惑与兴趣也就越来越大。

不论从生命的角度还是写作的角度我都想追寻这个故事。我急迫地想见到这位老人，弄清故事的来龙去脉。

手机有提示音，是那位女士的短信：“瑞秋，我已回到北京，在云南认识你很高兴。来北京一定联系我。”

马上就联系她，说我决定去腾冲找到那位老人，请她告诉我怎样联系带她去采访老人的那位小伙子。她说已经找不到电话了，只记得他姓李。又说不着急，当时采访老人的笔记本被她带到法国去了，放在海边别墅的一只箱子里，等她回到法国找到笔记本就清楚了。

可我不想等。

那个故事控制了我的情绪和生活，我甚至试图在电脑上策划一个长篇小说的故事大纲。与此同时，我发现有诸多不能确定的东西，阻碍了这个大纲的推进与完成。

我得马上去腾冲。

三月初的昆明，阳光交替着细雨，温暖夹杂着寒冷。

想着自己即将走进被时间埋藏的历史，去找出某种奇特的人生经历，我买回拾音最强、容量最大的录音笔，在灯下熟悉各个按键的功能，一遍一遍试着录音效果，等待某位女性老去的声音，带着年轻时的奇遇进入。

打开大号旅行箱，把换洗的衣服和鞋袜装进去，又想起卡尔维诺小说中游手好闲的皮恩。想起皮恩那个绰号叫“长街黑美人”的姐姐，一个思乡难耐的德国水兵经常来找她。水兵在姐姐的床上，皮恩偷了他的手枪。

翻开战地摄影家罗伯特·卡帕的“终极收藏”版本，真的见到六张照片，拍摄对象就是为德军提供过慰藉的女人。

一张照片，地上胡乱扔着一蓬一蓬刚剪下的长发，墙角站着已经被剪成秃头的女人。另外几张，一个年轻女子，胸前抱着与德国人生下的婴儿。她身边站着同样被削掉头发的母亲，手里帮她拿着婴儿的奶瓶。她们走在充满嘲笑与鄙夷的街道，任欢乐的市民尽情羞辱。

而在我关于电影和小说的记忆中，更多的是骑马握枪的军人，遇上被占领地的妇女，放肆粗暴地追逐和强奸，甚至杀戮。

这些图像和故事错综复杂，让人对战争的某些隐语深感迷惑，一时不能破解。也使得我对听来不久的故事不易肯定或否定。究竟是一个生活在偏僻山寨的老妪悄悄掌握着一段不为人知的历史？还是有人在历史湮灭之后为了渲染传奇进行的添加？

我不得而知。

人类的战场，使得无法统计的女性无辜牺牲，成为替罪的羔羊。只是悲剧落在每一位女性的头上，就有了不同的故事和结局。

无论如何，我应该找到故事中的“女主角”。耳听为虚，眼见为实。出路，只有自己的调查。

没想到，我的日常生活形态，从此改变。

3月17日，飞机正点起飞，我带着莫名其妙的兴奋和即将获得答案的遐想，飞向腾冲。

机舱里我想象，那位老人，秀眉大眼，满头银丝，穿着深蓝色的斜襟罩衫，领口和袖口露出浅蓝的衣边，干净整洁。她可能会在一个阳光灿烂的午后，把我带到那棵相守一辈子的桫椤树下，讲述她的往事……

走出驼峰机场，看见一个热情大方的司机，手里拿着我的名字。

想着自己即将走进被时间埋藏的历史，去找出某种奇特的人生经历。没想到，我的日常生活形态，从此改变。

目录

第一章

从腾冲到龙陵

不知道那本远在法国的笔记本上，到底写着些什么？只能想象并相信它记录着某位女性年老之后倾吐的隐秘内心和奇异情感。以及，与之相关联的人物、电话号码和家庭住址。

我问过那位女士，老人住的寨子叫什么名字，在什么地方？她说记不住，反正是从腾冲坐了两个小时的班车，下车后又走了一个多小时的山路才到老人的家。

真的渺茫。除了故事本身，一切相关的信息都模糊不清。但我还是带上照相机、录音笔、笔记本和几套换洗的衣服，来到腾冲。

对我来说，腾冲并不遥远。我相信，既然有人知道线索，就不会是单线联系、独家新闻。即使没有李姓小伙子的联络方式，依然可以找到那位老人。

我想，很快就可以亲耳聆听老人的往事，并目睹那种奇特的“爱意深情”。

上图：段生馗把我带到大成殿后面，指着一座木头格子门窗、屋檐四角起翘的精美房子说："这是启圣宫，原来供奉着孔子的父母。日本人来到腾冲，把熊家的照相馆、蔡家大院和这里都搞成慰安所。你看看，这么庄重神圣的地方，鬼子竟然拿来做那种事情，真是不知羞耻，辱没圣贤啊！"

下图：这些女人，"有日本人带来的日本婆，也有朝鲜、台湾、东南亚的慰安妇。当地的妇女也有。日本人的材料上写着占领腾冲时候他们有一百八十六个慰安妇，但我们的统计不止这些，大约有五百八十个。"

腾冲：一切，在想象之外

为了方便寻找，我住进县委宣传部副部长李继东家的客栈。

女主人寸静玲，是李部长的妻子，与我同岁。客栈也就是李部长的家，大概有十间客房。

女主人说她家一般不管客人吃饭，街上有几家饭馆味道不错，很方便，离她家不算远。

吃着饵块，与老板娘闲聊，问起日本人来这里的时候，有没有姑娘被抓去当慰安妇？老板娘很惊讶："我们这里，不有听说过嚯！电视剧么，倒是见过呢！你问这个搞什么？"

"我也是在电视剧里看到的，想起日本人来过这儿，就问问。"

"不有不有。你是来旅游还是办事？住哪家？"

"办事。住大石巷，'号里头'。"

"哦，小河家。她男人就是县委宣传部当官的，知道很多日本人来时候的事情，你回去问他们。"

小河，是寸静玲的小名。

回到客栈，在院子里见到李继东部长。他们夫妇叫我坐下一起喝茶，听我转述带来的故事。

完了，小河说："我从小在腾冲长大，从来不有听说过这种事情。咯怕是人家哄你呢？"李部长也说："你这个故事很玄！我也没有听说过。要是腾冲有这样一个人和这样一件事，我早就应该知道，我就是管这个的。"

我懵了。难道，这个故事是乱编的？

可是，那情节、那眼神、那个断了的手指头，等等。她为什么要骗我？！

见我很失望，李部长说别急别急，也有可能是他们工作的疏漏，没有发现这个老人。他让我先休息，说帮我打几个电话问问这方面的专家，联系好告诉我。

“没有发现这个老人”的意思，难道是发现了别的老人，仅仅是疏漏了这一个？

“我们中国女人，真的有人当过慰安妇？”我问李部长。

“有啊！日本人占领龙陵和腾冲，被抓进慰安所的女人不下五百个。”

“啊，这么多！那这个故事，完全有可能发生？”

“那倒不一定！日本兵哪有那么好？！”

我们继续喝茶。在战火中幸存下来的和顺古镇慢慢安静下来，我的故事，仿佛迷失进真正的黑夜。

睁开眼睛，房中大亮。七点半，有电话进来。

李部长说已经联系好“滇西抗战博物馆”段生馗馆长，上午八点半在馆里等我。还说博物馆原址是乡政府，滇西抗战时是远征军二十集团军司令部。

从客栈走到博物馆，不到十分钟。爬上十多级台阶，进院子打听段馆长。听见小凉亭中传来声音：“我就是！”

段生馗馆长年龄和我差不多，魁梧但不高大，笑容满面声音洪亮：“继东说你要找个老奶奶，你说我听听，看我咯晓得？”他一边泡茶一边说话。

我喝下一杯清香的普洱茶汤，讲了一遍我听来的那个故事。

突然，段生馗站起来，端起茶一口喝下，把那只白色的小瓷杯攥在手里说："这个故事，绝对违背了历史事实，美化了鬼子！你说的这个老人我认得，就是荷花乡的，名字叫杨美果，去年我还见过她。她的手指头不是被红卫兵砍掉的，是日本人发情咬掉的。那个时候，她才二十岁，刚嫁人生了个娃娃，但是娃娃病死了。有一天出门去找烧柴，没想到遇着日本兵，被这些杂种抓进据点关起来。领头的那个鬼子叫南沿大武。她反抗，他们就打她嘴巴，咬她，用刺刀划她，血流得满身都是。为了活命，她不敢反抗了。她的小指头，就是南沿大武那个畜生咬断的！她疼得昏死过去，日本鬼子还一个接着一个糟蹋她。"段生馗说不下去，眼圈红了。

我目瞪口呆望着他，没有想到事情会是这样。拿着笔记本和笔的手没有写下一个字。

"几个月以后，突然有一天鬼子不见了，据点没有任何声音，守门的鬼子也不在了。她试探着从大门摸出来，顺着山路回到寨子。她的衣服早就被日本人扔掉了，只得穿着一身和服。一进门，把她男人吓了一跳，以为来了一个日本婆。等她开口说话才认出来自己的媳妇，马上叫她滚出去。她蹲在地上哭起来，男人踢她打她，她还是蹲着没出门，想着让自己的男人撒撒气就算了。她男人出门找到村长，说家里来了一个日本婆，被他打了。村长一听赶紧随他回去，一路上跟来很多人看热闹。来到他家，村长一看，这不是你媳妇嘛！哪是日本婆？她男人大叫，她不是我媳妇，他已经被日本人，被日本人那个过了。村长劝他男人，说她又不是自己愿意的，是日本人抓她去的，好不容易才回来，就算了嘛！男人没再吭声，看上去好像听话，村长就叫着那些看热闹的村民走了。但是，男人还是经常打她，不给饭吃。她蹲在房子外面哭，男人又出来打他。村里有人路过她家停下来劝几声，也不管用。实在受不了男人的打骂，她只好流落到其他村寨，帮人洗衣服，领娃娃，做农活，换碗饭吃。一年以后，来到一个村子找活计，有位老大妈见她到处流浪怪可怜，就把她留家里帮着招呼自己的傻儿子。后来她就跟这个傻男人过到现在，生了三个娃娃，都有点傻。你要是想见她，我给乡长打个电话。”

我说很想！

段生馗拨通乡长的电话，问杨美果大妈的情况如何？乡长说，去年年底，老人已经去世。

我为自己的迟来深感遗憾和懊恼，仿佛赶到剧院，剧情刚刚落幕。

他叹了一口长气，接着说：“再跟你讲一个人，几个姑娘被鬼子抓进慰安所折磨致死，最后剩下一个在远征军进攻的时候逃出来。她的耳垂，乳头全被日本鬼子咬掉了，身上多处伤残。她回不了家，只好上山躲到清凉寺，以后再也没有离开过那座寺庙。我去庙里找过她两次，她只是淌眼泪，一句话不说，嘴皮子不停颤抖。第三次，我去找她，她还是那个样子。我想她是无法再开口去讲六十多年前那些事了，只好彻底放弃。我离开的时候，她带着几个小尼姑开始做法事，庙里响着‘南无阿弥托佛’的声音和她们手里敲响的铃声鼓声。院子里，树上的叶子落下来，又被风吹到墙脚，那情景真是无法形容的凄凉。不过后来我又想，也许那才是她最好的归宿。”

我看着段生馗，不知道该说什么。他叫我喝茶，又说：“还有一个村子，日本兵去要求送几个花姑娘到据点，还扬言如果不送就点火烧掉这个村子。保长急得要命，送哪家的姑娘都不行啊！正好有一个老乞丐带了一个傻姑娘来这个村子讨饭。老乞丐死了，就剩这个傻姑娘住在村子边一间破屋里面。保长带人把她找来，梳妆打扮，然后用一顶轿子抬去。等她被糟蹋得不成人样，鬼子把她扔到据点外面的路上。保长听说带人捡回来，很快就死了。村里人都觉得对不起她，家家户户捐钱为她修了一个墓。你看，这个保长的行为咋个评说，很难给他定性，是好？还是坏？对村里几十户人家，他保护了他们。对这个可怜的傻姑娘，他又过于残忍。”

“我原来以为，慰安妇是日本鬼子带来的日本女人，没想到还有我们自己的同胞也被抓去当了慰安妇。”我说。

突然，段生馗提高声音说：“这些悲惨的女人不是慰安妇！慰安妇的服务有收入。日军印发慰安券，凭票得到慰安。慰安妇可以得到军票寄回家。我们的妇女，被抓到据点和慰安所，都是被侮辱和被损害的对象。最悲哀的是，身边的男人不能保护她们。什么是慰安妇？我马上带你进博物馆里面看。回到你那个故事，我问你，一个农村小姑娘，她会说日语吗？那个日本的什么佐官，他会说中国话吗？那个小姑娘，竟敢问日本人你为什么不跟我那样？这是一个被抓来慰安所的小姑娘的口气吗？她有那个胆量吗？呸！我听着都恶心！日本鬼子不碰她，可能吗？等一下带你到博物馆里去看一把刺刀，现在都好像闻得见刀上的血腥！日本人进村扫荡，村子里的老百姓听见警报都跑到山里躲了起来，一个叫郭咪芹的小媳妇在村口的碾坊里磨面，磨的声音很大，她没有听见警报，十多个鬼子冲进碾坊，发现这里有个花姑娘，高兴得咿呀大叫。郭咪芹吓得紧紧抱着一棵柱子，鬼子就用刺刀挑开她的衣服，用木棒把她绑成一个‘大’字，开始轮奸。之后吊起来绑在两棵柱子之间，用刺刀把她劈成两半。这就是日本鬼子！这才是真正的日本鬼子！什么聊天讲故事，还什么舍不得碰她，那还是鬼子吗？”

那一刻，带来的故事土崩瓦解。我呆若木鸡，无脸见人。

段生馗说：“走，进去看那把刺刀！”

那把刺刀早已生锈，刀锋上看不见骇人的寒光，但黑暗的锈色依然吓人，似乎留存着小媳妇凄厉的惨叫。

我盯着这把刺刀，打了一个寒颤，再也不能忘记这场恐怖的屠杀。

段生馗又把我带到一个长长的玻璃展柜前说：“看看这些东西，这才是慰安妇，日本慰安妇！不要脸的日本兵，在腾冲和松山，建立了三十多个慰安所。”

柜子里，我看见慰安妇“五枝花”。照片上，她们身穿和服，或微笑、或不笑。年轻、温婉，说不上漂亮。大概都是在家乡的留影，有的人身上，挂着“大日本国防妇人会”的绶带。照片的旁边，摆放着早已退色朽旧的和服、被面、粉盒、木屐、镜子和尚未寄出的家书。

“五枝花”死于某一次调换的途中，拉着她们和几个日军的卡车，翻下了滇西陡峭的山坡。那些用日文写成的家书，随着她们背在身上的包袱被老百姓捡走，再也无人投递。

不知为什么，我还是觉得她们也很可怜。

告别段生馗，回到客栈。坐在院里一条木头长椅上，看着阳光落在青石板上的光斑，脑子里一片混乱。为什么男人与女人之间，会发生这些难以置信的凌辱和杀戮？既然这样，又怎么会产生好感发生爱情？尽管知道虚假，我还是想到那个佐官和少女的故事。

这个时候，手机响。段生馗馆长说他可以带我去看看文庙，曾被日军占用为“慰安所”。

我又吃一惊，文庙变为“慰安所”？这有多么荒唐！

一进文庙，段生馗说：“这个地方自古以来都是腾冲城的核心位置，我们叫黌学，跟你们外地人就说文庙，免得解释。也就是说除了供奉孔子还办学校。从明代成化十六年开始建造，差不多有四万平方米，是滇西唯一的儒家庙堂。”

他说着，把我带到大成殿后面，指着一座木头格子门窗，屋檐四角起翘的精美房子说：“这是启圣宫，原来供奉着孔子的父母。日本人来到腾冲，把熊家的照相馆、蔡家大院和这里都搞成慰安所。你看看，这么庄重神圣的地方，鬼子竟然拿来做那种事情，真是不知羞耻，辱没圣贤啊！”

“这些女人从哪里来啊？”我很好奇。

“有日本人带来的日本婆，也有朝鲜、台湾、东南亚的慰安妇。当地的妇女也有。日本人的材料上写着占领腾冲时候他们有一百八十六个慰安妇，但我们的统计不止这些，大约有五百八十个。”

“远征军攻打这个庙，庙里的女人呢？她们怎么办？”

“有可能被乱枪打死，也有可能跑掉。”

我问他可不可以带我去看看熊家像馆和蔡家大院，他说像馆早拆了，现在是一个超市，可以开车从那个超市门口经过，让我看看。蔡家大院住着人，人家不欢迎参观。

电话又响，是那位北京女士。

“瑞秋，见到那位老人没有？”

我给她讲了我的故事。

没想到，她对我的讲述毫不惊讶，而是说：“当时我采访老人的所有情况都详细记在一个笔记本上，那个笔记本在法国的家里。”

我不知道如何应答。

她的声音还在，“瑞秋啊，你让我想想，我在五年前采访了好几个地方。我告诉你的那个老人也许不是在腾冲。我是在保山或者海南见到她的也说不定。你等我回到法国，打开那只箱子，看了我的笔记告诉你噢！”

实际上，那只箱子从未引发过我的好奇。我是被她讲述的故事中那种奇特的人物关系和侥幸避开的灾难所吸引和困扰才来到腾冲。就是在那一刻，不管故事的真假，我突然对她充满感激之情。我想，若没有她的故事，我就不会抵达这个早已沉默的战场。有可能永远对这样一群被拖进战场的女性毫无觉察，一无所知。

在电话的结尾，我真心对她说：“谢谢你！”

但我还是好奇，她的故事从何而来？为什么要坚持这个故事真的存在？而在故事和故事之间，出现一个令人迷茫的大海。

看来，我得先回昆明，去准备一场更加长远的调查。

四个女人赤脚、头发散乱、神情沮丧，衣裙潮湿肮脏。山脚下一处土坡旁，她们或坐或站，像一场奔逃之后的狼狈急喘刚刚平息。画面最右边的那个女人，裙子宽大，斜靠身后的土坡，双手稍稍向后支撑疲累的身体。她低头，眼光垂落在自己隆起的腹部……她是孕妇！拍照的时间，是1944年9月3日。（瓦尔特·乌勒 摄）

朴永心：是歌丸，是若春

回到昆明，朋友送来关于滇西战场的一本书。

翻开，看到一张黑白照片：四个女人赤脚、头发散乱、神情沮丧，衣裙潮湿肮脏。山脚下一处土坡旁，她们或坐或站，像一场奔逃之后的狼狈急喘刚刚平息。生或死，在这一刻模糊不清。她们的左边，一个身穿美式军用风雨衣，手拄步枪的中国军人，调皮地笑着。

画面最右边的那个女人，看上去还很年轻。圆脸、短发，裙子宽大，斜靠身后的土坡，双手稍稍向后支撑疲累的身体。她低头，眼光垂落在自己隆起的腹部……她是孕妇！

拍照的时间，是1944年9月3日。

想了解这个孕妇，朋友李志昆，也就是让我认识北京女士的那个画家，为我带来二战研究专家戈叔亚先生。

餐桌上，戈叔亚告诉我："她叫朴永心，朝鲜人。日本人把她从平壤附近的南浦骗来，带到南京的慰安所。她说，日本巡查来南浦招工，需要年轻姑娘去日本军队的后方营地，从事非战斗的工作，比如在医院照顾伤员、洗衣服、做饭这些工作能挣钱。朴永心和几个小姑娘听听觉得不错，就报了名。哪想到她们会被装进火车和军用卡车，拉来中国的南京。

那个慰安所在利济巷，她们被分发到贴着数字编号和日文名字的单人房间。朴永心门牌是'19'，名字是'歌丸'。

2003年，我的朋友朱弘（旅日留学生，电视节目制作人）把朴永心从朝鲜带来南京，让她指认当年自己被迫成为日军慰安妇的那个慰安所。她把自己住过的房间指了出来。

太平洋战争爆发，日军又把她带到缅甸，从缅甸带来龙陵和腾冲，最后从松山日军阵地的大垭口慰安所逃跑出来。

这张照片是美军摄影记者瓦尔特·乌勒在腊勐街上远征军医院门外拍的。那个时候，她肚子里的孩子已经死了。因为感染，她的子宫被摘除，回国以后没有结婚，和养子一起生活到去世。”

“太惨了！和我们那天听见的故事差得太远了嘛！”李志昆大叫起来，又问我：“找到那个老人没有？”

我如实讲述李继东和妻子的质疑、段生馗的愤怒和答案。

戈叔亚说，段生馗是他的好朋友，生在腾冲长在腾冲，家里有人被日本人杀害，很了解日本人在腾冲的罪恶。但是，中国姑娘和日军相好，结婚生子的人有啊！

“真的？！”我和李志昆同时惊呼。

“张问德《答田岛书》那个田岛，当时是日军驻腾龙行政班本部长，相当于县长那个意思，就和当地一个姓蔡的姑娘结婚，还生了儿子。朱弘告诉我，在缅甸贵堦，中国村村长的女儿，也和一个叫花田数夫的日军曹长生了娃娃。我后来也去了贵堦，见到这个中国村长的孙女，她告诉我确有其事。”

戈叔亚还说关于田岛和那个姓蔡姑娘的事，可以介绍我去保山采访滇西抗战研究学者陈祖樑先生。还有一位叫李连春的老大妈，已经去世，但她是滇西唯一一个勇敢站出来揭露日军把她抓去当慰安妇的女性。她的情况，也可以问陈祖樑。

话题又回到朴永心。

“那次来中国，我们把朴永心从南京接来松山，她居然认出大垭口慰安所的原址，也是哭啊，哭！她还跟当年从勐梅河送她去腊勐街的李正早见了面。之前我们没有告诉对方任何信息，李正早走过来，对着朴永心说

‘若春。你来了嘎？’两个人都老了，抱在一起痛哭。在松山打过仗被俘虏的日军老兵早见正则告诉我，‘若春’是他们取给朴永心的名字。我也只见过朴永心和李连春，不能给你太多的信息。不过，你是一个女性，依我看你还是不要陷得太深。她们的故事是你无法想象的悲惨，有时让我们男人都无法承受。你要了解她们，必须有这个思想准备。除了意志坚强，还要不怕苦不怕累。”

李志昆也说：“你怕是不行！”

给我打了预防针，戈叔亚还是接着给我们讲朴永心的故事。

1941年底，在南京的“歌丸”已经二十岁，穿着鲜艳的和服，张开抹着口红的双唇已是流利的日语，几乎无人再提起朴永心。和她一起来的十五个小姐妹，已经累死病死一半，就剩下八个人。

1942年夏天，日军通知歌丸和她的姐妹，收拾好自己所有的东西，跟随他们去另外的地方。

她们被带到长江边的码头，登上了巨大的轮船。

这次行程大大超出“歌丸”和姐妹们的想象。船，来到海上，在风浪中颠簸，向南，一直向南。经过新加坡，来到缅甸的仰光。中途停靠，与另外的轮船交接过几次，送过来女人，或者分过去女人。

船到仰光，“歌丸”们随日军上岸，已经变成庞大的队伍。一部分女人被留在仰光的慰安所，剩下八百多人跟随日军继续开拔，一路分发到各个部队。“歌丸”被带到缅甸北部的小镇腊戌，那里已由日军重点把守，并开办了几家慰安所。

“歌丸”被分配到一个叫“石角楼”的慰安所里，穿上从南京带来的和服和木屐，开始接待日军官兵。“歌丸”被一笔勾销，重新亮相的，已是“若春”。

时间，是1943年的1月。“若春”听那些来“石角楼”寻求“慰安”

的日军官兵眉飞色舞地说，早在半年前的5月3号，他们就占领了中国最南边的小镇畹町。第二天，占领芒市。第三天，占领龙陵。还说，他们的战友在龙陵松山修筑着坚固的战壕，已经成功切断了滇缅公路。

1943年7月，日军第十八师团的第一一四联队，踏过中缅边境的畹町桥，开往中国云南的芒市。师团为他们配备了二十二个慰安妇，“若春”就在其中。日军在芒市有过短暂停留，留下三个慰安妇后继续前进，来到龙陵县城。

“若春”和另外十八个慰安妇，被送到董家大院。

在龙陵三个月，她被调换来到腾冲，住进熊家的“流芳”照相馆。与她同来的几个慰安妇，有台湾人和东南亚人。

1944年春天刚过，“若春”被调换到松山，留在大垭口慰安所直到阵地上一千二百多个日军全部覆灭的前几天，才和另外四个慰安妇逃向山脚下的勐梅河。

“李正早是谁？”想起刚才戈叔亚说过，是这个人从河边送朴永心去的腊勐街。

“哦，这个人啊！他家就在松山，小时候被日军征用去当小马伕，每天都要和同伴帮日军割草喂马。”

前几年戈叔亚和日本“慰安妇问题”研究学者西野瑠美子去松山调查，手里拿着瓦尔特·乌勒这张照片挨家挨户询问，大寨村的李正早指着朴永心说：“若春”。从那时起，整个松山村的老百姓就听说了他在“打仗时候”的故事。

有一天，十五岁的李正早牵马吃草经过大垭口，突然听见一个建好不久的院子里有女人在唱歌和说笑。他很吃惊，问在院门口站岗的日本小兵，咋个阵地上会有女人？小兵告诉他，这些女人是从朝鲜来为日军服务的。歌声和女人激发了小伙子的好奇心，他问那个小兵可不可以让他进去看看那些“朝鲜姑娘人？（本地语）”小兵放他进去了。

李正早发现，这种房子盖得有点怪，一大排，又分成一个一个小单间。突然有几个女人走出来和他打招呼，李正早害羞赶紧跑出来，惹得日军小兵哈哈大笑。

后来，马伕都到大垭口路边日本人为勤杂人员开设的食堂吃饭，那些女人也来。她们很喜欢李正早，教他说日语，要李正早教她们说中国话。有时候她们在慰安所的空地上唱歌跳舞，就拖上李正早一起跳。李正早认为，“若春”唱歌最好听!

松山攻坚战结束前几天，李正早带着几个中国兵在河里炸鱼，忽然听见河边的苞谷地里有动静。士兵派李正早去侦察，原来是四个魂飞魄散的女人。其中一个跪在他面前求饶，说不要杀我不要杀我！李正早叫她不要害怕，说不会杀你们。这个女人抬起头来，是“若春”。

见“若春”挺着大肚子，血不停顺着大腿流下来，士兵就把这几个女人交给李正早，叫他送到腊勐街远征军指挥部，旁边有医院，可以为“若春”治疗。

从勐梅河走到腊勐有四五公里山路，李正早扶着“若春”，带上另外三个慰安妇先来到他家，嫂子赶忙煮了一盆苞谷饭给她们吃。

好不容易来到腊勐。远征军指挥部几个军官一看朴永心的情形，叫李正早赶快把她带到旁边的野战医院。

“说不清在哪一个具体位置，美军联合通讯社的记者瓦尔特注意到这几个特殊的女人，他马上举起手里的相机，按下快门。很快，这张照片登上了美国《中缅印综合杂志》，怀孕慰安妇的形象让看到照片的所有人大吃一惊。”

戈叔亚认为，拍这张照片的时间，李正早有可能还在旁边。

“她们身边这个拿枪的军人，为什么穿着美式军用风衣，长得又是中国人的样子呢？”我指着照片上唯一的男性问戈叔亚。

他说：“很多人看这张照片不太会注意这个小伙子，大家的视线都会被朴永心吸引，她的形象太令人震惊了！其实，除了照片，瓦尔特·乌勒还在杂志上发表了一篇写日军慰安妇的文章，说明拍照那天，是一个从满洲逃难过来为美军服务的中国学生帮他用日语询问了几个慰安妇的来历。女人们告诉这个学生，她们都是朝鲜农村被骗来的，从松山跑下来的人是五个，有一个被河里的激流冲走了。照片上穿着美军风衣，拿着枪的这个小伙子，就是瓦尔特说的中国学生。”

听到这里，我已经决定去松山了。我相信，还会有很多女性的故事留在那里，包括“若春”，也包括书中所说“日军溃败时慰安妇集体自杀，有一个慰安妇把木棒从嘴里插入致死。”

这样的自杀让我惊恐，也觉得疑惑，但戈叔亚先生这里，没有答案。

6月10日，本应上午十点从昆明起飞的航班一再延迟，直到下午三点才降落德宏机场。杨卫平大哥把我的行李搬上他的轿车尾箱，问我：“带这大个箱箱来搞么？要从芒市跑缅甸嫁人去？也不必带这么多彩礼嘛！”我笑着上了车，才跟他讲明我的来意。

很快，他帮我联系到几条关于慰安妇的线索，并把我介绍给他的副台长杨艳。

杨艳很忙，却每天抽空开车带我去见她的朋友和熟人，又是找资料，又是采访。

她的朋友陈述，带我去树包塔佛寺，说这里也是日军的一家慰安所。她的老师陈德寿证实，他小时候就在树包塔“一小”上学，教室是日军当年建盖慰安所的房间，地板和墙面，是从缅甸拉来的柚木。

想起在腾冲时段生馗告诉过我，日军从傣家村寨哄骗八十个小卜哨来树包塔慰安所，用卡车分发到各个部队。很久没有消息，土司方克光派儿子几次找上门询问，日军支支吾吾，不了了之。战后，仅有一人回到寨子，后来精神失常，投井自尽。

但除了这些，芒市很少有人知道慰安妇的情况。

我的师弟李绍明是《云南日报》驻德宏记者站站长，他通过多种渠道帮我打听有关慰安妇的消息，基本上也就是这几条。他说："师姐，还是去龙陵和腾冲吧！那两个地方东西多。"

在昆明，戈叔亚想起朴永心跟他和朱弘说过，当年她乘坐的军用卡车进入中国国境时，从卡车篷布的透气孔看见用英文标注着畹町的地名。很快，汽车就通过这个很小的集镇转上了盘山的公路。公路两边的山坡上，开满了黄色的小花。六十年后再回到芒市和龙陵来，那一天的记忆突然苏醒。

为了这段记忆，在芒市画画的二哥杨卫民开车带我来到畹町。

中午的小城烈日当空，街道仍然不算宽阔，最为显著的地点就是畹町桥。

这座桥全长不到二十米。我站在中国这一端，凝视着一辆又一辆自缅甸驶过来的汽车，想像着"若春"被日军卡车拉进中国的那个时刻。如果不是因为这场战争，她也许永远不会知道中国的云南，不会抵达畹町这个连我都觉得遥远的小镇。

我们的车行驶上老滇缅公路。道路两旁的坡地上，不时有红、绿、黄、蓝、紫色的野花和叫不出名字的野果掠过眼前。我也看见了路边盛开的黄色野花，想到"若春"，也许那灿烂的色彩和怒放的姿态，给了她短暂的愉悦和模糊的希望。

她一直记得，从这条路"又被带到位于中缅边境的松山，也就是日军的拉孟守备队。这里是日军的最前沿阵地，每天都遭到炸弹和迫击炮弹的轰炸，处于一种不知什么时候会死的境地。"

我也来到了松山。站在大垭口慰安所原址的一块菜地里，我想到一个真正的日本女人。

1942年12月，名字叫水木洋子的女作家从日本来到松山。阵地上的

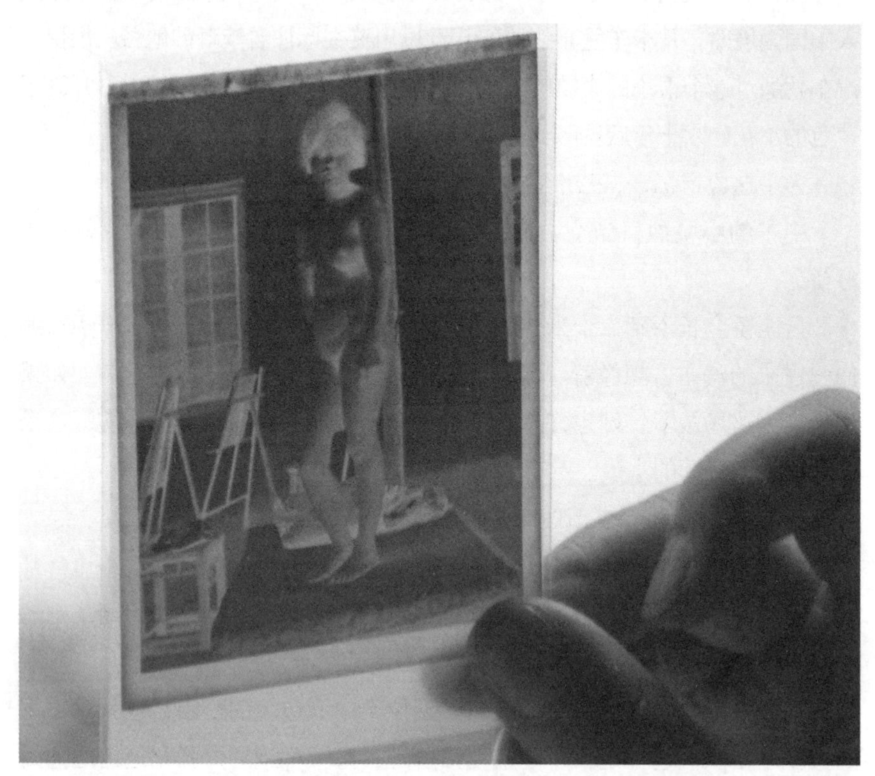

在腾冲熊家照相馆发现的朴永心当年的裸照底片

上图：朴永心晚年重返松山，李正早走过来，对着朴永心说“若春。你来了嘎？”两个人都老了，抱在一起痛哭。

下图：这座桥全长不到二十米。我站在中国这一端，凝视着一辆又一辆自缅甸驶过来的汽车，想像着“若春”被日军卡车拉进中国的那个时刻。

日军热烈欢迎她的到来，纷纷为她要写的连续报道和一个电影剧本接受采访。他们是日军号称“龙兵团”的五十六师团，因快速勇敢著称。

之前的5月5日，一一三联队主力三千多人全面驻守了松山，马上组建“拉孟守备队”。

一一三联队第四中队长辻义夫更是热情洋溢，亲自带水木洋子来到怒江边，参观已被中国军队炸断的惠通桥，把他们大致的作战计划告诉她。他认为，即使没有这座桥，日军也可以关山飞渡，很快打到昆明、重庆，与华东派遣军会合，完全占领中国，实现“大东亚共荣圈”的梦想。

水木洋子激动得浑身发烫，回到松山营地，她打开笔记本，飞快记录着自己的所见所闻和内心波澜。热血使她产生错觉，仿佛手里精细的笔，变成了性能优良的三八枪。

我很想知道，水木洋子是否注意到设在前沿阵地的大垭口慰安所？是否采访过那些蒙受欺骗、背井离乡来到前沿阵地与日军朝夕相处的慰安妇？按李连春大妈被送进这个慰安所的时间推算，水木洋子来到时，松山的慰安所已经投入使用。

她们是怎样地目睹战火与死亡？又是怎样地“不知什么时候会死？”她们怀疑着什么又相信着什么？

参加过松山攻坚战的远征军老兵至今还记得，战斗最激烈的时候，敌军战壕突然爬出身份不明的女人，举起手枪朝他们射击。后来知道，这样的女人是日军慰安妇。

日军老兵太田毅记录，1944年9月7日，日军一千二百六十人“玉碎”前，发生了令他们“感动”的事情：朝鲜慰安妇两人一组，冒着中国军队炮弹的袭击和大雨，用装干面包的空罐头装上饭团，送到战壕给拼死抵抗着的日军，仿佛她们也成了“守备队”的一员。以至于让那些平日不顾她们的感受，只知道满足自己欲望的士兵，羞愧地低下头，对她们说：“对不起！”

他还提到，9月7日凌晨三点，身上带着日军关于松山战况报告书和死伤人员名单奉命出逃的木下昌巳中尉等三个日本兵，身上就穿着慰安妇用深色蚊帐底襟给他们做的衣服、帽子和裤子，使他们看起来像当地的农夫，能够躲过中国军队的搜查。

尽管有这样的描述，我对大垭口慰安所究竟有些什么女人还是好奇。后来在当年日军随军记者品野实的回忆录《中日拉孟决战揭秘》中读到，他采访的卫生兵乌饲久说："慰安所里有两个男人主管，慰安妇有二十多个，分为两组。据说日本慰安妇是从熊本来的，大多年龄较大，还有吗啡患者，一旦没有吗啡，她们就暴跳如雷。闹得厉害时，负责管理的男人就把她们关起来。就这样，她们还吵着要注射吗啡。朝鲜慰安妇既年轻又漂亮，其中有一个因生了孩子而被换到龙陵去了，这才逃脱拉孟之死。她后来怎么样不知道。"

乌饲久常要跟随军医清岛长典中尉去慰安所做定期妇科检查。他说的慰安所，就在大垭口。

但是，战争的局面，并未在日军的预期中推进，回到日本的水木洋子，没有如想象中写出日军乘胜追击，跨越怒江的电影剧本。关于这些为天皇军队的"圣战"牺牲青春与肉体的女性生活，似乎也没有出现在水木洋子的笔端。

即使是瓦尔特·乌勒拍下的那张照片，也是到了1984年才在日本引起关注。

那年出版的《太平洋戦争写真史胡康谷地·雲南的作戦》，编辑森山康平将这张照片作为书的封面，在日本的战败纪念日8月15日出版。

照片上，她们衣裙肮脏，面容憔悴，与左边天真好奇的小兵形成鲜明的对比。尤其是那位临产的孕妇，让所有看见的人触目惊心，再也不能把她忘记。

慰安所的原址就在路边，离老滇缅公路仅有十多步。现在是一块农民的菜地，的确在两座山交界的垭口处。地里种着应季的玉米、辣椒和洋丝瓜。地边杂乱的野草中，有两间一高一矮的瓦顶土坯小房。矮的一间已经破败，门朽坏得不能推拉。高的一间墙面刷着白石灰，但用途不明，也不像住房。向西的墙面上有人用红色的颜料写着某种饲料的名字和联系人的电话号码。

地里有一个一米多高，下方上圆的石柱，顶端咬着一块石碑，上面的文字这样写着：日军盘踞松山期间，在此设立慰安所（军妓院），日军败亡时，慰安妇（军妓）多数被其杀害，少数被我军俘虏。

来松山之前，原昆明市作家协会主席黎泉先生告诉我，2003年11月，他在日本工作的表弟朱弘和日本“慰安妇问题”研究学者西野瑠美子经过多方努力（其中大部分的费用是朱弘私人提供的），由朝鲜的“朝对委”民间组织陪同，终于把朴永心老人带来中国，来到了松山，请她指认当时住过的日军慰安所原址。黎先生应邀参加了中方的调查团，一起陪朴永心来到松山大垭口调查和取证。

先是在一个可以看到松山全貌的地方，朱弘对八十二岁的朴老太太说“妈妈，这就是松山！”老太太静静的看了一阵，呜呜哭起来说，“我到死也不会忘记这个地方……看到这个地方就想起过去的事情，很揪心哪！很想死啊！”后来，大家又把老太太搀扶来到一块农民的自留地边上。那个季节，地里种着红薯。老太太看看两边的山形，突然说：“就是这里，就是这里！”她指着一块石碑问上面写着什么？西野女士告诉她，写着的中国文字是说这个地方原来是日本军的慰安所。老太太听完哭起来，突然她说了声“撒尿（sui音）”站在旁边的人没有谁明白她说什么？只有黎泉反应过来，她是用龙陵话说想上厕所。“你知道，人一旦紧张，就会想小便，甚至会失禁。那么多年过去了，想起那段历史，她居然还害怕成那种样子。造孽啊！”黎泉先生说。

陪我和彩铃来大垭口慰安所原址的陈院峰，是刚刚上任几天的松山抗战遗址管理所所长，他说：“也不是每一个日军官兵都爱来慰安所，当时的守备队长松井秀治经过这里从不停车，他嫌这个地方晦气。一开始他也不愿建慰安所，但抵不过上级的指令，还是执行了。”

他指给我看朴永心当年逃离以及被李正早救助送往腊勐街远征军野战医院的大致路线。他说若没有日军某人，甚至某些人的暗中帮助，朴永心不可能逃出这个把守严密的阵地。

而这个“某人”，有人说是松山阵地上的日军军曹谷裕介。

幸存的日军老兵传说，在保山和昆明的俘虏营，尽管“若春”才失去孩子出院不久，还是会去找谷裕介收来穿脏的衣裤帮他洗干净。

这个说法我很关注，在我认识朱弘以后问过他。他说在日本见到老年谷裕介，相貌堂堂令人惊讶。在松山作战时负责后勤，除了分发物资（罐头、饼干之类）从不进慰安所，对“若春”印象很好，但他和“若春”并非特殊情感。

十年前朴永心站出来承认自己当过日军慰安妇，谷裕介知道她还活着就答应可以见一面，但因为媒体的纠缠，老人不想受困搬家了。

至于说到当年“若春”逃离松山是不是谷军曹帮的忙？朱弘说不是，当时日军阵脚已乱自顾不暇，跑掉几个慰安妇也未必能够发现。

但时至今日，还是有人说，“若春”来到龙陵县城的董家大院，就和谷裕介好上了。

日军进城来，很快发现这个隐秘而阔绰的董家大院，当军人的慰安所再合适不过。他们雷厉风行，马上改装房间，补充必要的家具和设施。等到做皮肉生意的阿云婆带着慰安妇走进门来，立马开始慰安性欲饥渴的日军官兵。

董家大院：儒商豪宅充作军人服务社

走到正房的东头，一扇黑漆小门引起我的注意。

小门大概六十公分宽，不到两米高，顶端是马蹄造型。门紧闭，一个黑色的生铁门扣并没有搭上。

我问身边的彩铃姑娘："那扇小门里面有什么？"她告诉我："一口水井。有的姑娘刚被抓来或者是骗来的时候不愿当慰安妇，就会被倒吊着放到井里洗头。洗头就是呛水，等到她同意才拉上来。如果坚决不同意，就松开手，让她在井水里呛死。"

彩铃的叙述让我下意识后退，想离那扇小门远些，脚步却差点朝后踏空，摔进雨水密集的天井。站定后，感到双腿无力，不知自己应该朝哪一个方向迈步。靠在一棵方形的柱子上，眼睛却再也不敢看那扇关着冤魂的小门。

2003年，朴永心早已不是"若春"，她再次来到董家大院。照片上的她，头戴毛线帽，身上穿着普通老妇人通常款型的毛衣和风衣，老态龙钟，步履蹒跚。坐在轮椅上的老妪，苍老的脸庞皮肤下垂，布满黑色的斑点，风烛残年。

她已经记不清这个顶瓦破落、杂草丛生的衰败庭院是不是自己刚到龙陵时住过的慰安所。她一直对把她带来龙陵的朱弘摇头，说"不记得了，不记得了，这里的房子都一样，大院子、两层楼。" 还有，"一直下雨、下雨，很冷。"

这所房子没有唤醒她的任何记忆，急得朱弘流出汗水。"老太太身体很不好，血压高，头晕。走路要人扶着。好不容易把她扶到董家大院里，她怎么都看不出这个房子是自己住过的慰安所。”朱弘没有办法，只好把老太太送到车上休息。突然，她对朱弘说：“有一口井，院子里有一口井。”朱弘急忙跑回那个院子，他很快问到，在东北角，的确有一口井。由于房子破损，进出的门作了改动，要绕过去才行。

找到那口井，井口有绳索长年拖拉留下的凹槽，朱弘在深深的井水中看见自己焦急的面容。但同来的朝鲜官员不同意体弱的朴永心大妈再次下车来指认那口井了。

这事过去十一年，说起来朱弘还充满遗憾和自责：“前一天，我和戈叔亚去勘察了破旧的董家大院，就是没有发现这口井。因为这次前期工作的疏忽，让我错过了一个重要的历史性时刻，令人痛苦和绝望。”

美惠子、若春、静香、千代子、由美子、明美、麻衣、玲子、夏树、顺子、香织、彩香。

这是十二个日军慰安妇的花名。她们的身体，在这个深宅大院中被日军频繁使用。但是她们，几乎不是日本人。管理她们的日本女人，叫做阿云婆。

我站在这些“女人”面前，找到了“若春”。

1943年8月，“若春”的脚步，跨进这个陌生的院子，开始并不陌生的营生。而她并不是第一批来到董家沟的随军慰安妇。

“那个时候，我们不有听说什么慰安所。日本人带来的妓女住在董家沟。有时间她们出来街上逛，穿着旗袍。人长得白生生呢！”说话的赵鸿旗老先生八十七岁，就住在离董家沟不远的白塔村，乡亲们叫他“麻六”，我叫他“麻叔”。

“麻叔”说的“董家沟”就是董家大院。这里的门牌是：龙陵县龙山镇董家沟二十八号。房子有两进，由正房、面楼、天井和左右厢房构成。

大约是在1921年开始由董腾龙、董从龙两兄弟合资建盖，占地八百多平方米，建筑面积近四百平方米，全院有大小房舍二十三间，是滇西典型的土木结构走马串角楼二进四合院。雕梁画栋、精美华贵，木头雕花格子门窗上，金粉的烫花至今可辨。

听说日军就要到来，富贵而儒雅的董家老爷太太们带上所有的少爷小姐慌忙离开，留下一位长工守门看院。

日军进城来，很快发现这个隐秘而阔绰的大院，当军人的慰安所再合适不过。他们雷厉风行，马上改装房间，补充必要的家具和设施。等到做皮肉生意的阿云婆带着慰安妇走进门来，立马开始慰安性欲饥渴的日军官兵。

第一批来到董家大院的慰安妇有二十三人，其中十人是日本职业妓女，有很好的待遇，可以自由出入慰安所。另外的十三人是被叫做“女子挺身队员”的朝鲜人和台湾人，受一定约束。

一时之间，在董家大院，从早到晚回响着木屐、皮鞋的走路声和日本语的说话声。房间里的桌子，摆上了日本运来的酒瓶、茶具、漆盘和药瓶，也摆上了女人的木梳、发簪、粉盒、口红、化妆镜子、手链、牙刷、顶针、纽扣和肥皂盒子。

日军发现，这二十多个女人并不能满足驻守龙陵县城千余官兵的需要。他们找来维持会长赵炳万，希望他组织人派送花姑娘。维持会长只得紧急派出汉奸，到各个乡镇哄骗、甚至强迫一些姑娘来到慰安所。

实际上，麻叔少年时代见过的“妓女”，不止住在董家沟。这个小县城，日军就设置了四个慰安所。除董家沟外，还在龙山卡、白塔村和一大户人家的宗祠，都安置了慰安妇。为了掩人耳目，他们把这些慰安所叫做“军人服务社”或者是“陆军俱乐部”“娱乐所”。

白塔村八十五岁的赵桂芝大妈说，她十三岁的时候，听说日本人到处找花姑娘，就赶快躲起来。她和小伙伴偷偷见过从董家沟出来的日本妓女，“脚上穿着木头鞋，就是那种小板凳面子，背面钉着两块小木头，她

上图：龙陵县白塔村赵桂芝大妈回忆，她十三岁的时候，听说日本兵在县城到处找花姑娘，吓得赶快躲起来

下图：这是十二个日军慰安妇的花名。她们的身体，在这个深宅大院中被日军频繁使用。但是她们，几乎不是日本人。管理她们的日本女人，叫做阿云婆。

2003年，朴永心回到董家大院。她已经记不清这个顶瓦破落、杂草丛生的衰败庭院是不是自己刚到龙陵时住过的慰安所，只是一直摇头说“不记得了，不记得了，这里的房子都一样，大院子、两层楼”，还有“一直下雨、下雨，很冷”。

们出来逛街。”赵大妈还说，她有个朋友叫张芹芝，“比我大，生得比我标（致），年轻时候就亲眼见过日本人在苞谷地里强奸姑娘。她死掉几年了。要是你早些来，我可以带你去她家听她款（讲）。好些个人来找过她问这个事情。”

我问赵大妈，有没有听说有姑娘嫁给日本人？大妈一下子叫起来：“咋会？！躲都躲不过，还敢嫁给他们？”

那么，戈叔亚先生说到的那个田岛，怎么会娶到一个腾冲姑娘呢？

向腾冲的朋友李根志问起田岛寿嗣，他说1942年，此人三十八岁，担任腾龙行政班本部部长，管理腾冲、龙陵的军政事务。他积极推行“文治”政策，办起了日文学校，还把当时印刷《腾越日报》的印刷机搬到龙陵，准备最大程度鼓舞日军官兵去实现帝国“大东亚共荣”的梦想。除此之外，他最积极的行动，就是选址开办日军所需的慰安所。他把董家大院做成慰安所的模范工程，规定所有慰安妇和当地掳来的妇女都要在这里进行轮训、实习，学习日本礼仪、歌舞，甚至服侍男人的技巧。

他让董家大院正式挂牌“军人服务社”。

田岛经常着汉装，一身长衫马褂，和当地商贾乡绅一起吹大烟、搓麻将，打成一片。尽管他在日本有老婆，还是娶了蔡家刚满二十岁的漂亮姑娘，生了一个儿子。只是儿子出生的时候，田岛已被调往密支那，临走把儿子的名字留给蔡小姐，叫他田藤裕亚雄。几个月后，是略懂医术的日军翻译官白炳璜点着蜡烛接生，用刺刀割断婴儿连接母体的脐带。

“这个孩子呢？”我问李根志。

“在腾冲啊！现在老了，不接受任何人的采访。”

这是一场非同寻常的婚姻，生下敌我混血儿的年轻母亲，被当作慰安妇押往保山、昆明，后来去了新疆。经过高黎贡山的路上，她把出生不久的婴儿，留给了一户姓彭的农家。

热衷于办好慰安所的田岛，为了显示正规化的管理，像许多日本军的慰安所一样，在董家大院中门的墙壁上，挂上了《慰安所规定》：

1、本慰安所限陆军军人及军聘人员入场，入场者应持有慰安所出入许可证。

2、入场者必须登记并支付费用，才能得到入场券及避孕套一只。

3、入场券的价格为：下士、士官、军聘人员二日元，军官五日元。

4、入场券当日有效，在未使用前可退票，但如果已把票交给慰安妇后，则一律不得退票。

5、购买入场券者需进入指定的房间，时间为三十分钟。

6、入室的同时须将入场券交给慰安妇。

7、室内禁止饮酒。

8、完毕之后即退出房间。

9、违反规定及军风军纪紊乱者需退场。

10、不使用避孕套者禁止与慰安妇接触。

11、入场时间：士兵为上午十点至下午五点，下士及军方聘用人员为下午一点至晚上九点。

这个《规定》的细致和严格令人惊讶，士兵获得类似于卡拉OK白天打折的便宜时段，军士获得更具合理性的黄金时段。而军官，则享受整个白天晚上自由的时间。

做这一切的目的，就是想使董家大院成为有条不紊的军妓院。但这样的模式只是田岛个人的一厢情愿。“军人服务社”依然传出了日军制造的罪恶。

有一个传说在民间流传深远：战争爆发，缅甸的侨民纷纷逃难回国，一路上混乱拥挤，很多人只能在街边路旁歇脚或者过夜。日军和汉奸乘机去诱骗难民中走投无路的姑娘，说给她们活计做，能吃饱饭，还能领工钱。

有两个姑娘信以为真，就跟着他们来到董家大院。她们一个叫阿木娜，另一个叫罗飞雪。看见势头不对，坚决要求离开，不愿充当日军的妓女。

阿云婆威胁利诱一阵，她们还是不答应，就叫人把她们捆绑起来，还告诉日军士兵，这两个女人属于赠品，不必要花钱买票，可随心享用。

在一个多小时的时间里，这两个可怜的姑娘被几名喝醉酒的士兵多次轮奸至昏迷不醒。这群醉鬼觉得很好玩，就用皮带使劲抽打，要让她们两人“快快醒来”，还用各种硬物戳捣她们。

第二天早上，路人在董家大院外的水沟里发现了死去的阿木娜与罗飞雪，下体都被插进一截竹筒，灌满了已经凝固的污血。

我问起董家大院慰安妇的去向。彩玲说不知道，只有“若春”去了腾冲又上到松山这条线索。

现在的董家大院，已成为龙陵县“侵华日军慰安妇罪行展览馆”。馆长邱佳伟告诉我，1944年11月，日军从龙陵败退时候，把城里所有的慰安妇押到观音寺脚下的汤家沟枪杀，或是强迫她们吞下升汞片。

逃难在外的人陆续回来。董家的人再次踏进自己的大门，一家老小全都目瞪口呆——院子和房间的地上，乱扔着那些已被枪杀或吞下升汞死去的女人留下的外裤、内衣和首饰。到处是杯盘和用过的瓶子、穿过的鞋袜。西边的正房，还有一个不知何种用途的木头架子。

过不久，董家人就明白，这个耗资巨大修建的家宅，竟被日军充当了慰安所！那个木头架子，是每个星期给慰安妇检查身体用的。还有人告诉他们，那个负责体检的军医，名字叫森山大实。

房子是在，没有像县城很多处民房被日军推倒，但侵略战争带来的这种特殊用途改变了房子的品质，也改变了董家人对这所房子的感情。他们一家人，终究无法在这里生活下去，干脆另外找一片地建盖了新房居住。这大宅，也就空置起来。直到彻底修复，成为展览馆。

而对慰安妇的集体自杀和用木棒插入口中自杀的说法，在龙陵我更加怀疑，就向陈祖樑先生请教。

陈先生让我先读他刚送我的书里的一篇文章——《敌随军营妓调查》。

“当腾冲城尚未打开的时候，国军都知道城内尚有五十多个敌人随军营妓，也被包围在里面。果真，我军登上南门城墙之后，面对着北门的一条小巷上面，常能发现三三两两的女人，穿着花花绿绿的衣服，在那儿匆忙的经过。后来，攻击的包围圈形成的时候，被我军小炮及机枪封锁面上，也会见到一个个营妓花枝招展地在封锁口上经过，我军士兵停止射击，招手要她们过来，营妓回头一笑，姗姗的溜走了。”这是开头，作者潘世徵，是当年攻克腾冲城中国军队的战地记者。

他写到，“这种营妓制度，在全世界的军队，尚是稀有的事。于是在我军的谈话中，都像神话一样的传说着。”可是，当包围圈缩到最小，并没有看见传说中的五十多个营妓。“她们上哪去了？”

14日上午，也就是中国军队收复腾冲城的时候，“在一个墙缝之间，发现了一堆十几具女尸，有穿着军服的，有穿着军裤的，有穿着漂亮西服的，她们是被敌人蒙上了眼睛，用枪打死堆在一起的。”年轻的潘世徵不禁发问，“这些女人，生前为敌人泄欲，最后被处以死刑，犯了什么罪呢？”

也就是在那个胜利的早上，中国军人抓到跑出城来的十三个军妓。审问时，一个会中国话的女人说自己是军妓院的老板娘，这些妓女其实是从朝鲜招收来的贫苦女孩。日军把她们“运送来前方，买她们的身体，每个星期被检查一次，有病的加以治疗。平日管理极端严格，白天是士兵的机会，晚上是官长的机会。”这几个营妓的花名叫八重子、市丸、松子和罗付子等等，但真实的名字是，崔金珠、朴金顺、申长女和李仁运。年龄最小的十八岁，最大的二十八岁。

陈先生说：“这几个人，就是腾冲城里幸存下来的慰安妇。如果说她们自杀，不太可能。你想，她们忍受了非人的折磨，就是因为有强烈的求生愿望，她们不会轻易去死。要是她们自杀，也是日军逼迫，吞下升汞，或者拉响手榴弹。说到那个嘴巴里面插着木棒的慰安妇，日军老兵早见正则证言，其他慰安妇吞下升汞，她就是不吞，有个士兵就从她的嘴里插进一根木棒，她疼得在地上打滚，两个多小时才死去。”

我无法想象那个可怜的女人承受着怎样的疼痛，只觉得心惊肉跳、手脚冰凉。

腾冲光复后，云贵监察史李根源先生到战场视察，看到被日军杀害的慰安妇，情不自禁写下一首诗。陈先生记得这几句：“惨惨城北双星球，饮马河与拐角楼。河水成血马不饮，楼空飞弹鬼含愁。哪来一群朝鲜女，窈窕可怜皆无头。更有东京琵琶妓，血溅白家荷花洲。”

后来见到多年研究滇西日军战史的伍金贵先生，向他请教慰安妇被杀害的问题，他说当年驻守松山阵地的日军卫生兵石田富夫告诉他，“覆灭”之前自己接到命令，将升汞药片用水化开，分给伤兵和慰安妇，让她们同归于尽。的确是他，把剧毒的升汞水递到慰安妇手中。而另一位日军老兵早见正则对他说，1944年9月7日成为远征军俘虏的日军有二十五人，包括十五个慰安妇。这十五个女人有五个是松山阵地下来的，他和石田富夫都证明升汞药水只是给了朝鲜和东南亚籍慰安妇，并没有给“自己人”日本慰安妇。

我再次想到“若春”，她就在幸存的十五个慰安妇当中。她们在昆明的战俘营停留了一段时间，随一百五十人的日军战俘转到重庆，最后在上海港分别登船回国。

如果没有那场不顾一切的奔逃，“若春”很有可能已经和腹中的胎儿殒命松山，不会再有人知道日军有个慰安妇，名字叫朴永心。

而侥幸的逃脱者还有一位，她就是李连春。

老去的李连春说，在大垭口慰安所，自己被迫穿上日本和服，拖上木屐，学日本话和日本礼仪，还学唱歌、跳舞。管理慰安所的日本女人，强迫她们做“实习训练”，就是在大庭广众之下，为日军“慰安”。

李连春：童养媳·慰安妇·土匪老婆

天不亮出门，走了十五公里山路，李连春从白泥塘村来到腊勐街。她挨着一排卖菜的人放下背篓，打算卖掉自己的小瓜和白菜，买一斤盐巴回家。可是，还来不及擦掉脸上的热汗，她就陷入了日本兵的包围。

这个姑娘从此神秘消失，留给白泥塘村民几种不能确定的传言和猜测。那是1942年初秋，她十九岁，名字还叫李要弟。

五十六年之后，老去的李连春说，在大垭口慰安所，自己被迫穿上日本和服，拖上木屐，学日本话和日本礼仪，还学唱歌、跳舞。管理慰安所的日本女人，强迫她们做“实习训练”。就是在大庭广众之下，为日军“慰安”。日军还把朝鲜和缅甸的女人带来松山，和当地抓来的妇女一起服务。

不过，问到“若春”，李连春说没有见过。

第一次听说龙陵有个“日本婆”（当地人把与日军有关系的本地女人也叫做“日本婆”），陈祖樑很吃惊，他一个乡一个乡几乎是梳篦式调查，都没有找到这个女人。

回到保山，一个知情人悄悄告诉他，“日本婆”是白泥塘人，但不住在那里。她住在保山隆阳区蒲缥秉塞的龙洞村。

陈先生记得很清楚，找到李连春的那一天是1998年2月24日。李大妈的家离保山四十多公里，有二十多公里车子可以去，接着的十二公里是吉普车和拖拉机勉强可以走的机耕路。另外的几公里完全要靠脚走。那个村子很小，只有几户人家。

“我去到龙洞，李连春不在家，家里人说她去热水塘洗澡。我又走了十二公里，到热水塘找到她。她个子很高，人也豪爽。在那里，我做了很长时间的思想工作，她才把自己的身世告诉我。走之前我问她，为了揭露日军在中国残害妇女的暴行，可不可以公开她的经历，一起到日本去作证？她擦着眼泪水说，可以！后来，我又带着中国慰安妇研究专家苏智良和日本研究慰安妇问题的朋友，多次去采访过她。应该不下二十次吧！最后一次采访，是在施甸她女儿家。为了回避孩子，她把我带到稻田里告诉我，她的左肩头有一块伤疤，是日本人疯狂的时候咬烂的。后来化脓溃烂，好了以后就留下疤痕。那个疤有个鸭蛋那么大。”

2000年，陈先生应邀参加日本东京制裁日本军性奴隶制犯罪的女性国际战犯法庭听证会。他本想带李连春大妈作为证人一同前往，但由于某些原因延误了签证时间，陈先生只得一人去了日本。

“这件事不论对我还是对李连春，都是终身的憾事！”陈先生说，“你还是去一趟白泥塘吧，她有后人在那里生活。”

白泥塘离龙陵县城将近六十公里，是一个坐落在半山腰的小山村。进村停下车，带我来的佳伟对村支书张押兴说明来意。

张押兴说这个村有四百一十一户人家，说得清李连春这个人和这件事的并不多。很多年轻人都不知道李连春的故事，就连他自己，也只是听说日本人来的时候，有个姑娘去赶腊勐街，在街子上被日本兵堵（本地音duan）着，拖走了。一直到老，才回来过一两次就死了。

李连春的失踪被时间之水洗涤后，只留一个关于“意外”的粗略梗概，她悲惨一生的重要细节，已被疲惫和衰老的记忆删去。

张押兴打了好几个电话才联系上李连春的侄儿封维广。

在这个小山村，现在生活着李连春的四个侄儿，所有亲属共十六人。

上图：腊勐街。两个从未谋面的女子，都拖着痛苦的脚步走过这些高低不平的青石板。战争，把她们送进同一个慰安所，又让她们一同走进这条小街的永久记忆。

下图：日军占领龙陵，麻叔只有十六岁，逃难回来，发现自己十八岁的姐姐小存再也找不到了，听说被日军抓到腊勐去了。

老二封维广对姨妈的往事最清楚，但不巧到另外一个乡镇办事去了。

在村子中上坡下坎，左弯右拐，张押兴骑着摩托车，带我们去找老大封维品。

先要经过封维广家。一楼一底的房子，很旧了。张押兴说这里应该就是李连春没有出事前住过的老家。

家里没人。院子的墙脚堆着细碎的木屑，几只小鸡在当中找虫子吃。院墙上晾晒着几双毛线织面的拖鞋，有男人的、女人的、孩子的。家门虚掩，没有上锁。

隔着一条小路的封维品家，是后来建盖的。

年近六十的封维品瘦高，热情开朗招呼我们坐下。他说，外婆生小姨孃的时候难产不幸去世，外公李茂楷一人带着姨妈要弟和母亲果弟生活。家里穷，吃了上顿没有下顿，只好把姨妈打发（出嫁之意）到白泥塘村的沙水社给一个姓苏的人家当童养媳。姨妈从小脾气犟，去到苏家不喜欢那个小男人，就逃跑出来。回家来躲了一夜，天亮背着东西去赶腊勐街，就被日本人围着了。

那个时候，外公已经病死，母亲由外公的四弟李茂海收养。苏家来找四叔要人没要到，还告到乡上。四叔被抓到区公所，叫他把人交出来。后来才听说，姨妈被日本人堵（duan音）去了。

十多年前，封维品在《保山日报》上看见一大版文章，写着一位叫李连春的老大妈，老家是龙陵白泥塘，年轻时候在腊勐街上和几个姑娘被日军抓走，关进松山大垭口慰安所，每天要接待十多个日本兵，被折磨得死去活来。很多次，不堪忍受这种痛苦的李连春想到死，也想到逃跑。

一年半熬过去了，李连春悄悄向松山上放牛的老人要来一套男人的衣服藏起来，等候合适的时机。

那个夜晚终于来到。下雨，雷鸣电闪，李连春在厕所中把这套衣服赶快套在身上，翻出慰安所的围墙，向潞江坝拼命跑去。

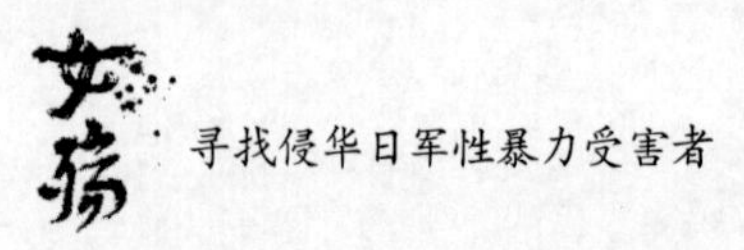

她躲到保山一个偏僻的小村子里，和一位鳏夫生儿育女。报纸上说，李连春原来的名字，叫李要弟。

封维品很吃惊，她知道自己失踪的姨妈名字就叫李要弟。他和弟弟妹妹拿着报纸去问母亲，母亲摇头摆手，说："不有不有，不有这种事！"但不久之后，母亲就派他去姨妈生活的蒲缥龙洞村看望她。到那里，封维品才弄清楚，他们的大姨爹叫高习贤，是个劁猪匠。他有一个表姐，两个表妹和一个表弟。

实际上，李连春在龙洞落脚之后，就请人带信回白泥塘给妹妹果弟，告诉她自己还活着。但是不知由于什么原因，果弟从未对自己的孩子及亲戚提及姐姐还活着这个秘密，那个口信被她深藏了很多年，从不传播。

难道姐姐除了报平安，还对妹妹有特别的交待？

封维品看过姨妈，带着一箩筐话回来向母亲仔细汇报。母亲不停地问这问那，激动得泪流满面。但是又过了几年，母亲才带着他的妹妹去龙洞看望姨妈。回家的时候，姨妈和表妹跟着母亲和妹妹回来了。"她们在家里住了一段时间，是我送姨妈和表妹回去的。"他说着，站起来给我的茶杯加水。接下来的话让我无比惊讶！

"我妈告诉我，姨妈从松山跑脱，跑到潞江山上，碰着一个叫王……什么的熟人，就躲在他家。后来，这个人把我姨妈卖给山上一个姓赫的土匪头子。这个土匪头子对我姨妈还是不错，可惜是什么政策来了，要诛灭九族，说赫家十六岁以上的人都要杀掉。我姨妈在楼上看见有人带枪朝着她家围过来，就从楼头上飞出去跑掉了。她跑到龙洞，躲在山洞里，不敢出来。有时候悄悄跑进村子，看看人家厨房里头没有人，抓人家冷饭吃几口，偷个饼子跑回山洞。经常饿着，不有力气，睡在山洞里头，头发长得多长长，全部白掉了，像电影那个白毛女。有一天，在山上遇着我姨爹去砍柴，听我姨妈讲她怕人追着躲在山洞里头，我大姨爹才把她领回家来当媳妇。"

“我姨妈叫李要弟，李连春不是，是她出去改的。”封维品又作了强调。

他继续说：“我姨妈只回来过两次。第一回么，已经去家（离家）三四十年了。第二回，怕是十年前了。清明前后，我家大表姐和表弟陪着我姨妈回来找我外婆的坟。”

“找到没有？”我问他。

“找着了。姊妹两个带着我们做祭祀，在坟头摆祭品。那回来了回去七八个月，我姨妈就死了。年过后三四个月，我妈也不在了。我姨妈生得瘦长些，记忆力很好，人很讲道理。”

离开封维品家，站在廊檐下与他道别。他用手指着家外田野的远处说，他外婆的坟在山那边，现在又找不着了。我顺着他指的方向看过去，长满庄稼的绿色田地一直铺到小山坡下。

那一刻似乎看见，七十九岁的李连春大妈跪在母亲坟头，不知道她的低语，是不是在把自己一生的苦痛告诉母亲？还是那些冒死逃脱的幸运？

大妈在一次与陈祖樑先生的交谈中说：“和我一起被抓的十几个姑娘可能都被日本人杀掉了。我再不有见过她们。要是有人活着，咋个都会有点消息啊！”

“麻叔”也说，日本军占领龙陵，他只有十六岁，和家人逃难到二十多公里外的龙江山中躲避。局势稍微平稳后，他牵着两匹骡子回到龙陵来卖烧酒和木材。他发现，陆续逃难回来的村民，大部分房子都被日本人霸去了，停军车，垒战壕，堆东西，只好几家人挤在房子还在着的人家里。

同时他惊讶地发现，自己的姐姐小存已经找不到了。

在白塔村，麻叔告诉我：“我姐小存被日本人抓去当……也才18岁。从抓去就没有回来过。”

“抓到哪里去了？”我问。

“晓不得准确的去处。据小道消息说，可能是去了腊勐。”

“家里人找过她吗？”

“没有，不敢去找。哪个敢问日本人要人呢？”

我想，如果小存真的被送到腊勐，应该就是在大垭口慰安所，她们被抓的时间差不多。那么，她就应该和李连春大妈认识。她们是否在一起哭过、笑过？一起承受着痛苦和耻辱？可是，为什么不一起逃跑呢？

李连春大妈已经在2004年1月10日去世，再也无法向她打听小存的消息。

“秋姐，我送你去腊勐街吧！”佳伟对我说。

2003年11月25日，“若春”再次出现在松山脚下的腊勐老街。她从轮椅上站起来，同样艰难地走在五十九年前自己走过的街上，只是这次扶着她的人，不再是少年李正早，而是一同从朝鲜来的两位女官员。

这条街变化不大，朴永心大妈的记忆很快在脑海里复活。

“我好像是到这儿做的手术，把孩子从肚子里拿了出来。后来昏迷了，醒来的时候，好像到了一个城市……现在这儿周围的环境变了，当时这儿好像是用红色的土坯做的房子，还有一些木头。医院比较大，但是里面的病人并不多，医生也不多。”

她几乎不敢相信，自己会在八十二岁的生日，再次走在腊勐街的青石板上。

2013年2月23日，我也来到腊勐老街。

佳伟带我来到当年中国远征军的指挥部，这个两层楼的小院现在是腊勐乡腊勐村村民委员会的办公地点。美国士兵用白色油漆写在一扇木门上的“ DREAM——21”依然还在。门口没有山坡，只是几家人的房屋和种着大葱、青蒜的菜地，看不出哪里是瓦尔特·乌勒那张照片的背景。

又走过一段路，来到救治过“若春”的野战医院。

眼前，只是大约一百多平米的空地，立一块石碑，写着“战地医院遗址”。从周围的地形看，医院紧靠小山脚下，照片应该是在这里拍的。从照片上几个女人的姿态和神情看来，有可能那个时候，李正早正在医院里向医生说明情况，带着翻译路过的美军记者瓦尔特，正好看见她们。

佳伟和朋友等着，让我一人再次走过腊勐街。

令人惊讶的是，两个从未谋面的女子，都拖着痛苦的脚步走过这些高低不平的青石板。战争，把她们送进同一个慰安所，又让她们一同走进这条小街的永久记忆。

她们语言不通，国籍不同，命运却给她们惊人的交集：一个被欺骗，一个被强掳。进过同一个慰安所，又都成功逃离。

来自朝鲜的“若春”，在这条街上得到远征军救治，重新成为朴永心。本地姑娘李要弟，在这条街上被日军强行掳走，成为以后的李连春。

我很想知道，像她们这样被称为慰安妇、“日军妓女”的女人，是怎样带着凄凉的伤痛和屈辱的烙印，走过她们已经可以说漫长的人生？

令人惋惜的是，她们都已经离开人世，带着鲜为人知的悲伤与隐痛，关闭了我接近她们的所有门窗。

2013年7月9日，在龙陵遇见中国“慰安妇问题”研究中心主任苏智良先生，说到我的遗憾，他告诉我：“中国还有二十多位受害老人活着，你要想采访她们，就要快！每几个月就会有人去世，她们已经太老、太老！”

我请求苏先生把她们的地址和联系方式给我。苏先生说：“从韦绍兰开始吧！”

2013年10月29日下午4点，我乘坐的班机冲上云霄，从云南昆明飞向广西桂林。

第二章

来到荔浦

若不是因为荔浦的芋头从清康熙年间就成为广西首选贡品，直至现今的寻常百姓家喻户晓，我恐怕不会注意中国地图上有这样一个县。除非像现在，知道在这里的乡村，有两位大娘曾经被侵华日军性暴力伤害过。

一位是韦绍兰，另一位是何玉珍。

从桂林乘大巴到阳朔，再租用一个在街边瞌睡等客的司机去荔浦，车程四十公里。路上，这位黄师傅指着路边秀丽的小山告诉我，日本人来的时候，他的爷爷奶奶和乡亲躲在山上的溶洞里，鬼子就把干辣椒点燃扔进洞口把他们呛出来。流着眼泪鼻涕的男女老少发出剧烈的咳嗽，一个接着一个爬出洞口，惊慌失措向山下奔逃，日军举枪射杀，爷爷中弹倒在山坡上。

激愤大骂日本鬼子的凶残，车子依然穿行在“甲天下”的山水中。宁静美好的画面，仿佛从来没有经历过枪击炮轰和血肉相搏。

车进荔浦，他把我送到“荔浦宾馆”，收下一百元钱，开车调头进入正街，找当地的老友喝酒去了。

六点三十分，在大堂见到韦绍兰大娘的女婿武文斌和他新找的老伴彭大姐，韦大娘的女儿已在2008年生病去世。去年他就搬来县城彭大姐家住下，每天晚上一起去河边的广场跳老年集体舞。若是有人来看大娘，他们就带到小古告屯。他特别强调彭大姐和韦大娘关系很不错，并决定：“明天早上八点，我们带你去见大娘和罗善学。”

“罗善学是谁？”我不明白为什么要见这个人？

“你不知道罗善学是大娘在慰安所怀上的儿子？”

我吃了一惊，马上想起腾冲蔡家姑娘和田岛的儿子田藤裕亚雄。武大哥彭大姐相互补充给我讲述了罗善学的大致来历。没等我完全回过神来，两位起身和我告别，说七点半，广场舞正式开始。

后来发现，他们的讲述疏漏了很多重要环节。

村里好多人都听见她求救的喊声，只是没有一个人敢跑出来救她。韦绍兰默默淌眼泪，告诉儿子："我晓得，我晓得。不怪他们。那个时候没有人打得过日本兵！"

韦绍兰：无奈与卑微的母亲

从县城出发，武大哥骑着他的电动车先走一步，彭大姐带我坐上开往新坪镇的公共汽车。六公里的路程，很快就到镇上。

武大哥说，还有四公里路就到小古告屯。

韦大娘家离村口不远，就在进村的水泥路右边。路的左边，是大娘家的菜地，地里的白菜苗绿油油一大片，开着细小的黄色花朵。远处是村里广阔的田地，谷穗金黄，芋头白菜正开花结果。田地尽头，山峰高低错落、状如窝头，上面的晨雾尚未褪尽。

站在路上，很快就发现韦大娘家有些特别，土坯建盖的两层瓦房被周围几家崭新的红砖楼房包围着、映衬着，显出它的破旧和孤僻，还有几分不易察觉的卑微和苍凉。

韦大娘和罗善学都不在家。

武大哥推开门，让我进屋先坐，他去找人。彭大姐进了路对面的武大哥和儿子的家，准备午饭去了。

堂屋差不多二十平米，装满了年深月久的贫困，似乎往后还会延续。除了一张木头方桌、一个方几和一长一短两条板凳，再也没有什么东西可以叫做家具。右面墙上靠着一副没有轮子的木头板车，车厢角上挂着一顶斗笠。方几紧挨桌子靠墙摆放，一个漆面脱落的“三角”牌电饭煲红灯亮着，正在煮饭。仔细看才会发现，桌子方几和板凳曾经上过土红漆水，但桌面几面漆色已经完全脱落，露出木头的本色与松节。只有不易摩擦的腿部，还残留着陈旧的暗红。

桌面上，一只六寸不锈钢小盆装着黑色草药渣子，红色塑料水瓢装着药汤。不知谁在生病？一只瓷面多处脱落的搪瓷大碗里，是已经择好洗净的白菜苗。

桌边的墙壁，钉着两块剪得整整齐齐的塑料编织袋，是这间屋子唯一的装饰。正面靠墙放着一个铁笼子，装着几只正在吃食的公鸡和母鸡。

听见说话转身看去，一位瘦小的老人走过门前水沟上摆放的水泥预制板，正要进门。她的身后映衬着生机盎然的田地，使得她的身影布满浓重的落寞与灰暗。

我迎上去，想来这就是韦绍兰大娘。

她的身高，大约只有一百四十公分。而我在好几张照片上见过的李连春大妈，晚年依然高大挺拔，荷锄上山采草药，累了还坐下抽一支烟。那个深刻的印象让我莫名其妙地以李大妈的形象想象过韦绍兰。

眼前，却不是这样。

她那经过乱世与战火摧残的面容已经苍老干瘪，几乎失去了判断年龄的水分和质地。岁月侵蚀掉原来的脸型，剩下一堆表情模糊的皱纹，让我不能把她和“慰安妇”“性”“暴力”这些词语联系在一起。

武大哥介绍我是瑞秋，从昆明来。韦大娘呵呵笑着，伸出骨节粗大的双手，干皱的皮肤把我的手裹在掌心。我从几乎不易感受的热度中，得到一阵出乎意料的力度。

她今年九十岁。穿着一套灰蓝色的衣裤，面料是多年不见的“的卡”。头上戴着一顶御寒的蓝色毛线帽，两鬓和脑后的小马尾露着雪白的头发。她的双脚，穿着土红色的毛线袜，套在翻着米色毛边的棉拖鞋里。她的嘴巴，已经没有牙齿，发出的声音有些含混，但气息不弱。看我时，眼皮松弛眼光柔和，偶然可见短暂的倔强。只是她整个人的气韵，显得萧瑟荒寒，色泽暗淡。

大娘让我坐下，看来没听清武大哥的话，又问我从哪里来？我说昆明。她问是不是很远？坐飞机来还是坐汽车来？

后来，我们说起了1944年的飞机和那场强掳。

飞机在天上来来去去，次数增多，但田里收割晚稻的村民并不害怕，他们知道飞机是中国军队的。直到地上的枪炮声由远而近，离荔浦县城不过十公里的小古告屯才失去向来的平静。

那是阴历的十月，男女老少全部陷入恐慌，来不及收割完田地里金色的稻谷，匆忙抓起屋里稍微值钱的东西，赶着圈养的牲畜朝村子西北面的牛尾冲散乱奔去。那里，有几座连成片的小山，村民熟悉那些躲过风雨的溶洞。

二十岁的小媳妇韦绍兰背起不满一岁的女儿，加入疾步出门的人流，一只手提着装米的布袋，另一只手握着细细的竹竿，帮婆婆驱赶几个黑毛小猪上山。她的丈夫罗讵贤，正离家在外打短工，帮人收割成熟的稻谷。

跑过一片开阔的田地，村民爬上牛尾冲，躲进青灰色小山的溶洞，席地而卧、生火做饭，期待战事尽快平息。

几天过去，枪声不时传来，但几个爬出洞口去山脚取水的男人说，没有看见日本兵。大家紧绷的心弦逐渐放松，恢复日常生活的节奏。

韦绍兰背着熟睡的女儿从洞口爬出来，走向一片开阔的坡地。想找到她和婆婆放养的小猪。

不幸的是，几把亮晃晃的刺刀很快将她围住。她看见了传说中的日本兵。

1943年底，日军大本营为分割中国军队，实现打通京汉、粤汉和湘桂铁路，接通至越南的交通，连贯一条由日本本土经朝鲜半岛，中国大陆至新加坡总计长达九千公里的运输线，让大陆日军与南洋日军取得陆路的联系，制定了“一号作战”计划。1944年4月17日，日军对河南省中牟发动进攻，开始了这个计划，并调集优势兵力，想闪电般击溃中国军队。

5月24日，日军开始执行“一号作战”的核心任务——湘桂作战。为此，日军集结兵力三十六点二万，马匹约六点七万，汽车约九千五百辆，气势汹汹向南挺进。

6月18日，中国第四军弃守长沙，日军占领这个城市。

8月7日，中国军队第十军坚守的衡阳在与来犯日军激战四十七天后弹尽、人绝、城破。

为了占领桂林、柳州，日军重整兵力继续南下。11月3日，占领荔浦。

围住韦绍兰的日军，就是这支部队的一小股。

在发出惊恐叫喊的同时，她的一只手臂，已被经常握枪的五个手指铁钳般抓住。那只大手，拖着她向山脚踉跄走去，挣扎与反抗毫无用处。

路边上，停着一辆马达轰鸣的军用卡车。有四个从其他村子抓来的女子站在车边放声痛哭。

“那几个女的拉着车厢不上车，日本人吼她们，拿枪把子打，她们还是哭，不上车。日本人就开枪，打死两个。”韦大娘把头靠近我，伸出两个指头比划。

胆战心惊的韦绍兰，连同背上的孩子被一双军人的大手提起，摔进车厢。她被眼前的枪杀和鲜血吓懵，蜷缩在一个角落，用胆怯和懦弱接受了命运给她的灾难。

“我怕他们杀我和我妹仔。”她望着我，眼神干涩。低下头，进入我不可知的世界。

七十年过去，韦绍兰坐在她和儿子空荡荡的堂屋里，断断续续向我回忆遥远的往事。她的女婿武文斌，不停帮我连缀着支离破碎的叙述，把她话语中我听不明白的字句翻译出来。

多年以后，韦绍兰才明白这次日军的行动叫做“扫荡”。自己那个被村里人叫做“日本仔”的儿子悄悄告诉她，其实村里好多人都听见她求救的喊声，只是没有一个人敢跑出来救她。韦绍兰默默淌眼泪，告诉儿子：“我晓得，我晓得。不怪他们。那个时候没有人打得过日本兵！”

我坐在漆水脱落、面板陈朽的单座板凳上，边录音便记笔记，不时抬

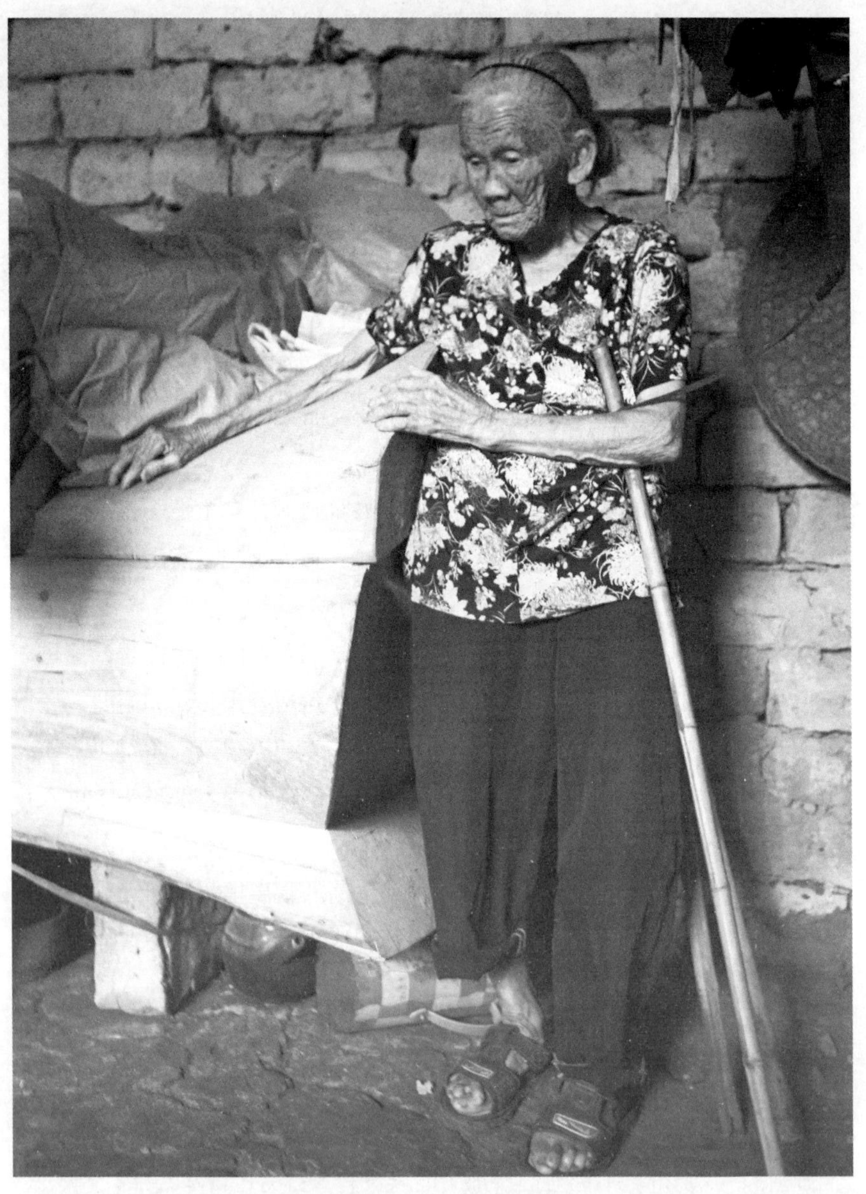

韦绍兰站在儿子罗善学给自己买的棺材前。她年轻过，唇红齿白、娇小可爱，勤劳贤惠、生儿育女。可是日军来了，“拉我们去（ke音）马岭。去时候不晓得，后来才晓得。”从那以后，在小古告屯，她的美丽和贤能一起失去光泽，不再有人关注和爱慕。

头打量眼前这位生下日军后代并抚养成人的小个子女性。

她年轻过，唇红齿白、娇小可爱，勤劳贤惠、生儿育女。可是日军来了，“拉我们去（ke音）马岭。去时候不晓得，后来才晓得。”从那以后，在小古告屯，她的美丽和贤能一起失去光泽，不再有人关注和爱慕。村里的人，用“日本兵沾过的女人”替换了他们原先认识的韦绍兰，暗暗将她推进一个低矮的世界，中间隔着轻蔑和白眼。即使能够保持沉默，也未必能够保持善意。

好在时光流淌，生命延续，一代一代的孩子在这个村子出生，他们不必要打探和记住某个妇女的故事。那些知道这个故事的人渐渐作古，而故事的女主人，仍坚强并艰难地活着。

她还记得，第一个来强暴她的日本兵，带着焦渴的欲望推门进来，“我背着妹仔，他要我放下。妹仔哭，他不管。我听不懂他说话，他要和我睡，怕他杀人，我不敢哭。日本人走了，我抱着妹仔哭。”大娘还说，“后来么，一天会来四五个。”

听到这里我忘记在笔记本上写字，一个哺乳期妇女，竟然被刺刀威逼带来慰安所，在不满一岁的婴儿旁边强奸她，轮奸她。这特殊的情景让我目瞪口呆，魂飞魄散。听见武大哥喊我，才回过神来。

我接着问大娘：“日本兵打你没有？”她摇摇头说：“没有。还有女的不想让日本人……哭，叫，会被打。我怕他们打我打妹仔，没哭，没喊。”她又低下头，叹了一口气。

“大娘，日本人走了后您见过和您一起关在马岭的其他姐妹吗？”我问她。

“赶圩去，见过一两个。”

“你们说话吗？”

“不说话。后来见不到了。”

韦大娘是这样回来的：“天还没亮。我先背妹仔在背上，给她睡着。

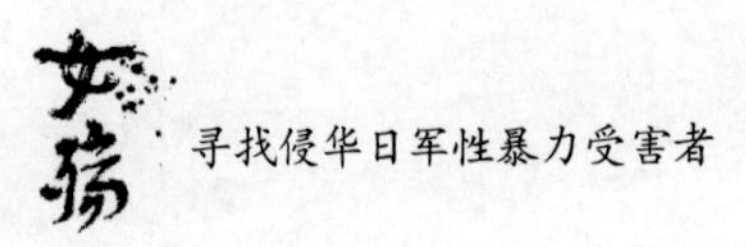

我上炮楼好几次看过路，晓得了。我背妹仔从房头一个小巷巷出来，躲在人家柴房，等到天亮。我不晓得家在哪点，就朝太阳出来的那面走。见到一个女的，我问她新坪咋走？她指给我路，走了半天，错了。又问一个放牛娃仔，他不晓得。天黑没找着家，我和妹仔饿了，有家人好心，让我住了一晚，给我们煮红薯稀饭吃。第二天才到家。”

武大哥补充说，从马岭到小古告，大概有二十多公里，大娘走了两天。回到家的时候是春节前十天左右，距她被抓走差不多三个月了。他们的父亲罗讵贤打开家门，看见突然归来的妻子和她背上的女儿，惊讶得说不出话。奶奶和爸爸都很高兴。

韦大娘说：“他说他不怪我，因为我是被抓去，不是自己跑去。就是妹仔屙肚子（腹泻），不吃饭。没有钱医病，回来三个月就不在了。”

沉默一阵，我问大娘，“还记得妹仔的名字吗？”大娘一愣，好像没听明白。武大哥说：“她咋会记得，都几十年了！”我坚持请他重复一遍我的话。他大声凑近岳母的耳朵，大娘听完马上说：“绥（听起来是这个音）啊，阿绥！”武大哥很惊讶，接着细问。大娘说妹仔的名字是纺线时候用的梭子。梭，当地人念“suí”。直觉告诉我，母亲韦绍兰，绝对不会忘记这个名字。

这时，我想到罗善学的出生。

韦大娘只有一句解释：“他没有罪啊！”但是我想，罗善学得以出生的原因绝对不会简单。大娘的回答，仅仅是其中的一个理由。让我更加好奇的是韦绍兰的丈夫罗讵贤，他是如何应允并接受这个没有任何血缘关系的孩子来到自己的家庭，并且把祖传的姓氏给了他，取名罗善学？

左眼失明的罗讵贤，因此逃脱上战场的厄运，但未逃脱战争给他捆绑的耻辱。

1940年，他带着一顶轿子和迎亲的队伍喜气洋洋经过新坪镇，从假羊屯娶回十六岁的瑶族姑娘韦绍兰。但凡路上人多，就敲开锣鼓吹响唢呐。

花轿中的韦绍兰作难舍状，哭泣着告别自己的父母和姐姐哥哥，在小古告屯落脚，成为罗讵贤的媳妇。

三年后，他们有了女儿“小梭子”。

1986年，六十八岁的罗讵贤病重离开人世，他的心事随风而去，无人再能知晓。

失去丈夫的韦绍兰，与四个孩子一起生活。除了种稻谷、种芋头、种马蹄，她还养猪、养鸡、养鸭子。婆婆在世时教会她认草药，识药性。直到去年，她还上山采草药拿到镇上去卖。她告诉我：“今年不去了，走不动了。菜也不种了，吃孙子和儿子种的菜。饭我自己煮，衣服我也自己洗。”

大娘站起来，要端水瓢里的药汤去厨房加热，告诉武大哥她这几天胃疼，去镇上找医生，二十块钱抓回三副中药。

问大娘每个月国家给她多少补助？武大哥说：“八十五元。五十五元的低保，从她九十岁开始，每个月可以领三十元寿星补贴。”

“就这么多？”

“就这么多！”

罗善学生在1945年8月22日，阴历七月十三。他长到五岁，大妹妹罗善英出生了。1955年，小妹妹出生，取名罗东秀。最小的弟弟罗善平，生于1957年。

罗善学已经六十八岁，关于他得以来到这个世界并成为这个家庭长子的理由，我很快得到另外一种解释，并非是罗讵贤的隐忍与宽容，而是来自家中一位老人的担心与恐慌。

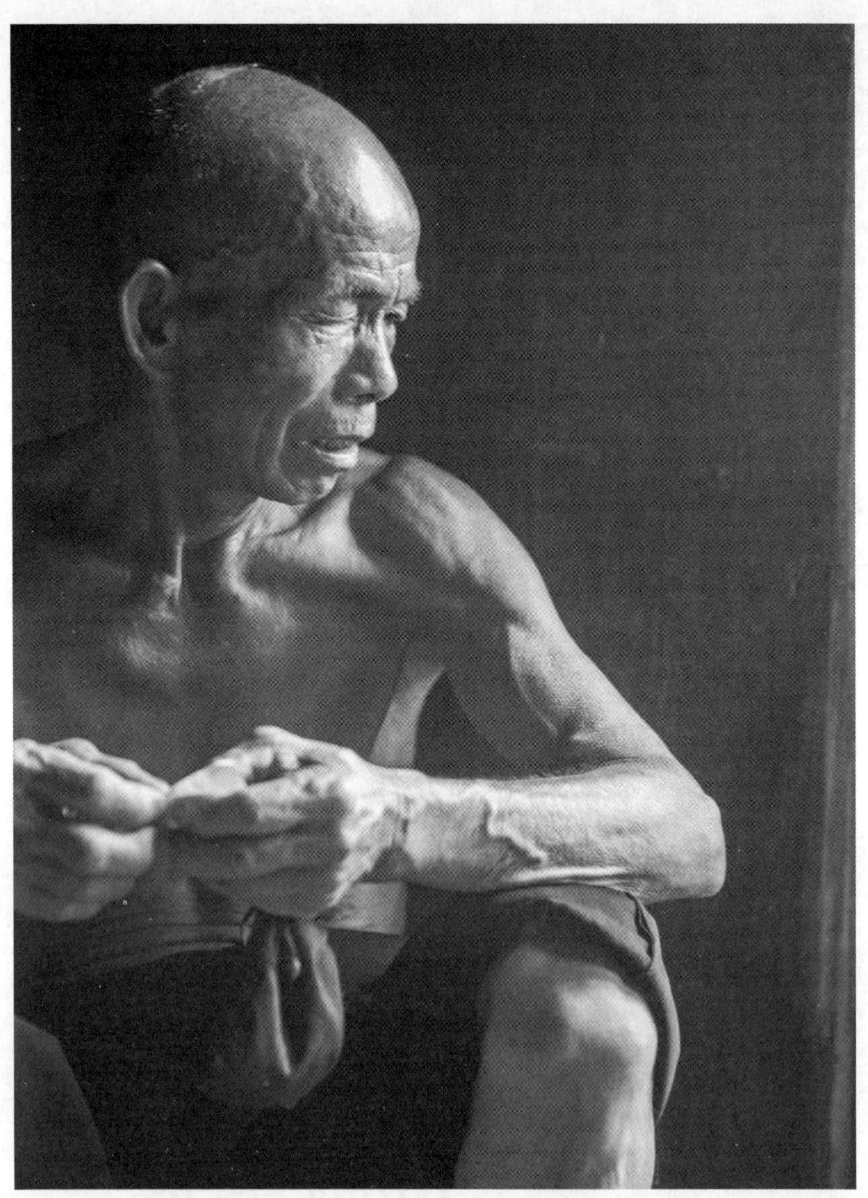

罗善学哭了："现在我想明白了，我的那个日本爹，他就是一个畜生！他害了我妈妈，他也害了我啊！"泪水从他那两只不一样大小的眼眶流出来，有一种令人心碎的悲凉和哀伤。

罗善学："日本仔"的隐痛和郁闷

这个时候，他走进家门。

灰蓝色的身影遮挡了大门照进来的光亮，我抬起头，看着缓慢走进堂屋的那个男人。

很明显，他的右腿有残疾。走到我面前，对望发现他的右眼也有问题。

他完全不是我猜想的样子！也不是猜想的田藤裕亚雄的样子。不是更像中国人还是更像日本人的问题，而是他比我想象中的那个人苍老、古怪和难看。看他瘦长的脸型和花白的短发，总觉得近似日本电影里乖戾的农夫。他赤脚、脸上有汗，好像刚刚忙完某样活计归来。看我，脸上毫无表情。也可以说，无表情就是他的表情。

武大哥介绍这就是罗善学，也把我的名字告诉他。稍稍迟疑，我叫"罗大哥！"他笑了。那笑一秒后荡然无存，去路难寻。

问我从哪里来？我说昆明。他说知道，很远的。

这时，彭大姐来喊我们去路对面武大哥家吃午饭。

随大家出门，感觉罗善学没有跟出来，回头看去，他正拿着一个白瓷大碗，从小电饭煲往碗里盛米饭。这个电饭煲在他卧室门口的矮桌子上，下面垫着一块马牙石。不是高几上那只。

我留下来等他，问："米饭那边不是煮得有吗？"他说："我吃我的。那是妈妈的。我做活计要力气，软饭吃不饱，要吃干饭。她胃不好，没有牙，要吃软饭。去日本回来，我们就分开煮饭，各吃各的。"

他端着碗，关上两扇大门，带我去武大哥的家。几步路，我又问："米饭武大哥家没做吗？""做了。我吃我的。"

这顿饭很香。

韦大娘让我挨着她坐下，说菜不好，都是自己种的，叫我多吃桌上的肉。我说这样新鲜的萝卜和白菜苗，我们吃不到。大娘呵呵笑起来，夹了一箸给我。

罗善学很少夹菜，埋头吃饭。彭大姐拿起汤勺，舀了一些肉菜放进他的大碗。他偶尔抬头，看我们一眼，又埋头吃饭。不由得猜想六十八年来，这个来路不明，也可以说来路明确的“儿子”，是怎样度过一家人在饭桌上的时光？这样埋头、很少夹菜、偶尔看人的习惯，是否因为心底的卑微和胆怯而养成？

饭后，众人先后散去。我对罗善学说：“大哥，我想跟你打听一些事情。”他突然笑开，和先前不一样，让我有点诧异。他说：“你要采访我？”

罗善学坐下来，伸直右腿从裤子口袋里摸出一张发黄的白纸，又摸出一个装着烟丝的布袋，用那张纸很快裹出一支香烟，状如小喇叭。他说只抽这种烟，每个月大概要三十块钱去镇上买烟丝和土纸。有的时候就用废报纸裹起烟丝来抽。

他裹好一个“喇叭烟”，递过来问我要不要？我摆手摇头，引得他呵呵呵一直笑。这个时候我才注意到，已是深秋，罗善学却赤着两个脚板，上面包着一层坚硬的茧壳。我问他冷不？为什么不穿鞋？他说小时候没有钱买，长大后脚放在鞋子里面就会发霉。

想起他走路不方便，问他脚是不是受过伤？

“是啊！我帮人家干活，用板车拉石头，石头从车上掉下来砸到我的右脚。没治好，走路就成这样了。”

“受伤的时候您多大年纪？”

“五十五岁的时候。”

“现在脚还会疼吗？”

“不疼。只是走路使不上力了。”

“眼睛呢？也是受伤吗？”

“不是受伤。是小的时候眼睛痛，没钱去看病，时间长了，就看不清楚了。”

我先打听这个村子有几户人家？

罗善学吸了一口“喇叭烟”，吐出一团浓密的烟雾，想了想告诉我：“原来这里叫××坪，就是土匪养马的地方。只有三四户人家。后来改名字了，叫丰产坪。”“什么坪？什么坪？”我没有听清楚，再问他。“马骝坪。”正好从我们旁边走过的武大哥告诉我这三个字怎么写，又解释丰产坪是“文化大革命”时改的。现在的三十多户人家，都是从小古告屯搬来。这里是小古告屯的一个生产小组。

罗善学接着说：“我们不习惯丰产坪，还是叫马骝坪。”从这里，他开始用生硬的普通话跟我说，“我知道你们来了解情况。这几年很多人来过，我喜欢朱弘和苏教授。”

“您为什么喜欢他们？”

“因为公平。他们对我公平！对妈妈公平！”

“您说说，他们做什么事让您觉得公平？”

“日本人坏，太狠毒！欺负我妈妈，他们是畜牲！朱弘和苏教授带着我们去日本，找他们给我妈妈和我赔礼道歉。”

“哪一年去的？”

“2010年。那个人装病，不来见我们，朱弘发火了。”

“谁装病？”

“那个人。”

他解释不清，我只好请厨房里帮彭大姐收拾锅碗的武大哥来问。武大哥听听他的话，说他乱说，根本找不到那个人。罗善学急得大声喊：“我

韦绍兰母子一人一亩承包田。水田，种水稻，立秋前收割完，立秋后种马蹄，挖了过年。每人菜地两分，种红薯、芋头、白菜。

没有乱说，就是那个人，那个人嘛！”武大哥不耐烦了，对我说：“瑞秋你问别的，这个事我等会儿再告诉你。”武大哥返回厨房，我看着生气的罗善学，一时无话。搞不清他们说的是什么人，又不好意思追问。

罗善学再开口，变回荔浦话：“名誉啊，名誉不好听，没有办法。这个名誉，改不去（ke音）。”我请他尽量说普通话，问他什么时候知道自己不是罗讵贤的儿子？

“三四岁的时候，爸爸和妈妈在屋里吵架，爸爸说我不是他的儿子。我问奶奶，奶奶说我是爸爸的儿子。我就搞不懂。妈妈经常哭，我搞不懂啊！”

“您去学校读过书吗？”

“读过三年小学就回来了。学费减免一点，有时候拖着晚交一点。后来交不起了。”说到这里，他突然把抽完烟的右手放在自己的胸口上，身子前倾对着我说：“我这里痛！”我赶紧问：“你心脏不好吗？”“不是，是这里有问题，很多问题啊！”停顿很久。又说：“因为出生，我有很多问题。痛苦啊！这个事情忘不掉，好多事情可以忘记，但我背着的这个包包一辈子拿不掉。妈妈的事情公开以后，弟弟说要杀我的头！怪我们‘你们讲出来，名誉还要不要？’也骂我是日本人。妹妹也生我们的气，不愿回来看妈妈。小时候我背他们，领他们，好吃的东西给他们吃，我们关系很好。别人讲我是日本人他们不相信，等妈妈的事公布出来他们才相信，就不讲我的功劳了。弟弟妹妹恨我和妈妈，为什么要把家里的丑事说出来，影响他们做生意，做人。他们不管妈妈了。弟弟五十八岁，一年给妈妈买过两次菜，叫孝顺吗？我从1981年管着妈妈到现在，没有离开过她。我白打工啊！十岁从学校回来打柴、放牛，去离家五公里的山坡上割草、打柴。八毛一担，每天两担。那个时候米四毛五毛一斤，我去新坪买米、买红薯回来全家人吃。自己种白菜，卖的钱买盐。小的时候，妈妈经常带我去山上挖野菜，一样一样教我认，哪些可以吃，哪些不能吃。挖野马蹄回来吃，这东西不好咽，先用石磨磨成粉浆再用布滤出来煮熟吃。家里有活计我都抢着干，白打工啊！”

“您爸爸对您和弟弟妹妹，有差别吗？”我问了就后悔。

“有啊！吃梨的时候，最小的给我。弟弟妹妹做错事，他怪我。有时候发火也会打我。没办法啊！我不是他田里的苗，没办法。”

“没办法啊！”是罗善学对我说得最多的一句话，这句话隐藏着他生活的基本状态和主要心情：无奈、退缩、认命、悲伤和咬紧牙关忍耐。

从六十岁开始，罗善学每月领到五保户津贴二百零五元。平日帮侄儿种田养鸡，除了米，也给他一些钱。他拿钱去镇上买纸买烟丝，偶尔买裤子衣服。他用拇指和食指揪起胸前的T恤告诉我：“公家发的。夏天发一次，冬天发一次。这件T恤，上海寄来的。我自己买衣服，最贵五块，最便宜三块。”

1981年，包产到户，罗善学分到一头小牛，大约可以卖七百元。他养到大，卖了一千一百元。从那个时候起，他每年买一头小牛，养到卖出，收入三百到五百元。“为什么只养一头？你可以多养几头赚多点钱啊！”我说。他笑起来，伸出食指郑重告诉我：“只能养一头，必须牵着养，不能让它吃了庄稼。吃庄稼我陪不起钱啊！”

母子一人一亩承包田。水田，种水稻，立秋前收割完，立秋后种马蹄，挖了过年。每人菜地两分，种红薯、芋头、白菜。

聊得熟了，我想起他没有结婚，就问：“大哥，有人给你介绍过对象吗？”他又笑了，有点不好意思，摇着头说：“过时了、过时了！”我坚持要听，他才说：“外村的，来家里看看就走了。”“她们知道您的身世不愿意吗？”我问。

“不是，家里穷，没东西。没有住下，看看就走了。我的身世她们不知道，住几天可能就知道了。是嫌我家穷。”

他们家是很穷。房子的外墙，露着土坯和所有的接缝，有的接缝处已经开裂。罗善学告诉我，那栋房子是1974年盖的，花了三百块钱买木料和瓦片，土坯基本上是他一个人拓的。

除了堂屋里的几件家具，唯一值钱的东西，就是他给母亲买好的一个松木棺材。

的确，这样的家境，很难有哪个姑娘想嫁进来。

“来过几个？”我问。

“三个。”罗善学向我伸出右手的中指、无名指和小拇指，大拇指和食指围成一个圆圈。“人家不愿意嫁给我，穷、名誉不好听，没有办法啊！”他笑着说这句话，是那种绝望之后的谈笑风生。“年轻时候，我经常去村里帮人家的忙，让人家觉得我好，别再说我过去的事情了。我不敢和别人打架，打不过，他们人多，没有办法。还怕他们骂我‘日本仔’。我帮他们做事，他们就不骂了。不骂我，我就去他们的家看电视。现在我不去了，要看电视就来这里看。”他指指武大哥家的客厅。那里有个电视柜，放着四十多吋的液晶电视机。

长到十五岁，罗善学终于接受了村里人的嘲笑和辱骂。之前的疑惑在和大伯爷一起上山放牛的时候得到了可信的答案。“我忍不住问大伯爷，村里人为什么骂我日本仔？大伯爷说，你妈妈被日本人欺负过。我说你们可以在山上用大石头滚日本人嘛。大伯爷说，你还没滚石头，他老远就把你打死掉了。日本人拿着长枪把你妈妈带走，坐上汽车不晓得跑哪里去了。”

也就是那一天，罗善学问大伯爷一个长久以来困扰他的问题：“什么是日本人？”大伯爷想了想告诉他：“日本人就是……他们打进村来抢东西。要你的粮食你的牛，吃你的猪娃和鸡鸭。他们要抓男的去干活，要抓女子去给他们那个那个。你要是不答应他，他就把你村子烧光光。”

从小到大，罗善学是多么想知道自己来路的真相。可是这个真相，又是他最害怕面对的。

罗善学记得爸爸骂妈妈的脏话："你这个败家婆！老牛婆！"之后，"妈妈老哭老哭。有时候抱着我哭，有时候自己躲着哭。"这两句话，让罗善学哭了："现在我想明白了，我的那个日本爹，他就是一个畜生！他害了我妈妈，他也害了我啊！"泪水从他那两只不一样大小的眼眶流出来，有一种令人心碎的悲凉和哀伤。

我的眼泪，也夺眶而出。

等到脸上的眼泪只留下痕迹，问他："大哥，别人叫您'日本仔'，那您认为自己是日本人吗？"

"我不是日本人。在哪里生，在哪里过，就是哪个地方的人。"

"您现在最想做的事情是什么？"

他抬起因为不停劳作而黑得发亮的粗糙手背，擦干泪水说："我想去南京大屠杀纪念馆当和尚。"

罗善学这个想法，让我难解也让我难受。南京大屠杀纪念馆不是寺庙，不可能收留想出家的人。无疑，他又要经受一次心意幻灭的打击。

我希望，这只是他一时的胡思乱想。

何大娘五官端正、鼻梁挺直，保存着可以追寻她年轻时候容貌美丽的几丝线索。深陷的眼窝里，眼光疲倦而浑浊，抬头看我们，有些费力。看得出，她已有老年痴呆的症状。

何玉珍：痴呆，最好把苦难遗忘

住在广福村城里屯的何玉珍和马骝坪的韦绍兰并不认识，更不知道对方的往事。只是武文斌大哥在听苏智良先生采访何大娘的时候记下了她被日军抓走的一些事情。

两个村子中间，隔着平整的水田和菜地，距离不到三公里。武大哥用他的电动车搭上我，顺着一条三米宽的水泥路，十多分钟就来到何大娘家。

村口的水塘还有残荷，树木依然挂满绿叶。

进村的水泥路稍稍变窄，经过何大娘家门前十多米处的一棵大榕树下，继续在村里穿行。这十多米，他们修了一条自己的水泥路，延伸进用空心砖围合的院子。

进大门，见四个二十多岁的年轻人坐在矮板凳上，围着小方桌打牌。他们身边，停着3辆红色、黑色的摩托车，都上着“桂H”牌照。

见我们进来，一位身穿红色T恤、样貌英俊的小伙子站起来打招呼。

武大哥说，他是何大娘的小孙子忠发。

估计原先的院子很大，新建了一幢三层的红砖小楼，院子还剩下七八十平米的空闲地带。新房尚未彻底完工，院子的角落，堆放着待用的红砖和已经敲碎的“公分石”。窗户，已安好可以推拉的塑钢玻璃窗。阳台，使用了白色的罗马柱栏杆。

老房子的造型和建材，几乎和韦大娘家一模一样。不同的是，这里的外墙多了一层厚实的白色石灰。

何大娘的儿媳冯秀珍和另外一位年纪与她相仿的老大姐从新房子出来，热情招呼我们。武大哥把我介绍给她们，说我想见何大娘。

冯秀珍大姐性格温和开朗，说着："老人家糊涂了，前几天给她香蕉她不吃，藏进鞋子里头。睡觉把被子扯开，棉花一团一团抓下来。"把我们带进热气腾腾的厨房。

灶台边，何大娘的长孙忠宝正在案板上砍排骨，他的妻子坐在灶台的火洞口往里添柴。他说今天是奶奶生日，全家为她庆生呢！

我惊讶这个巧遇，也忐忑自己是不速之客。

这天是11月2日，农历九月二十九，何大娘九十二岁寿辰。

其实，忠宝说着话时，我就看见了何大娘。她坐在灶台右后边的一条高背扶手椅上，静静看着我们，脸上没有任何表情。光线从窗户斜射进来，照亮她左边的面部和肩膀，使她脸上的皱纹尤其明显。

她穿着一套灰蓝色的新衣裤，领口可以看见里面手编的深蓝色毛线衣。她的头上戴着紫罗兰色毛线帽，把皱纹密布的脸庞映衬得异常苍白、毫无血色。尽管厨房温暖如春香气弥漫，我还是感到微微的寒意。

何大娘五官端正、鼻梁挺直，保存着可以追寻她年轻时候容貌美丽的几丝线索。深陷的眼窝里，眼光疲倦而浑浊，抬头看我们，有些费力。看得出，她已有老年痴呆的症状。

我在她面前蹲下，对她说："大娘，您高寿，生日快乐！"

大娘抬抬头，对我说："你坐。"眼光看向一个小板凳示意。我谢过她，坐下试试她的记忆力："大娘，请问您今天九十几啊？"没想大娘还能听懂我说话，竟然用普通话回答我："九十几？我不知道啊！""您见过日本人吗？""见过。抓我。打我。"她慢慢回答，声音细弱。我急忙停止问题，不想她在生日去回忆一生中最惨痛的经历。这六个字，对我已经足够。我吃惊，这个已经忘记自己年龄的老人，并没有忘记改变自己生命的劫难。

我问她今天想吃什么？扯开话题。

她虚弱地偏着头，右手扶着右边的椅子扶手，并没有回答我的问题。

好像已经离开我们，进入她自己的世界。她谁也没看，眼神空茫。

在家就准备了两个红包，给何大娘和韦大娘，可巧碰上她的生日。我从背包里拿出红包，双手向她呈上，我喊她："大娘！"似乎回过神来，她答应："哎！"

"祝您健康、长寿！"

她说："客气。"手指无力下垂。我把红包装进她上衣的口袋，再向她行礼。

她好像微微笑了。

请大娘休息，我们退出厨房。两个孙子以为我们要走，热情挽留吃寿宴，说村里的亲戚和乡亲要来祝寿，晚饭很热闹。

他们的母亲冯秀珍和另外那位老大姐也用当地话挽留我们。武大哥表明来意，说我想了解一些关于大娘的情况。我感到很为难，不问，遗憾。问，不好意思。最终决定放弃，毕竟人家喜庆的日子，这个问题太扫兴了。

我对武大哥说算了算了，改天再来吧！没想冯大嫂说没关系，她知道一些，可以告诉我。看时间是下午两点半，客人一时不会来，我和武大哥就跟随她来到新房子一楼的大客厅。

好像家具还没有完全从老房子搬过来，只有一个柠檬黄油漆的电视柜，上面放着三十多吋的电视机。再有一张圆形的饭桌，四个圆凳。

桂林话和昆明话有些接近，我基本能懂冯大姐的话。但有一些当地的土语难懂，还是武大哥帮我翻译。冯大姐头发花白，面容清瘦，慈眉善目，一看就是好脾气的贤惠媳妇。

为了让我更能明白所讲的意思，她对我说当地口音很重的普通话。

1979年，冯大姐同何大娘的儿子龙祖贵结婚来到龙家，婆婆何玉珍性格和善，待人礼貌周到，很好相处。丈夫种田，兼出外打短工，婆媳俩主管菜园、家务和小孩。

说到婆婆的秘密，冯秀珍记得：“两个儿子十多岁以后，村子里好多人家买了电视机，我们家里也买来一台，经常和婆婆一起看电视。看到日本人来中国，杀人放火抓女人去的电视剧，婆婆就哭了，哭得很伤心。有一天，家里只有我们两个人，婆婆告诉我她被日本人抓去过。日本人还拿皮鞋打她。我不敢跟娃仔他爹说这件事。一直到县里一个叫孟绍淦的干部来家里调查，娃仔他爹才知道妈妈被日本兵抓过。”

十多年里，冯秀珍把婆婆一遍一遍、一段一段讲给她的那些事情听成了完整的故事。老孟又把从大娘初嫁的汉田村青龙屯了解到的情况，告诉了她。

“老太太的娘家在安民村官岩屯，也是新坪镇。在家她是老三。大姐嫁在杜莫桥头屯，二姐嫁在荔城古城岩屯。她十岁，被接到青龙屯，给廖云才做童养媳。童养媳你懂不懂？”她问我。我点头说：“懂、懂、懂！”

“家里，剩下小弟和父母一起生活。到十八岁，我婆婆才和廖云才拜堂，就是结婚。廖云才脾气好，人勤快，对她很好。她生了一个儿子，全家都喜欢。后来，廖云才被国民党抓兵、就是抓壮丁啊！小孩子得重病，找草医抓了几副药给他吃，还没有吃完娃仔就死掉。那个时候，婆婆已经怀着第二胎了。”

冯秀珍端起杯子喝了几口水，变回本地话：“她娘家呢，爹爹被国民党喊去（ke音）部队当挑伕，说是去南宁那边。她没（mou音）得办法，回家接妈妈来青龙屯一起过（日子）。”

可能意识到自己的改变，冯大姐又换回普通话：“老孟说我婆婆被日本人抓去是1945年，我也搞不懂。”武大哥插话：“是1945年，这个我知道。苏教授他们来调查，说何大娘在我家老娘后被抓。”

“那是几月份被抓的？”我问。

“这个我不清楚。”武大哥说。

这张雕花架子床，看来是何大娘的婚床，这多少给我一些安慰。它让我知道，有一个勤劳善良的普通农民，庄重地娶她为妻，想和她生儿育女。在确认她不会生育的时候，并没有嫌弃和抛弃她。

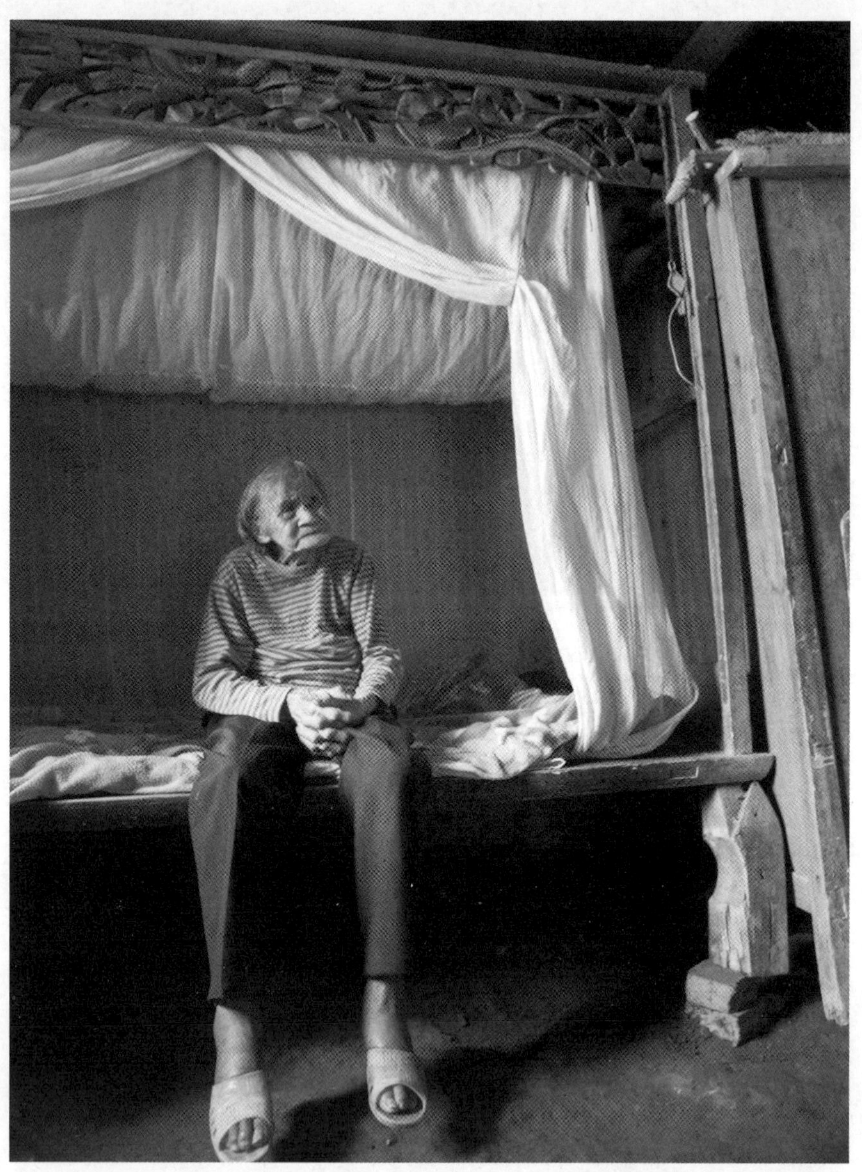

这张雕花架子床，看来是何大娘的婚床，这多少给我一些安慰。它让我知道，有一个勤劳善良的普通农民，庄重地娶她为妻，想和她生儿育女。在确认她不会生育的时候，并没有嫌弃和抛弃她。

冯大姐说："婆婆说过她生了一个妹仔，是过年前生的。妹仔两个月大，生病，吃奶就吐，发烧。我婆婆说她太阳还没有出来就从家里去镇上给妹仔买药。走到莲塘屯，出来扫荡的日本兵把她抓去。"

"只抓了她一个人吗？"我想起韦大娘被抓的时候，被枪杀在军用卡车前的两个妇女。

"不是她一个，还有两个女的和四个男的。日本兵把她们关在莲塘学校的一间教室里，用锁锁上，又去和国民党兵打仗。从吃早饭时候一直打到天黑，没有打进去。日本兵就回来学校，把她们一起带到荔浦（县城）。当天晚上，三个女人就被日本兵……糟蹋了。四个男人，留着帮他们修房子、搬东西、买菜。"

"是把她关在慰安所吗？"我问冯大姐。

"慰安所？什么？我不知道。"大姐一脸茫然。武大哥向我解释，何大娘一直被日本兵关在据点里，不是慰安所，换防的时候也带上她们。

冯秀珍接着说："老太太跟我讲，她被抓去两个多月。日本兵带她们去打仗的地方，白天打枪打炮很响，震得头痛耳朵疼。晚上回来糟蹋她们。日本兵糟蹋妇女太厉害，一个来了又来一个，按在地上，受不了啊！……受不了，就用手紧紧抓着裤带，日本兵的皮鞋使劲踢她两条腿，用铁条打她的手和身上，疼得在地上打滚，又哭又喊……两个多月，从来没有吃过饱饭，菜里没有见过油啊！"

不能讲下去了。冯大姐失声痛哭，我也听见自己哭出的声音。武大哥也在抹眼泪。

身体与心灵的痛楚，使得逃跑的念头尤为坚固。尽管有同伴刚刚跑出门就被日军子弹打穿身体，倒在路上，何玉珍还是没有放弃。

何玉珍经历的枪林弹雨正是侵华日军与中国守军发生的"桂柳会战"。为了抵抗日军的进攻，中国军队赶快在老百姓中抽调壮丁补充兵员，同时募集民伕到部队驻地待命，帮助搬运弹药、粮食。何玉珍的丈夫

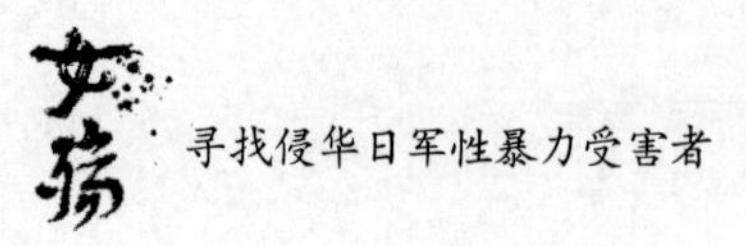

和父亲，就这样离开家，再也没有回来。

接到命令，荔浦的日军向蒙山和梧州开拔，“她说从杜莫出去走到天黑，弄不清是走到哪里的山上，日本兵停下来休息睡觉。乘他们不注意，她偷偷跑出来。搞不懂家在哪里，只顾往前面跑。累了饿了，不敢停下来。跑到桂林那边去了。路走好多，找不到家，流浪啊！桂林到荔浦好远，有一百多公里，那个时候没有车，有车也不敢搭啊！鞋底走烂了，才回到青龙屯。”

几年前，老孟带来青龙屯一位年龄和何玉珍差不多的老人，她向老孟讲述了何玉珍回家后的悲惨经历，想请何玉珍核对虚实。也就是在那一天，冯秀珍才知道自己婆婆的心里，还藏着另一颗苦果。

回到家，何玉珍惊讶地发现，年迈的老母亲已经因为自己的失踪哭瞎了双眼，还摸索着做饭、洗衣。小弟何承志，听说姐姐失踪，也从官岩屯赶来帮母亲领着姐姐那个瘦骨如柴的婴儿。

到了1947年，何玉珍的丈夫和父亲都杳无音信。家里的田地，只有何玉珍和弟弟去下种、浇水，还要照顾母亲和孩子，度日艰难。眼瞎的妈妈想帮她们煮饭，不幸灶火掉出炉膛引燃柴草烧掉了厨房。老人，被活活烧死。小弟不能面对母亲的惨死，精神错乱，竟然上吊自杀了。

冯秀珍说：“有时候，老太太看着一对孙子，会说起她的小孩死得好惨！弟弟、妈妈死掉，那个时候她才二十五六岁，一个人带小孩，还要种地管家，没有人帮她。她在水碓上舂米，小孩放在一边玩。她上楼给碓窝放谷子，等她放好下楼来，看见小孩趴在碓窝边上，被碓锤砸死了。她昏死在地上，不知道过了多久才醒过来。”

冯大姐边哭边说：“你看她今天过生，等一下来的全是夫家和村里的人，她后家已经没人了。两个姐姐早就不在了，就是在也不来往，怪她呢！怪她害了妈和弟弟呀！”

我再次放开声，和冯大姐一起痛哭。

厄运，一直纠缠着何玉珍，终于彻底把她击垮。

村里的乡亲救活了倒在地上的何玉珍，见她走投无路实在可怜，就介绍她改嫁给广福村城里屯的龙显斌。

夫妻感情很好，但何玉珍却再也不能怀孕了。龙显斌有个弟弟龙显民，结婚以后生了两个儿子。见哥嫂不能生育，夫妇俩就将小儿子过继给他们。那个孩子叫龙祖贵，生于1952年，娶了1954年出生的冯秀珍为妻。

我们来时龙祖贵不在，冯大姐说他一早出门去建筑工地当泥水工，要晚饭时才回家。

冯大姐告诉我："刚才你见过的那个大嫂就是叔叔家留下来那个儿子的老婆，今天也过来帮忙。我们关系很好。"

临走，我再次来到何大娘面前，想跟她说声"再见"。

两个孙子已经把她扶回老房子一楼左边的卧房。大娘背对着我躺在床上，发出均匀的呼吸声。我们没有惊动她，武大哥和冯大姐先退了出去。我悄悄站在她已经衰旧却古色古香的雕花架子床前，看着四根立柱高举的楣板上安静的喜鹊和牡丹花，不知它们是否从她心的深渊，看见深藏的苦难？如果那些凄惨的时刻可以看作在劫难逃，那么是否能把这张床的产生，看成是劫数已尽？

这张床，看来是何大娘的婚床，这多少给我一些安慰。它让我知道，有一个勤劳善良的普通农民，庄重地娶她为妻，想和她生儿育女。在确认她不会生育的时候，并没有嫌弃和抛弃她。他们抱回的儿子和娶回的儿媳朴实孝顺，儿孙满堂，陪她安度晚年。我也知道，苦痛的往事正在一个接着一个向她告别，从她的记忆中一一遁去。

我甚至希望她很快忘掉自己牢牢记住的那六个字："见过。抓我。打我。"我也希望她只能看见眼前的幸福。

想起刚才冯秀珍大姐回忆，当年媒人上门提亲，父亲知道男方是何玉珍的儿子，就对自己的女儿说："你嫁过去的婆婆长得很光彩啊！年轻时候赶圩从我们村里走过，好多人见到都会站着看她，和她打招呼。"

而此刻，她疲惫苍老的背脊对着我，像一块历经沧桑后陈朽的老木，无人知晓它在风雨中一次又一次的枯萎和朽损。

令我奇怪的是，在往后我继续寻找其他受日军性暴力残害的大娘时，何大娘的这张雕花架子床和她苍凉的脊背，竟然会经常浮现眼前。

转身之前，我默默对她说："何大娘，祝您生日快乐！"

上图：武大哥说地主陈克柱很有钱，怕土匪来袭，才修建炮楼防范。他指着炮楼顶部大约二十公分宽，四十公分长的小窗说，那就是瞭望孔和射击孔，没想到土匪没来，日本兵来了。

下图：从北面炮楼的山墙下转进院子，武大哥带我来到一个不能开合的木头格子窗前，说韦绍兰大娘当年被抓来，就关在这间房子里。

马岭沙子岭：变成慰安所的陈家炮楼

停在街边的公共汽车就要开了，武大哥把他的电动车用弹簧锁锁在一个停放自行车的摊子边上。他一边锁车一边叫我："瑞秋你快上车，占个座，告诉司机等我一下。"

我上车坐下，其实车上人并不多，只是司机已经点着火，随时可能发车。车头的窗子上插着一块纸牌，用红色颜料写着"马岭"两个大字。

马岭镇在荔浦县城的东北面，从老城中心广场坐上城乡公交车，一张车票三元，十五公里的路程。

当年日军占领了荔浦，又沿着通向桂林、柳州的公路，从中国军队手里夺下一个又一个村庄。

《荔浦县志》记载，从1944年11月初日军来到，至1945年7月17日全部撤离，人口大约三十七万的荔浦，被日军"杀害六千六百人，重伤六千八百零四人，失踪五千五百人，因传染病和其他疾病死亡四万四千七百六十二人。"

大部分日军继续前进，每天负重行军三十公里左右，扑向桂林和柳州。少部分日军留下驻守这些村子，负责组织运送粮草、弹药等物资，并且负责维护通讯线路。

几年前，县里一位热衷于抗战研究的老人陈秉燊到马岭走乡串寨，对当时驻扎在马岭的日军情况进行了详细的调查，发现这支部队的代号是"盐田"。盐田是当时这支部队指挥官的姓名。尚且知情的老百姓告诉他，马岭街上有一个日军小队，队长叫山田。不远处的沙子岭住着三十多人，班长叫朋田。他们有汽车四辆，专门到桂林运送食盐去柳州。

从这些迹象看，这是一个负责后勤保障的小队。

而驻扎在棉花村的十多个日军，是一支工兵小队。天热的时候赤裸着身体作业，只系着一块兜裆布，老百姓叫他们“郎当队”。住在佛子村的也是一支小队，三四十人，也有几部汽车，在车上安装有机械，专门生产步枪子弹。

这些日军加起来超过百人。1945年春天，他们找来维持会长陈秉喜，要他寻找花姑娘，送来沙子岭地主陈克柱的炮楼里，固定慰安日军。

陈秉喜昧着良心，威胁加哄骗找来新洞村一个叫“豆豉客”的老婆和他年仅十四岁的女儿，还有一个说不清村名和姓名的中年妇女。她们被关进陈家炮楼，日夜强奸和轮奸。日军投降后，维持会长被枪决，这三个女子远走他乡，再也没有回过自己的家乡。

推算一下，传说中这三个女子来到陈家炮楼的时候，韦绍兰大娘已经从这里逃走了。炮楼作为慰安所的时间，应该是从抓到韦绍兰和另外几个妇女开始的。

车到马岭，武大哥带我走过路边一个小小的市场，有人在那里卖红红绿绿的番茄白菜，还有活鸡和新鲜的猪肉。墙上残留着信息不全的《避孕须知》和《招工广告》。

其实就是走一段两三百米的砂石路，就走进沙子岭了。

穿过两户人家的庭院和后墙夹着的小道，我看见了土黄色的陈家炮楼。

在沙子岭的二三十户人家中，这两个炮楼拔地而起，造型别致，大概有二十米高，不是想象中圆形的堡垒，而是长方形，就像超市里摆放的“屋顶式”牛奶包装盒。它显得与周围民居没有任何关系，像个没头没尾的故事。

仔细看，炮楼其实是分离的两幢，虽然院内形成相交的一个直角，中间却隔着一条一米多宽的通道。从院外看，炮楼的外墙走着弧线，像随手写出的英文大写字母“L”，只是南北几乎一样长。弧线的墙壁上开着几道门，里面就是房间。现在，几间堆着杂物，几间像是当过猪圈。

其余的房子也都空闲着，没有人迹。

原来进院子的大门已经被堵上，却见一个生锈朽坏的黑铁门扣，挂在墙上钉着的一颗锈钉子上，可以想象住在这里的人，已经离开了很多年。

南面炮楼的大门紧闭，挂着布满厚重锈迹的大铁锁。北面炮楼倒是有一个失去门板的破烂门洞，可以伸头进去看到炮楼顶部。一扇青砖砌出的小窗，透进深秋明亮饱和的光线，可以看清炮楼内壁土墙基本完好，有残留的洞孔依然横插着几根粗壮的竹子，充当承担楼板的椽木。不过，已见朽坏，上面挂着凌乱的稻草，仿佛等待着最终的断裂和掉落。武大哥叫我赶快出来，说里面有虫子会咬人。

两幢炮楼遥相呼应。炮楼的右边，都连带着一个小院和一栋两层楼房。楼上三间，楼下三间。只是几处墙体露出破洞，有人用空心砖随便填补上去，看着更觉破败。院墙都有倒塌，破烂处已经长出黑色的青苔。小院里的地上，有几棵小榕树、野芋头和蕨草兀自生长，形成残破景象中悦目的生机。

武大哥说地主陈克柱很有钱，怕土匪来袭，才修建炮楼防范。他指着炮楼顶部大约二十公分宽，四十公分长的小窗说，那就是瞭望孔和射击孔，可惜土匪没来，日本兵来了。

从北面炮楼的山墙下转进院子，武大哥带我来到一个不能开合的木头格子窗前，说韦大娘当年被抓来，就关在这间房子里。他让我从窗子看看屋里，说不能进屋，里面很危险，怕碰到什么东西砸到人。

这是屋子的后窗。我踩着东倒西歪的一堆烂木头爬到窗口，往里张望。

里面幽暗诡异，一股霉味刺鼻而来，我打了一个冷噤。只看见几块破烂的木板（门板？）胡乱扔在地上，靠在窗子里面的一块，阻挡了我的视线，不能看到全部地面和角落。

想到，罗善学的受孕，竟然是在这样一个地方？！

又想到，年轻的韦绍兰和幼小的妹仔被关在里面，那时她们何等弱小，任人宰割。好像年轻的母亲怀抱婴儿，扭过头来与我对望，眼神哀怨悲伤。往下的想象我立即停止，腿还是发软，摔了下来。武大哥跑过来扶起我，说其实里面什么都没有，你偏要看！

韦绍兰身背婴儿，被刺刀押来这里。从此，一个农村少妇的生活被迫扭转，终身背负耻辱。

武大哥不知我的心思，接着说几年前苏教授和朱弘来这里调查，当时村里一位九十多的老奶奶何瑞珍就告诉他们，自己年轻时候经常听见妇女被日军糟蹋发出的喊叫声。何奶奶的家，离炮楼北面仅有五米。去年，她奶奶去世，整整一百岁。

我遗憾自己来得太晚，见不到这位活过一个世纪的长命老人。在她那里，储存着多少女人的苦痛、妥协和悲伤？

但我又想，其实时间永恒，什么都可以慢慢埋葬。生命的故事注定破碎，最原始的印迹，我们又能捡起多少？

武大哥带我来到两幢炮楼中间的通道，说："大娘就是从这里跑掉的。"

我细看这条韦大娘的生路，像是两幢房子中间的排水沟，现在落满破碎的瓦片、墙土。缝隙与墙根，长着杂草和荨麻。抬头可见炮楼的高墙，残留着子弹炸开的几十个洞孔。

就在这里，武大哥说出另一个惊人的秘密。

"大哥，韦大娘从这里跑出去的时候，没有日军把守这几个出口吗？"我问。

"有啊！但是大娘被一个小军官包下来，其他日本兵就不找大娘了。这个小官还把他的衬衣给大娘穿，给妹仔糖吃。站岗的日本兵也慢慢放松警惕，还让大娘带妹仔爬到炮楼顶上去玩。大娘就借机看好了逃跑的路。”

“你说什么？”我冒出这句话后马上觉得不恰当，倒像是在问自己：“你听到了什么？”我惊呆在一个土堆上，想之前的故事如何与这个故事衔接？

“那么……大哥，罗善学是这个小军官的孩子吗？”

“那怎么说得清楚！大娘说她进来这里就没有来过例假，她也不知道是谁的。要说是小军官的，也有可能。”

那一刻我突然想起在武大哥家院子里他和罗善学发生的争执。罗善学一再说的“那个人！那个人啊！”那个人，说的是他的父亲？我急忙问起此事。

“哪有那个人！他一到日本，就以为来见面的人当中有他父亲，这个像，那个也像。回来一直说他见到那个人了，就是不敢来认他。还说那个人不来，朱弘如何如何生气！这都是他几十年想亲爹想疯了，得了癔病！”武大哥说着，走出这条小巷，叫我跟上去看外面大娘逃跑的小路。

我从他手指的方向，看见铺往天边绿色的田野，也看见一个身背熟睡女孩儿的母亲，朝着太阳升起的地方快步而去。大概那时她已经知道，一个胚胎正在自己的子宫里每天长大。

可是，问题又来了，难道就因为母亲认为他“没有罪啊！”，那个没有血缘关系的父亲，就能接受他的到来？

“不是接受，爸爸根本不接受！是奶奶！妈妈回家，很快家里就知道她怀孕了。爸爸当然不要这个孩子，但是奶奶懂中草药，说妈妈回来身体太弱，如果用药打胎，说不定会把她打死。奶奶知道，有些女人打过小孩就不会再受孕，还有妈妈被那么多日本兵糟蹋，以后也很难保证有生育能力，要是她以后不会怀孕，那罗家不就绝孙了吗？所以，奶奶说服爸爸，让把罗善学生出来了。”

原来是这样！

还来不及细想，突然发现身后站着一位腰弯背驼的老大娘，她拄着一根光滑的竹子手杖，抬头问我："你们找哪个人？"武大哥说我们不找哪个。好像大娘耳朵不大好，我灵机一动，赶紧大声说："大娘，我来找炮楼的这家人，他家有人吗？"

大娘说："有啊！"她指指炮楼远处的村子东边，"两个儿子，住在那边。"我又问："您见过日本人吗？"她点点头，指指炮楼说："日本鬼，我晓得。这里的人跑走了。日本鬼，有。"我再问她："有没有见过日本人抓来的女人？"她摇摇头，问我："哪个女人？"她的孙子赶来扶她回去，说："她年纪大了说不清楚。那边有个奶奶清楚，以前好多人来找她问，去年死了。"武大哥说就是何大娘。

路上又来一位大娘，年纪大约七十岁。我马上拦住她问炮楼的后人，她说："老了，都没有娶到老婆。"

"为什么娶不到？"

"穷啊！两兄弟都没有娶到。有一个妹妹在北京，有时候回来带他们去桂林玩一下。"

"大娘您可不可以带我去见见他们？"

"不在家。前几天去桂林了。你要找他们做什么？"

"我想问问他们这房子的情况？"

"他们哪里说得清！这房子早就不是他们的了。土改的时候，是公家的。"

一位提着水桶的大嫂走过，与这位大娘打招呼。大娘把我的问题告诉她，她说这房子现在有一间就是她家的，只是不住人了，堆着一些不用的杂物。她抬起左手，往炮楼对面一指，菜地后面是一幢新盖的3层青砖水泥小楼，很像独栋小别墅。"我家新房子，"她说，"炮楼原来是地主的。地主你懂？（我说懂。）地主的屋，后来分给穷人。土改是公家的，生产队做仓库，做会场、做食堂。土地分田下户才分给我们。"

“这个房子有没有分给原来的主人？就是您说的地主家的儿子。”我问她。

“没有！分给他们做什么？家家户户按照人头来分。我家分一间。我们有房屋证的。”

地主陈克柱不知去向，但他当初兴致勃勃盖起这个坚固的炮楼，做梦都不会想到它竟然变成日本鬼的“慰安所”。也未必想过，他为之得意的炮楼，会属于那些帮他干活计，拖欠租子的贫民。炮楼的历史正在沉入时间的深处。所属易主，物是人非。

要去桂林，得离开沙子岭了。

回头再看一眼陈家炮楼。我知道，已经没有多少人关心它的往事。或许说，他的往事仅仅是——地主的房子。至于地主姓什么去了哪里？至于它成为日本兵的慰安所，伤害了多少荔浦的女性？几乎无人再会问起。

而那些杀人、放火、奸淫的日本兵，或战死、或投降，活着的人早已归家，继续战前的工作和家庭生活。然后，走向自己的死亡。至于他们是否反省在战争中犯下的罪恶，那就得看各自的良心了。

汽车从荔浦总站开出来，很快就转上高速公路，一个半小时就可以到达桂林。

车窗外闪过的还是奇异秀丽的小山和田野，但已经不是来时的心情和眼光。我想起逃脱日军，走到桂林又折返荔浦的何玉珍，她心里带着怎样的渴望和急切，在这条路上忍受饥渴和走烂鞋底？她是否就在这样美好的山水间得到重生的领悟和力量？

真的，不得而知。

当然，我又想起那个小军官。他是当年驻扎在马岭的日军小队长山田呢，还是那个小班长朋田？还是别的一个什么小官？他是出于什么理由从几个掳来为性奴的妇女中，选择了带着孩子的韦绍兰，把她占为已有？

我把这个问题带到机场。在等待起飞的宽裕时间里，我拿起手机拨出陈祖樑先生的电话号码，把这个疑问告诉了他。

陈先生要我记住："战争会把人性中的恶最大限度释放出来，让人成为魔鬼。战场上，人会变得很复杂。很多人并不情愿打仗，但是战争选择了他们。日本兵来到中国，的确无恶不作，手段粗暴残忍，但他们也会软弱，也会想家痛哭。

滇西大战，有的日本兵会在停火的时候跑进一位老百姓家里，跪在人家香堂前磕头作揖，嘴里嘀哩嘟噜念一阵跑掉。但是，战斗一开始，他照样拿起枪，把刺刀扎进中国士兵和老百姓的胸膛。

那时候，我哥哥五六岁，一个日本兵进来我家，把他抱起来走出门，家里人追出去，见他把我哥放在街边的石坎上坐着，自己拿出纸和笔给我哥画像，说长得象他儿子。所以，你说的那个小军官，说不定他来中国打仗的时候，他老婆正好生了一个女儿。或者说，你采访的那个大娘长得像他认识的某个人。出于某种连他自己都不清楚的想法，他包下她。不过这些都是猜想，不一定就是真正的原因。你一定要清楚，战场上什么人都有，什么事都会发生。也许这一分钟他是普通人，下一分钟他就是杀人不眨眼的魔鬼。反过来也成立。"

谢过陈先生，我的脑子很乱。不知怎么地，又想起了"日本仔"罗善学。我联系了朱弘，问他罗善学向我提起的"那个人"。

朱弘说："事实完全不是他说的这样。"

2010年底，他带韦大娘和罗善学去日本当证人，在静冈县静冈市和一个民间团体"忆苦思甜"，控诉战争的罪恶，来了一位当年去过中国战场的卫生兵，原属"大日本帝国军"第三师团（名古屋编成）步兵第三十四联队，讲述了自己驻守广西荔浦的经历，罗善学认为那就是他的父亲。

在日本期间，朱弘发现罗善学不睡觉，每天晚上盯着电视机，一直看到天快亮。住在静冈的那个晚上一如既往，有一阵电视画面是日本新闻大臣在发言，罗善学目不转睛。朱弘问他听得懂吗？他说听得懂。再问他说什么呢？他说人家讲罗善学是好人，日本爹很坏不是人。朱弘恍然大悟，对父亲的思念和期盼，已经让罗善学建构了自己的虚幻世界，怪异而坚固。

我相信了武大哥所说的“癔病”。

登机前，给苏智良先生写了一个短信，汇报自己在广西几天的行踪，并问他下一站该去哪里？

回到昆明长水机场，打开手机，有苏先生回信。他说，去海南吧！短信里附有受害阿婆的名单和住址，以及联系人的电话号码。

第三章

海南岛上

1938年，海口的街道接连出现几家日本商人开张的店铺。卖布匹、卖零食、卖杂货，批零兼营。他们也收购油棕、橡胶、胡椒、椰子、槟榔，在港口装箱发往日本。

这些老板和老板娘大多勤劳、谦和、有礼貌，每天早早打开店门迎来送往，生意兴隆，赢得当地人的信任和喜欢。

无人识破他们是隐藏的“间谍”。

“间谍”们不断拓展生意，使得走乡串寨合情合理。他们发往东京的情报，成为日军占领海南岛登陆选址的重要参考。经过长久细致的观察后他们确认，首次进攻从澄迈海湾比较有利，那里海面开阔，防守薄弱。

1939年2月8日傍晚，船身暗绿的驱逐舰和航空母舰摆开阵势，护卫着装载联合陆战队的日军舰船，从集结多日的我国广东万山群岛出发，进入黑暗即将降临的茫茫大海，朝着那个目标港口驶去。

经二十八个小时的航行，这支舰队终于驶进澄迈海湾，向靠岸的海里悄悄抛下巨大的铁锚。几个小时后，他们放下舢板和软梯，开始登陆。

海滩上的中国守军，用不足一百支长枪和短枪急忙向这些来路不明的黑影开火。舰上飞出密集的枪声和几枚炮弹，在岸上炸起中国的泥土和卫士。火光枪炮并不持久却刺破夜空，吓醒附近几个古老的村庄。

守卫海港的保安团难抵来犯之敌，扶着受伤的战友向后撤退，消失在远处黑黢黢的椰子和槟榔树林。

日本海军和陆军，得到了这片海滩。

紧接着，日军在海口上岸。在文昌上岸。在三亚上岸。

日本人的军舰陆续到来，运送士兵、马匹、大炮、枪支、弹药、军用卡车和急救药品。

除了这些，船舱里，还装着女人！

日军叫她们慰安妇，下船后送进不断开张的慰安所。

她们来自日本、朝鲜、台湾、广州和香港。

但是，军舰运来的女人，远远不能满足岛上日军的需要，他们赶快以招工和招战地后勤服务员的名义，搜来村中年轻貌美的姑娘，送进慰安所。或者，就地关押进行强奸。

资料记载：占领海南岛六年，日军设立慰安所七十多家，有慰安妇数千人。战争结束，她们大多病死、自尽、被杀、甚至活埋，剩下不到一百个人。

石碌慰安所前后进出三百多女子，日本投降时幸存十人。那大县赵家园慰安所开张的最初十天，二十一名慰安妇接客竟达三千多人次。原定的接客时间三十分钟，缩短为十五分钟。一个月里，就有三名患病慰安妇被活埋。乐会县博鳌市慰安所中，日军从大洋、北岸村哄骗来的五十名青年妇女不愿接客，被军用卡车拉到塔洋桥边，集体毙命于日军刺刀之下。黄流日军机场同一批来的二十一名广州青年妇女，至1945年冬日军投降，仅剩下黄惠蓉等4人。

在幸存的女性中，有九个人的名字写在我的笔记本上。因为她们至今还活着。

2013年12月5日，飞机正点降落，我拖着紫色的行李箱走出海口美兰国际机场。

海南岛阳光灿烂。我在风姿迷人的椰子树下爬进米姐家的吉普车，告诉她："我要去澄迈。"

这一天，离日军首次登陆，已近七十五年。

符美菊大娘已经八十九岁，看上去有些熟悉，又说不出她像谁。

符美菊：几乎埋藏一生的秘密

黄大强是澄迈县的文联主席，喜欢收集当地的民歌和古老传说，也是慰安妇问题的调查员。他从县城开车带我去找名单上的符美菊、李美金和王志凤。

车子驶入一条有非洲楝和椰子树的街道，他说这里是中兴镇，离县城差不多二十公里。阿婆们的家，从这里去还有五公里。

“她们都住在东岭土龙村。最可怜是符美菊。2004年，阿婆的腿肿得很厉害，走路不行，不能干工（海南话：做工、劳动）挣不到钱，小孙子没人养了，她急得哭啊！苏教授每个月给她一百块援助金，一年一千二，一次给她，让她慢慢花。那时候物价低，米一斤卖一块三、一块二，一百块可以买四十斤米，剩下的买点盐和猪油，还可以买一两次肉，基本可以生活下去。这样呢，她又有耐心和信心活下去了。腿好的时候她可以去捡胶泥，每个月收入一百多块，就靠这点钱生活。”说着话，他手握方向盘，把汽车转上伸进椰子树和橡胶林的水泥路。

符阿婆的家并没有在村里。黄大强把车停在路边的一栋两层小楼前，说这是符阿婆的孙子财强不久前刚盖好的新房子。隔着不到十米，还有一栋差不多形状和大小的小楼，是财强媳妇的娘家。这里，还看不见土龙村的踪影。

财强二十二岁，个子不高但结实健康，热情叫着“叔叔”“阿姨”，笑嘻嘻把我们迎进家中的客厅。穿过客厅敞开着的后门，是小院。一个房间的门，朝院子开着。

符阿婆坐在一张简单的木板床上向我们打招呼，四根粗细不一的竹竿从床的四个角落尽力挑着一个白纱小蚊帐。她的上身穿着灰蓝色的棉衣，下身却穿着一条紫色碎花薄棉单裤。

她已经八十九岁。

抬头看我，微笑露出的门牙缺了一颗。但她的形象还是让我吃惊。她的眼角布满深深浅浅的皱纹，却未下垂，眼光明亮，荡漾着柔和的笑意。眉毛细长弯曲，是那种我们形容的柳叶眉，乍看像精心修理过，仔细瞧又自然而然。她的头发没有全白，长短齐耳、稍显凌乱，给我一种时尚的印象。我知道，阿婆与时尚无关，她听见有人来，刚从躺着的床上坐起来。

看上去有些熟悉，又说不出她像谁？

财强说，这是专门为奶奶盖的房子，她的两条腿有严重的风湿，已经不能走路了，平房方便。

阿婆让我们坐下，但床前的窗下只有两个大红的塑料方凳，就像我们在路边小饭馆桌边坐下的那种。靠近床头的那个还充当了小桌子，上面放着一个不锈钢大碗和一把同样材质的小勺。碗边，有一双红色的塑料筷子，和椅子很搭配。床脚的地上放着简易的坐便架，坐垫已经破损。床头和床尾的木挡上，挂着一黑一紫两件衣服。房间里，除了掉在地上的两张废纸，再也没有什么东西。

财强说："阿姨，你们到客厅坐吧！我把奶奶抱过去。"

财强伸出手臂，熟练抱起他的奶奶，快步跨过院子来到客厅，在棕红色的木头沙发上让她坐好。

知道我从昆明来，阿婆用普通话说："好远，好远啊！"她说她去过海口，现在去不了了，两条腿站不起来。天冷腿病又犯了，每天要请医生来家里打针。她拉起两只裤脚给我看，两条腿皮肤干燥，像陈旧的图纸，有几块血脉不通形成的青紫瘢痕。两个膝盖浮肿着，骨关节已经严重变形，与细细的小腿很不协调。可能是经常擦祛风湿的精油，膝盖染上了顽固的黄色。

阿婆说："生活太苦了。每天干工，腿坏了。"

财强说："我小时候奶奶养我，现在我养她嘞！"

符美菊二十二岁的时候，村里的媒人向她介绍了王河安。很快，她离开儋州大成镇南迁村，嫁来土龙。

与王河安组成的家庭老夫少妻，清贫而和睦，他们生下两个儿子和四个女儿。不幸有三个很小就病死了，只剩下一儿两女。活下来的儿子叫王明和，就是财强的父亲。女儿阿金和阿娟，是财强的大姑和小姑。

"我还在妈妈肚子里，爸爸去挖井，机器漏电把他电死了，姐姐才有三岁。妈妈在医院生下我，她没办法养我和姐姐，叫人来问奶奶要我不要？奶奶和大姑赶快去医院把我抱回来，就一直养我啊！"

这个紧急来到家里的婴儿，把符美菊的生活变得更加艰难。那时他们住在村里两间低矮的土坯房里，奶奶背着孙子，熬米汤和稀饭喂他。晚上领着他睡，夜里起来把尿喂水。

"等我长大，经常跟着奶奶去胶林捡人家胶桶滴在地上的胶泥，洗干净泥沙卖出去。差不多十天去卖一次，可以卖到八块、十块钱。一斤一元五毛。捡胶泥要天不亮就去，去晚了会被人抓到。平时帮人洗装橡胶水的塑料桶，一只有两毛钱。我们还养了一头小公猪，在村里帮小母猪配种，一次五块钱。"财强说。

大姑嫁给镇上税务所一个职工，生了两个孩子，自己开个小店卖"老爸茶"（海南到处可见的茶馆，很多已成"老爸"的男人坐在里面喝茶），兼带收购橡胶毛片，生活还过得去。小姑嫁在离土龙十五公里的一个村庄，经常回来看他们。

财强七岁，大姑把他接到镇上读小学。奶奶每个星期六都要走五公里来大姑家，给他两块钱零花，星期天再慢慢走回去。后来，奶奶的腿越来

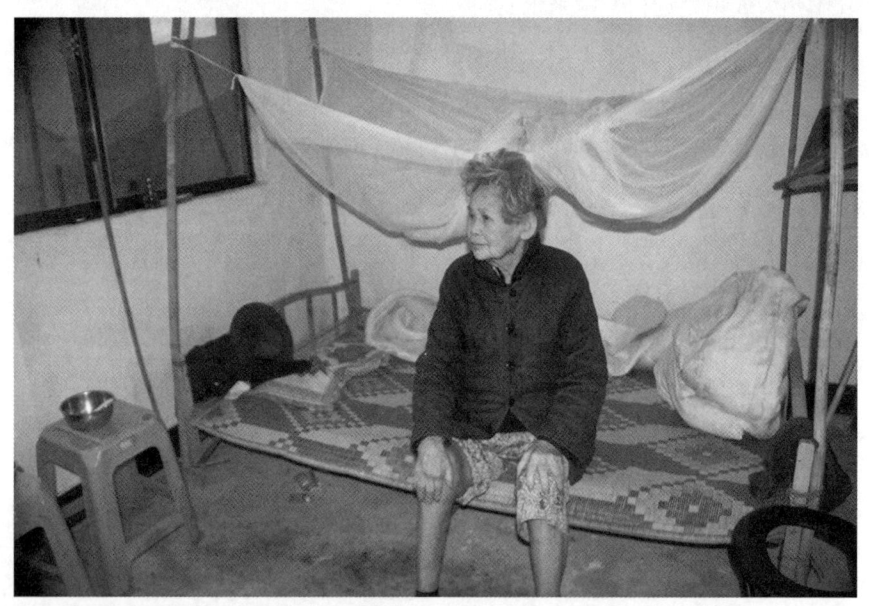

她说她去过海口，现在去不了了，两条腿站不起来。天冷腿病又犯了，每天要请医生来家里打针。她拉起两只裤脚给我看，两条腿皮肤干燥，像陈旧的图纸，有几块血脉不通形成的青紫瘢痕。两个膝盖浮肿着，骨关节已经严重变形，与细细的小腿很不协调。

越不能走路了，换成财强周末回来看她。十岁的财强去井里挑水，装满几只大瓦缸要二十多担，让奶奶洗脸煮饭用一个星期。周末放假，别的同学跑去玩，财强急急赶路，回来帮奶奶挑水。“上初中二年级，我实在不放心奶奶，就从学校跑回来了。她一个人没办法生活嘞！”财强说，“爷爷比奶奶年纪大好多，我爸爸还不到十岁他就去世了。”说到这儿，我想到丈夫去世的时候，阿婆才四十岁，就问她有没有想过改嫁？

“谁想要你？带着一大帮孩子。”符阿婆微笑着回答我。

我又问：“您的娘家，还有什么人吗？”她摇头。

“从我记事，就没有见过奶奶娘家任何人。”财强说。

“奶奶有没有带你去过儋州？”

“没有，她很少说儋州。”

财强说话的时候，阿婆一直笑眯眯看着他，一脸疼爱。

但是，我们还是说到了儋州。

接到日军让人传来的口信，符美菊的父亲赶快来到工地。他问过好几个人才找到那间堆放工具的木头房子，推门进去。

并不黑暗。木板墙壁的缝隙透进一束一束粗细不匀的亮光。他听见熟悉的声音呼唤自己，紧接着一阵连续的咳嗽。地上，躺着他的女儿。

她虚弱，身下垫着几只破旧的麻袋。父亲蹲下来，伸手摸摸女儿的额头，烫手！孩子变成这样，父亲没有多想，只认为修路活计太重，把女儿累病。他使劲扶起高烧中瘫软的美菊，慢慢走出日军把守的工地。荷枪实弹的士兵，并没有询问他们的去处。

美菊紧紧抱着父亲的手臂，拖着无力的腿脚走出军营。他们拐上椰林和稻田包围的土路，离工地越来越远。脚步，也越来越快。她调动着涣散的体力，聚集成无法想象的力量，一口气走出好几公里，直到确认已经离日军营房很远了，美菊才瘫在路边的地上，剩下的十多公里，她趴在父亲背上回到南迁村。

丈夫和女儿踏进家门，母亲却没有太多的反应。

父亲把美菊放到简陋的竹床上，转身出门请来村里的医生。吃完几副汤药，虚脱的美菊才慢慢有了力气。

终于有一天，坐在床上的美菊接过父亲端来的稀饭，突然嚎啕大哭。在她的哭声中，夹杂着一个让父亲心碎的秘密。

除了本村几个小伙子和姑娘，工地上很多人符美菊不认识，他们一起砍甘蔗、搬石头、挖土。每天从早到晚干工，累得倒在地上就不想起来。十多天里，已经看见三个人死掉。一个在工地上累死，一个逃跑被开枪打死。还有一个，日本兵用木棒打他，第二天死的。

天黑以后，几个姑娘就在放工具的棚子里面睡觉。没有床，用麻布口袋放在草上睡。她们很累，都睡着了。日本兵派两个中国人来说，有事让去营房。她们坐上军用卡车，来到一个村子。把她们交给日本兵，那两个人就走了。

姑娘们很害怕，哭了起来。日本兵推拉着她们进几间房子，符美菊已经感到会发生什么，赶快向拖着她的那个人求饶。他听不懂，一进门马上扯开她的衣服还打了她的脸。她记不住他的样子，因为那个人压着她的时候，她一直用双手蒙着脸哭。

从那天开始，她们白天去干工，修公路和飞机场，晚上拉来给日本兵。她们人少，士兵人多。有时一个房间就有四五个日本兵排队进来。还要她们吃预防丸。那种药吃下会头晕，想吐。不到一个月，符美菊病倒了……

父亲流着眼泪，从女儿手里拿走装着稀饭的土碗，没有说出一句话。等他再次来到床边，哀声长叹带出三个字——没办法！

在此之前，母亲嘴里咿哩呜噜经常来到美菊的床边，好几次她想把自己的遭遇告诉母亲，但看着母亲痴呆的面孔，她只有自己哀伤，默默流泪。终于忍不住，开口告诉了父亲。

南迁村的人，都知道美菊的妈妈，是“傻婆”。她的弟弟，是“傻仔”。很快，他们又知道，“傻婆”的女儿和“傻仔”的姐姐，当过“日本娼”。

那是1940年，符美菊十六岁。

“日本崽（海南岛上几乎所有人都这样叫日军。黄大强解释，日军身材矮小，看上去像小男孩，故称为崽。）骗她嘞！去村子里说是去干工，去到工地就欺负她。”财强说。

黄大强解释：“日本崽上岸，忙着修营房、修机场。抓来的男人不能完成预计的工期，就动员附近村子里的姑娘也来干工。先说是来工地搞服务工作，捡米里的虫子和石头、筛谷子，来了之后才送去慰安所。”

“阿婆，您嫁来土龙村，有没有把日本人欺负您的事告诉您的丈夫？”黄大强把我的话翻译给她。

阿婆摇摇头说：“没有。我告诉他也没办法。日本崽走好久了，他知道也不好过。”一会儿，又说：“不告诉他，我心里也不好过。”

“这个村子里有人知道您被日本人抓过吗？”

“没有。后来知道了。有人来调查，以后就知道了。”

黄大强说：“是2002年，海南省政协文史委员会办公室主任杜汉文带一个小组来调查的。中兴镇有五个阿婆承认。有一个阿婆调查完就不在了。另外一个村的蔡爱花阿婆也去世了。现在澄迈就剩这个村的三位阿婆。”

“村子里的人知道，背后也议论，但是没有人会在我们面前说起来。不怪她啊，都怪日本崽！”财强说。

一两年前，阿婆还可以自己扶着墙洗衣服、上厕所，现在基本不能走动。财强每天帮人割胶，可以挣五十多块钱。他自己也种了七八亩橡胶。

每年有一万多块钱的收入。

不管干工多累，回到家财强马上生火做饭端给奶奶吃，帮奶奶洗衣服、倒便桶。小姑每隔两天就回来帮奶奶洗澡换衣服。

2010年，财强在表叔的帮助下花了十多万，盖了现在这栋房子，带着奶奶搬进新家。隔壁那栋房子里十八岁的姑娘钟奕，成了财强两个孩子的妈妈。财强不在家，她照顾奶奶。

我去的那一天，财强的儿子一岁零九个月，取名王德彬。女儿刚出生三个月，取名王心茹。

“奶奶每天都来抱小孩玩一两个小时。肩膀痛、头晕才回房休息。”

说着话，钟奕领着小德彬进来。符阿婆突然提高声音向他招手：“过来，过来！”

刹那间，我在符阿婆的脸上，看见了陌生的、灿烂的笑容。

我快步走到阿婆面前，见她蓝色小碎花的短袖衣已经完全湿透。我说阿婆您身体好啊，这么大年纪还去砍柴。她说不好不好，血压高、腰痛，要劳动才好。

李美金：光亮，是她永久的渴望

气温已经接近摄氏四十度，淡水却供应不上。所有干工的人都汗如雨下口干舌燥，却还要继续挥起手里的刀，砍倒一棵又一棵椰子树、芒果树、杨桃树和菠萝蜜。

从澄迈登陆不久的日本军队，要在加来修建一个飞机场。

烈日灼人，疲累饥渴的民伕们盼望着日本兵发出停工休息的通知。

又是几个小时过去。通知始终没有到来，却有人接连倒在地上。发现情况不妙的日本兵跑过来摇喊地上躺着的人，拿来不多的凉水灌进他们快冒烟的嘴里。

但是，有一个人始终没有醒过来。

那个时刻，十六岁的美金正跪在地上铲草皮，身体某处隐秘的疼痛和让人几近昏厥的酷热折磨着她。突然听见一个女人的喊叫和嚎哭，她忍着疼直起身，走到围成一个圆圈的人群边上，伸头往里看。

和丈夫一起来干工的妻子，昏倒在刚刚死去的丈夫身上。所有人扔下手中的工具，陆陆续续躺倒在这对夫妻身旁。

日军不得不宣布停工，第一次提前摇响开饭的铃声。

吃过一碗稀饭和几叶小白菜，天就黑了下来。

美金和那几个小姐妹浑身瘫软，东倒西歪躺在一间简易平房的凉席上，闭目养神。鼻子，已经闻不见身体散发的强烈汗味。

有人轻声说，出了这么大的事，今晚不会来找我们了吧？

太累，没有人开口回答她。

过了一阵，美金睁开眼睛，已经看不见身旁的小姐妹们，只能听见她们轻重不一的呼吸。

她想起在澄迈茅园村的家，不知道姐姐妹妹和三个弟弟在做什么？她在家的时候，经常和他们玩，挖野菜和上山砍柴。自己被抓走，爸爸妈妈肯定又伤心又着急。他们不知道自己被抓到了临高的加来。更不知道，自己和几个年纪差不多的姑娘，经常被日本兵欺负。

美金哭了。眼泪一颗一颗落进潮湿的闷热，很快被浓重的黑暗吞噬。

她的泪水还在滚落，日本人说话的声音和皮鞋底的乱响，已经从门口进来。

那天以后七十四年，在土龙村中心的两棵大榕树下，九十岁的李美金阿婆坐在小卖部门口一把粉红色塑料扶手椅上，给我讲述她的往事。

她穿着灰底蓝白点的方领外套和深蓝色长裤，头上带着深灰色的毛呢毡帽，整洁而干净。她的脚，却穿着一双深蓝色的塑料拖鞋。

和符美菊阿婆一样，她的白发夹杂着灰黑，但口中牙齿，已完全脱落。左手腕上，带着青白色玉手镯。右手腕上，是银手镯。双手，苍老并不干燥，扶着直径大约一寸、一米多长的木棍，帮助她起坐和走路。

拄着这根拐杖，阿婆带我来到现在已是她独自居住的老屋。

石头垒的墙脚和土坯砌出的墙壁已经年深月久。门与窗之间的墙缝上钉着两个木桩，拉起一根差不多三米长的铁丝，晾晒着阿婆蓝色的衬衫和棕色的外套。

两间卧房中间的堂屋，本是接人待客和自己休闲起居的地方，却养着五只健壮的大公鸡，都是黑底红花的毛色、黄色的脚板，看上去像孪生五兄弟。阿婆说，这些鸡是她的。

阿婆家左边，一栋贴着瓷砖的房子还很新，是她侄儿的家，门外有自来水龙头，可以给她洗衣服和洗菜。右边，是二儿子张泰开的家，阿婆自

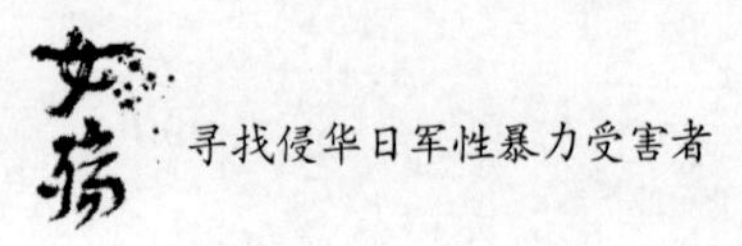

己煮饭吃，儿媳妇经常送菜来给她。有的时候，她向村里挑担的流动摊贩买点猪肉或鹅肉。

老屋前的小厨房是独立的。门扉破旧，门扣已经脱落。一扇门上只剩下一个生铁把手，阿婆在上面栓上结实的麻线，绑着一根长长的木棒。木棒超出门框，搭在两边的土墙上形成阻挡，充当了门锁。我估计，是她几年前去世的老伴生前用过的手杖。

我们没有进屋。堂屋除了五只鸡和一个靠在墙边的旧木桌面，根本没有凳子和椅子。看来，只有睡觉的时候，阿婆才会回来。

我们又回到小卖部门口坐下，阿婆的家，离这里也就十多步。

小卖部在大榕树下。阿婆说，这两棵榕树年纪比她还大。

老树裸露粗壮的根系，一棵与另一棵相互交缠，包裹着树旁的几块巨石。树根旁栽着两棵碗口粗的木桩，两个五六十岁的男人，把自己的吊床捆绑在木桩和树根上，睡在里面摇晃。阿婆的儿子张泰开，也在树下磨着他的割胶刀和砍柴刀，和他们闲聊。

阿婆会说普通话，听她说话不费力。但除了对我，阿婆一口澄迈话，一句听不懂。

张泰开热情开朗，听我夸阿婆，扭过头来说1959年，定安县人民公社动员组织村民去帮大部队的生产建设兵团干工，开荒、种地，一年之内修建好营房。定安的人手不够，就从邻县派人支援。阿婆当时三十六岁，和村里乡亲一同到定安，砍柴烧瓦、背土挑砖，跟部队上的解放军学会了普通话和唱歌。还说，阿婆快五十岁才生下他，后面还有两个妹妹一个弟弟。哥哥姐姐和他们年龄悬殊很大，都六十多了。我本想追问这个悬殊，又感觉跑题，就站起来走过去，轻声问他是否知道妈妈被日本人抓走的事？他摇头说不知道，有人来调查以后，村子里的人说起来才知道。我又问家里谁当家作主？他说是妈妈。

家里生活很苦，妈妈脾气好、爱说话爱笑。什么事都由妈妈决定，她虽然没有上过学，但记忆力好，懂好多东西，有道理。家里孩子多，做错什么只会说两句，有时小打打，大打不会。

可以肯定，战争结束，阿婆拥有了她喜欢的家。她用实实在在的甘苦，慢慢埋葬了战争的残骸和心灵的创伤。

回头看阿婆，她正对着我笑，喊我过来坐、过来坐！

我放下手中的笔和笔记本，只让录音笔工作着，把椅子拖到她的跟前。阿婆的手伸过来，拉起我的手轻轻抚摸，温暖轻柔。我一时还没有想得清楚，是什么力量，使她从忧郁变得开朗？

放在小桌子上的录音笔，记下了她少女时代突然降临的那场劫难。

日本人进村那天，听见有人大叫："日本崽来了！日本崽来了！快跑啊！快跑！"

美金和姐姐跑出家门，看见有几家人的屋子冒出浓黑的烟雾，村子里的人惊慌喊叫着夺门而出，从各条大路和小巷往村子外面的山上跑。

姐妹俩也吓慌了，大叫大喊跑进家，急忙告诉爸爸妈妈赶快逃跑。妈妈有点舍不得家里的东西，叫孩子们一人拿上一两样，爸爸说不要了不要了！拖着妈妈出门。

出门前，美金从床上扯起自己的被子，裹成一团抱在胸前跨出门槛。最小的弟弟，只拿了他平时吃饭的小碗。

路上挤满逃命的乡亲，日本崽放枪追过来。人跑走了，牛和猪扔在路上，被日本崽捡走。

村子里的人跑到山上，没顾得带吃的东西，小孩饿得哭。老人也哭，想着家里的东西都给日本崽抢走了，以后怎么过？

第二天，胆大的几个年轻人悄悄摸回村边，除了烧坏的房子还有几处冒着轻烟，村子里悄无声息。日本崽走了！

上图：“特别害怕天黑啊！天黑日本崽就来糟蹋我们，遭罪啊！就是到现在，我也不喜欢天黑。就喜欢坐在这里。老伴瘫在床上好多年，我每天要做饭给他吃，洗衣服裤子，帮他擦洗身上。还要喂猪，带我的小孙子。现在他不在了，孙子也长大了，我没有多少事，就天天来这里坐，玩牌啊、聊天啊！”

下图：“一开始我还是想死了算了。慢慢就觉得我不能死，只要我不死，就可以回去。别人死了，我就咬咬牙说，不死不死，我要回家！有的时候还是害怕，不知道还能不能回家。日本崽看我们很严，跑不掉啊！”

他们跑回山上，把这个消息告诉那些正在绝望的人。大家马上站起来，往村子里走。年轻人走得快，很快就跑进自己的家门。可是，美金发出的一声惊叫，吓得身后的姐姐和妹妹回头就跑。几个日本崽，刚刚杀掉妈妈养的那头猪。

他们冲上来，抓住美金。

好多日本崽突然从村边的灌木丛冲出来，包围了走进村子的所有人。他们命令村民把剩下的牛和猪鸡全杀光，用竹篮装好，让年轻力壮的男子背上或挑上，跟他们一起走。美金和几个小姑娘，被日本崽用刺刀示意加入这支队伍，离开了茅园村。

走了几个钟头，他们来到临高县的加来镇。那里，日本崽已经有了一个据点。

日军给男人们分配了工作：砍树、挖地、割茅草。美金和几个姑娘，负责铲草皮。最后，汉奸转发警告，若是逃跑被抓到就会被枪毙，还要去村里抓他们的亲人一起死。

当天晚上，美金和几个姑娘就被日本崽挑中，带到一排刚刚盖好的简易平房，每个人分到一个房间。可以冲凉！

她们还来不及高兴，日本兵就走进来关上门。

姑娘们惊恐和疼痛的叫喊，刺破安静的夜空。

最初的疼痛还没有过去，另外一个日本崽已经迫不及待走进来。美金不知道，门外还排着长队，像上公共厕所一样，哪个门打开有人出来，另一个人就可以走进去，关起门来。

整夜都是疼痛，日本崽走掉都不知道。天亮美金睁开眼睛爬起来，看见自己身上的血污，放声大哭。很快，她听见隔壁也有哭声，直到日本崽来叫她们起床，去铲草皮。

还是在大榕树下，我问李美金："阿婆，那种日子那么苦，是什么东西让你一直忍耐着？”

“一开始我还是想死了算了。慢慢就觉得我不能死，只要我不死，就可以回去。别人死了，我就咬咬牙说，不死不死，我要回家！有的时候还是害怕，不知道还能不能回家。日本崽看我们很严，跑不掉啊！”

“除了害怕不能回家，还有什么是您害怕的呢？”

“特别害怕天黑啊！天黑日本崽就来糟蹋我们，遭罪啊！就是到现在，我也不喜欢天黑。就喜欢坐在这里。老伴瘫在床上好多年，我每天要做饭给他吃，洗衣服裤子，帮他擦洗身上。还要喂猪，带我的小孙子。现在他不在了，孙子也长大了，我没有多少事，就天天来这里坐，玩牌啊、聊天啊！”

怪不得来土龙村的路上我担心李美金阿婆不在家，黄大强就说：“不会不会，她天天坐在大榕树下面玩，走不远的。”这里很敞亮，村里所有人都会来这里玩，特别是老年人。我恍然大悟，阿婆不愿坐在家里，不愿提早一分钟承受黑暗。她渴望，天永远不黑。

说话的时候，走过来一个十六七岁的英俊少年，一问是张泰开的二儿子张智，他在五指山的建筑工地打工，回来玩几天。“我小时候奶奶带我，她做的饭很好吃。特别是酸菜煲五花肉，好香！”

阿婆问我：“你想吃不？我做给你吃。”

我说一定要吃！

看着阿婆的家人丁兴旺，我得到罕见的宽慰。可是我又想，如果没有那一次侥幸的逃跑，又怎会有今天的儿孙满堂？

在忍受了一夜的蹂躏之后，美金疲惫地站在窗前。碰巧，她看见几个人抬着一口棺材来到工地，估计是要装上渴死的男人抬回家。美金突然意识到自己期待已久的时刻，终于来到了。

她赶快穿好衣服理好头发，等送丧的队伍再次经过，就装作在路边看热闹的样子，悄悄钻进杂乱的人缝，低头走出日军把守的据点。确定已经离开很远了，才敢抬起头来观察道路。

在一个似乎是通往澄迈的路口，美金拐上了回家的路。

判断有错误，走了很长时间还没有到澄迈。天，却了黑下来，又累又饿，她只好靠在路边的一个大石头上睡着了。

阳光刺得睁开眼睛，已是第二天的早上。美金从地上爬起来，发觉露水打湿了头发和衣裤。她边走边摘下树上的野果充饥，绕来绕去，终于回到茅园村。

一家人见到她，都发出欢喜的惊叫。但是，美金告诉他们，日本人说逃跑的人被抓回要枪毙，家里人也要一起死。父亲赶快让母亲收拾了两套美金在家穿的衣裤，连夜出门，把她送到亲戚家里躲了起来。

她不敢回家，也不爱说话，只是低头干活。黑夜，来自身体的各种疼痛尤其明显，让她想家想妈妈。

她又回到茅园村。躺在自己和姐姐的床上，喝下母亲熬好的中药。她并不知道，腹部疼痛和心绞痛，将要伴随她漫长的一生。

美金二十岁，村里的媒婆，把她带来土龙村和张孟勇相亲。她看上了张孟勇，男方也看上了她。

半年以后，我又来到土龙。进村看见符美菊阿婆破烂得只剩墙跟脚的老屋，停下来细看。

突然听见背后远远传来喊声，像是招呼我们。回头，竟是李美金阿婆。

她头戴草帽，左手握着一把砍刀，身后的路边有一捆柴放在不挡道的石头旁。黄大强说，阿婆又上山砍柴了。

时间才是上午十点，但气温已经三十四度。

我快步走到阿婆面前，见她蓝色小碎花的短袖衣已经完全湿透。我说阿婆您身体好啊，这么大年纪还去砍柴！她说不好不好，血压高、腰痛，要劳动才好。

黄大强要帮她拿那捆柴，我伸手试试重量，至少十多公斤，使劲才能提起来。

等我们从王阿婆家来到大榕树下，李阿婆已经换上干净的衣服，头发用发卡卡着，正与村里三位阿婆玩一种叫“十行”的牌。每次输赢，以一毛钱计。

阿婆在红黄绿白的纸牌中，抽出一张绿色的“象”，笑着伸到我面前，读出上面的字。

看李阿婆这么开心，我心里一阵感动，从不染指棋牌麻将的我，马上从钱包里抽出几张红色的纸币给她当“赌资”。阿婆大笑，指指自己的胸口说：“谢谢你！你给我钱，我打牌安心啊！”

“有人看见我被日本崽绑走，就回去告诉了爸爸妈妈。爸爸不管家也不管我，妈妈只好哭着去找了我的伯伯和叔叔，一起凑钱来赎。钱不够，给亲戚和村里人借够三十块光洋。我叔叔还挑着稻谷来大云墟（日军部），日本崽才放了我。”

王志凤：苦痛似狗，终身尾随

春完米，阿凤洗手、擦汗，喝干椰子里香甜的汁水，提着外婆给弟弟新做的衣裤走出柴溪村。

她的家在美万村，离柴溪四五公里。虽然有点累，但想到妈妈心情不好还病着，两个小弟调皮不懂事，阿凤加快了脚步，想在天黑前赶回家。她十七岁，早就是家里干活的主力。

这条路从小就走，哪里宽哪里窄，有几个弯已经清清楚楚。

走山路很少碰到人，阿凤就当小鸟和虫子在为她作伴。小鸟叫一声，自己也叫一声。她知道，转过这个弯，再转两个弯，就可以看见美万村了。说不定那两个淘气包就在村口的椰子树下玩着等她呢！这样想着，她脚步更快，转过这个弯，她惊呆了！

眼前，正走来两个扛着枪的日本兵。

阿凤嘴里发出惊恐的喊叫，掉头就跑。没几步，一支大手就像钳子一样紧紧抓住她的手臂。她放声大哭，日本兵吼了几声，抬起手给了她脸上两巴掌。外婆给的小包袱丢在地上，阿凤两只手使劲推开日本兵。他们拿出一根绳子，把她绑起来，带到大云墟。日军已经抓到很多当地人，正在修建军部。

一间简易的小房子，房顶盖着新鲜的茅草，日军推开门把她关进去。屋里和门外一样黑，看不见哪里有窗户门，已经被人从外面锁住。她的脚，好像碰到了谷草。伸手摸，上面还有硬纸板。

阿凤很着急。爸爸从不下地，每天都去村里杂货店门口抽烟、赌博，回来就和妈妈吵架。大弟弟八岁，小弟弟才两岁，得阿凤照管。

开锁，推门，有人进来。“嗒”的一声房中全亮了。阿凤抬头，看见房梁上挂着一个古怪的东西，发出刺眼的光芒。那个刚才抓住自己的日本兵，走过来，站住。

他再次伸出手，拉起坐在谷草和纸板上的阿凤，突然搂紧在胸前的军装上，从背后拉起她的衬衫。

阿凤吓得大叫，吼声和耳光再次击打她的声音和耳部，变成破碎的绝望和痛苦的哀嚎。她被推倒，重重摔在地上。日本兵，压了上来。

除了电灯，她第一次见到卷成筒状的卫生纸，和纸上带着疼痛的鲜血。

她放声大哭。又一个日本兵进来，再次发出吼声！她怕被打，赶紧止住哭声，双手抱着头。

她再次被压倒在谷草上。

第二天，光亮从门缝透进来。一个当地的老人把门打开，送来一碗稀饭。阿凤问他才知道，这里还关着几个姑娘。

阿凤不敢吃饭，怕饭里有毒。她坐在那堆和自己一起受难的纸片上，抱着双腿流眼泪。日本人又来了，叽里咕噜，比划出的姿势好像是说不吃饭就杀你！她端起碗来，边哭边吃。

她，没有死。

几天以后日军通知阿凤，工地上人手不够，出来一起去挖大壕沟（战壕）。

她被带出那间房子，强烈的光线一下子扎进眼睛。她抬手，揉了很久才不痛。

有十多个男人在挖壕沟，他们用竹筐把土递给地面的人，阿凤和几个不认识的姑娘负责运走。日军不许她们说话。

手脚勤快的阿凤端起竹筐，一趟一趟来回跑着。很快，她发现自己不像平时有劲，脚手酸软，腰背疼痛。

天热，口干得像要冒烟，阿凤找日军要水喝。没想到这个日军抬起手，一把把她推下深深的壕沟。她哭着爬上来，这个日军冲过来把她推倒在地。她蜷起腿，身子朝左躺在地上。还是这个日军，不停抬起脚，踢在她右小腿的胫骨上。那是一块仅有皮肤包着的“穷骨头”，手用力压都会疼痛，却要承受坚硬的皮鞋和疯狂的踢打。

阿凤发出尖利的叫喊，周围的男人都被吓呆了。有人冲上来拉开这个发疯的魔鬼，又被日军推下壕沟，不许上来。

由于得不到任何医治，阿凤的伤口很快感染、化脓、溃烂。尽管这样，夜晚来临的“慰安所”里，日本兵还是不断来找她。疼痛，钻透她的全身。

这种毒打不可思议，让阿凤更加胆怯，她怕自己被活活打死。她的头部和脸上，已经挨了数不清的耳光。

她不再敢随便说话。慢慢地，夜晚来到的日军，想做什么就做什么。她想活着，等爸爸妈妈来救她！

可是，谁会知道她被关在这里呢？

还是在土龙村那两棵茂密的榕树下，王志凤阿婆左手攥着一把纸巾，右手抽出一张又一张擦掉眼睛里的泪水。见我哭，她递过来两张。

她已经八十九岁，再也没有人叫她“阿凤”。

她右边小腿的胫骨上，留着那条下宽上细的伤疤，在黑黄发皱的皮肤上发着白色的亮光，仿佛一扇窗户，可以看见埋藏在她生命远处的凄凉和痛楚。她抬起一双泪眼看着我说：“我到现在都不知道他为什么要这样打我？！”

困扰她一生的疑惑，我无法回答，只是默默陪着她流泪。只希望没有战争，没有侵略，没有男人对女人的欺辱和伤害。

后来，阅读了几本侵华老兵的回忆录，他们当中的很多人都为自己在战场上犯下的罪恶深感后悔，并吃惊自己的残暴和麻木。

老兵太田毅，记录了日军对抓到的中国士兵以及女性哄骗、欺辱、毒打和以怪异的方式屠杀。战后，他们回到日常的生活，“想起做过的这些事，感到自己不是人类，而是魔鬼！”那时我才理解，王阿婆遭受的那场她终身难以释怀的毒打，并非没有缘由。战场，让日军官兵释放了人性中最为极端的暴力，并将暴力的手段层出不穷地使用在抵抗的士兵和无辜的百姓身上。年轻而瘦小的阿凤，遭受了这种暴力的摧残。

如何躲过这场劫难？成了我的牵挂：“阿婆，您是怎么回来的呢？”

“有人看见我被日本崽绑走，就回去告诉了爸爸妈妈。爸爸不管家也不管我，妈妈只好哭着去找了我的伯伯和叔叔，一起凑钱来赎。钱不够，给亲戚和村里人借够三十块光洋。我叔叔还挑着稻谷来大云墟（日军部），日本崽才放了我。”

回到家的阿凤躺在床上，妈妈流着泪帮她治疗几个地方的感染。腿上的伤口开始结痂了，她心里的伤，却永远不会愈合。

1943年，阿凤十九岁，高峰村的钟玉安来家提亲，妈妈答应了。二十岁，她结了婚。

钟玉安家一贫如洗，但人心善良。母亲又病又气，身体越来越差。阿凤结婚后两年，她不幸去世。十二岁的大弟和六岁的小弟，父亲根本不管，阿凤夫妇只好把他们接到家里一起生活，原本不多的口粮更加紧张，阿凤只好到处找野菜来添补。

在阿婆的家里，我见到她的大儿子钟天民和儿媳李青。

这位大哥热情好客，我们一进门，他就用当地口音很重的普通话说坐（zhuo音）、坐、坐！

他家的院子，由东西向的老房子和南北向的新房子加一段院墙围合。院里有手压式取水的井，接着皮管和龙头。在新房子和老房子的间隔，形

上图：年老的王志凤站在自己的儿子和儿媳之间，瘦小而硬朗。她的脸上，深深浅浅的皱纹纵横交错，可是一双眼睛，笑起来柔波荡漾，神采依然。这是我采访完所有的大娘和阿婆，最令我难忘的一种眼神，仿佛王志凤的生命，总有几丝永远不肯老去的气息，使人不难勾勒她的青春和美貌。

下图：最引人瞩目是一堆烧火做饭的木柴，阿婆居然用绿色的塑料包装带把它们分成小捆，整整齐齐码好待用，上面放着一把带着木柄的砍刀，和李美金阿婆那把几乎一个样。

成一条两米多的走道，两根小树杈子叉着竹竿，上面的衣架挂着阿婆洗净晾晒着的一套衣裤。在阳光和微风中，衣服上那些紫蓝色的花朵，有一种特别的清新和洁净之感。

新房子宽大很多，住着钟天民夫妻和六个孩子。老房子进门是全家的厨房，左边有扇门进到阿婆的卧室。

干干净净的蚊帐，笼罩着简单的木床。阳光穿过屋顶的亮瓦，在土夯的地上涂亮一个方块，床脚破烂的小木凳，有一半被照得发亮。黑漆的条桌上，放着两大一小早已陈旧的木头箱子，锁扣还在，小锁只锁住右边的一只。上面压着的小箱子上，有一把天蓝色的尼龙折叠伞。旁边的地上有4个盖着盖子的大瓦缸，装着一家人吃的米。阿婆没有衣柜，仅有的几套衣服，挂在一根竹竿上。

最引人注目的是一堆烧火做饭的木柴，阿婆居然用绿色的塑料包装带把它们分成小捆，整整齐齐码好待用，上面放着一把带着木柄的砍刀，和李美金阿婆那把几乎一个样。

王志凤阿婆也上山砍柴。

钟天民说：“我们村里八九十岁的老人好多个，他们都在劳动。百岁老人有一两个。我的妈妈也会成为百岁老人哦！她小的时候就很苦，嫁给我老爸，对她好。但是呢，家里穷，还带来我的舅舅。舅舅不爱干工，不帮家。妈妈还是苦和累。解放了，生了我和弟弟妹妹，她更苦了！我们小的时候，穿的衣服裤子很破很破，全身都是补丁。妈妈嘞，也是补丁。补丁上面还有另外颜色的补丁。”

阿婆坐在一边听着，偏过头来对我说：“你们现在幸福嘞，没有这么苦的。”我答应着，握住她的手。

她说儿子儿媳很孝顺，孙子媳妇给她买好看的衣服。她现在的衣服穿不完。

“老妹啊，我家里经历很多嘞！我的老爸爸他很辛苦，天天干工赚点钱不容易。原来我家住的高峰村有个跃进水库，水位高不安全，就让我们迁到土龙村来，一户补助八千块钱，我们加上所有的积蓄三千块，买了妈妈现在住着的老房子。那个时候是九零年。九一年才修了院墙。到现在，我的小孩都出去打工了，我家的生活一般过得去，才盖了这个新房子。我老爸九四年去世，大舅舅也不在了，小舅舅在敬老院。我的大女儿七九年生，最小的儿子八九年生，都是阿婆带大的。她年轻时候，也是一边干工一边带大我们。她苦，她忍着不说的。我们做错事，她不打，只会骂一下。骂过就好，过后不会再说。我的弟弟属虎，没有结婚，家庭困难，找不到对象，现在到三亚打工去了。我加（大）我老妹十岁。我妈妈最爱我嘞，因为我从小去山上抓乌龟，河里抓鱼，砍柴去卖啰!我什么事都帮她做。弟弟妹妹全部是我带大的，带他们玩。我也打他们，不听话，叫他们去干工不肯去，挖番薯不肯去，我只好打他们啰！”

“他干工勤快！家里虽然穷，我也嫁他了。”李青在一边补充说明。

“你是家里的老大？”我问他。

“我是家里的老大！原来我有个老姐姐，她不在了，嫁给人家第二年，在医院生小孩死了。她加（大）我三岁，要活着就六十三了。妈妈好伤心，眼睛都快哭瞎了。我的妈妈，一辈子都在哭。她耳朵不好，眼睛也不好。”

1975年，阿婆的大女儿荣花在医院临产，医生刚刚打开她的腹腔要取出婴儿，电停了，手术室一片黑暗。医生大叫点汽灯的工人，无人应答。在场的人没有任何一个可以点亮并不复杂但需要简单技术的汽灯。等到找来一小截蜡烛，不停涌出的血，已经带走了年轻母亲的生命。即将成为外婆的王志凤，哭得晕死过去。两天后，出生的婴儿不幸夭折。

听着这些凄惨的故事，惊叹我手里拉着的这双手得有多么勤快和有力，才能应付这样复杂而穷困的生活？！

送我们出门，黄大强问阿婆的低保有没有拿到？白内障的手术要不要去做？血压还高不高？胃痛不痛？腰腿病犯了没有？

阿婆和大哥大嫂热情留我们吃饭，说有时间就经常来玩。

我走了几步，回头再看阿婆一家，三个人都笑着冲我们摇手说着“再见！”

年老的王志凤站在自己的儿子和儿媳之间，瘦小而硬朗。她的脸上，深深浅浅的皱纹纵横交错，可是一双眼睛，笑起来柔波荡漾，神采依然。这是我采访完所有的大娘和阿婆，最令我难忘的一种眼神，仿佛王志凤的生命，总有几丝永远不肯老去的气息，使人不难勾勒她的青春和美貌。只可惜，这样的想象马上就会抵达她早已逃离的特殊苦痛，让我心如刀绞，眼眶潮湿。

回县城的路上，黄大强提起不久前日本《赤旗报》记者小林拓也带着妻子田村亚纪子来到澄迈。

小林拓也告诉他，有日本政治家认为，慰安妇并非是日本军队强行绑架的，而是妇女为了挣钱过生活的一种自愿行为。他们来调查采访，目的是要了解这番言论是否真实。

他们在土龙村见到了三位阿婆，了解到她们都是被日军强行抓掳、单独关押在狭小的房间里、在恐吓和毒打下提供性服务的事实。这种经历使她们的精神和肉体受到极大的伤害，至今还留有后遗症。

小林拓也和妻子看着她们简陋的住房，多病的身体，既同情又震惊。他们认为日本政府要承担起历史责任，应该对幸存的慰安妇以及已经去世的慰安妇进行谢罪、悔罪，并对给他们提供生活援助的爱心人士和家属致以敬意。

很快，小林拓也写了《阿婆们的心，很苦很苦》发表在《赤旗报》上，他希望让更多人了解这段历史，让日本政府进行道歉，让阿婆们得到心灵的安慰。

亚纪子参加过“废除核武器”、“改宪”的抗议等和平活动，曾召集在日本的韩国慰安妇在日本大使馆进行抗议示威游行。

我们的车，在椰林和稻田间的道路上飞驰，满眼是万物生长的喜悦，但是，我一直在想小林拓也文章的标题。

上图：七十九岁的冯善敌老先生记得，日军登陆后，留下十多个人住在村里，负责接应连续不断到来的士兵和辎重，也负责监督村民修好到港口的公路。其余的人向前开拔，迅速占据县城和重要乡镇。

下图：陈国宗的家在教学楼旁靠南的角落，原来是两大间瓦房，现在已经变成学校的杂物间。墙体饱经风雨，依然结实，两扇铁门敞开，里面的往事早已经被人遗忘。

港口和街巷：两位老者的记忆

最初上岸的日军，在澄迈留下六百多人，分成两个中队。一个中队驻守县城金江，另一个中队驻守县城四十公里以外的文儒乡石浮村加崇岭。他们抢占老百姓的房屋扎营，开始征集稻米和肉菜。

安定下来之后，他们各自修建了一个慰安所。

黄大强说，金江中队的慰安所，就设在解放中路上。原来房子的主人名叫陈国宗，楼有上下两层，很大。日军看上这个地方，就赶走他们一家，让慰安妇住在里面。

我们来到解放中路一百一十八号。

临街并没有药店，只剩下竖写的“和茂药店”缩在墙的拐角，已经是无足轻重的记号。门头喷绘的黄底红字“福利茶店”，正在当班值日，气色鲜活。

这里也是两层楼房，黄大强却说不是陈国宗的家。后来日军增多，慰安妇也增多，陈国宗家里住不下，就抢占这个药店和临江的另外一户人家，充当慰安所。解放后，这间楼房被没收充公，开办老人福利院。再后来老人搬走，就成了茶室。

我们穿堂而过，里面摆放着二三十张粉红色的塑料小桌，每张桌子围坐三四个喝着“老爸茶”的男人。一台四十多吋的电视机播着节目，并没有几个人在看，大多是在聊天说笑。大门的左边，有一个小门洞通往向上的楼梯，但是楼梯口装了铁门，上了锁。

从后门出来，是一条小街，房屋的样子变了样，很具有南洋潮湿的海风气息，但房子大多破旧。仔细看门牌，已是“建国路”。

黄大强说，临江的那一家，往前走几分钟就是。还说，现在住着的主人不让拍照，怕宣传出来房子变成展览馆让他们搬走，找不到这么好的地方住。走过去的时候可以慢慢看，远一点拍照就行。

顺着小街往前走，突然看见一幢三层小楼，气派超出街上所有的房屋，却衰败破旧无人居住。临街飘出阳台是罗马柱围栏，看上去依然完好，但有一碰即倒的态势。三楼朝北的山墙，开了七八十个窗洞，不知用意何在？让我想起初到海口，米姐带我去参观的“骑楼”，那条显赫的街上，全是这样的楼房。无疑，这是一幢豪宅，猜想主人身世不凡。

正想问黄大强主人是谁？为何弃之？街边躺椅上坐着的一位老人开口问我：“你们拍这个照片干什么？”老人精瘦，面色红润，满头白发。他的对面，坐着胖胖的伙伴。两人正在喝茶闲聊。

我说：“这个小楼很好看，但是好像没人住，好可惜。”

“这房子是两个做生意的人做（建）的，一个叫王德鸿，另一个叫白堂兴。日本侵略者来了，就强霸去了！我从小就住在这条街上，现在盖高楼了，原来是瓦房，用木料做的，矮矮的。你懂不懂瓦房啊？”

“我懂、我懂！日本人来的时候，您怕不怕他们？”

“我是学日本话，讲日本话嘞！我们念书的小学，是中国人办的，也教中文，也教日本话。”他用日语说了“早上好！”和“晚上好！”接着说，“后来日本人投降，国民党的子弟来学校上学，他们就叫我们‘汉奸’。”说这话的时候，他用手掌指指对面的胖老人。胖老人呵呵笑起来说：“我也汉奸！”都学日语，但不是同学。胖老人要小一些。

“我们小的时候，不讲海南话，不讲普通话，都讲日语。日本人走了，我到琼山中学念高中。琼山，懂不懂？”

我想起海南琼山罢官的海瑞，就说懂懂懂！

“在海口啰！不说日语了，开始学英语。”

“那么，叔叔，您们小时候有没有见过日本人带来的女人住在附

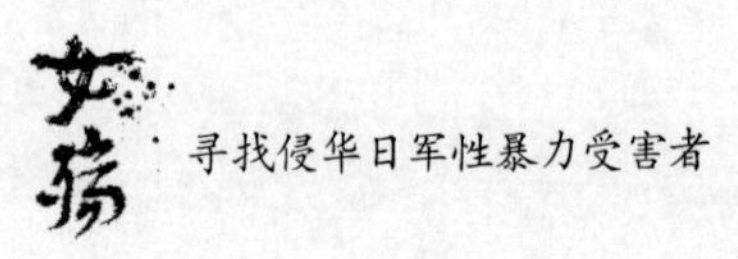

近？”我想起自己的使命，把话题转过来。

“有的有的！那个房子就在下面，叫慰安所嘞！你要想去，我带你去。”

“想去！这些女人是外国来的吗？”

“不是。有海南的，也有大陆来的。”

“大约有多少女人啊？”

“多少不清楚。我见过很多的。慰安所在一小，我带你去。”

“一小”就在这条街的尽头。路上，黄大强弄清楚这位叔叔名字叫陈子平，当过中学语文教师，毛泽东时代任勤工俭学办公室主任，从教育局退休，是县里的政协委员。他的爷爷早年去南洋打工，挣到钱又中了彩票，用大船运回光洋和黑盐木（木质坚硬有韧性，有钱人家用来建民居的木柱、障板、桷、桁，五百年不朽）盖了房子给子孙住。

“日本人要我们搬走，拆掉了我家的房子，在上面盖了兵营。日本投降，国民党住进去，后来呢，政府要这块地，就在立新路给了我一千平米盖了新房子。我的八个儿女住那边，你刚看到的房子是我老婆家的。旧社会，她家开酒楼嘞，饭菜味道很好！现在没有了。”

我们沿着建国路去“一小”，走二百米就来到临江那间两层楼，门口无人，我们赶快拍下几张照片。问陈叔叔：“这里有慰安妇吗？”他说：“有，不多。最多是‘一小’。”我又问：“陈国宗家在哪儿啊？”他说：“就是‘一小’啊！原来在隔壁，现在包在‘一小’围墙里面了。”

“一小”的大门在解放中路上，我们要穿过一条细长的小巷才能从建国路来到学校门口。

陈国宗的家在教学楼旁靠南的角落，原来是两大间瓦房，现在已经变成学校的杂物间。墙体饱经风雨，依然结实，两扇铁门敞开，里面的往事早已经被人遗忘。

带我们从后门出来，陈叔叔说他小的时候，后门是正大门，放学出来，顺着江边跑着回家。学校没有这么大，会说日本话的同学很快知道，那些从陈国宗家走出来的女人，日本兵叫她们“慰安妇”，街上的老百姓叫她们“妓女”。

离开县城去澄迈海湾，路上问黄大强加崇岭慰安所的情况。他说日军的慰安所就建在军部。军方收集的女人尚未送到，这里也没有妓院可以收编，只得进村哄骗，说军营需要“战地后勤服务队员”，给工资。骗来的姑娘并不多，日军派人到村口和路上，见到年轻女人就抓。很快，他们在文儒乡和山口乡连骗带掳到十多个妇女。

关于这边慰安所的情况，只找到山口乡一位不愿透露姓名的知情妇女，她被日军抓到加崇岭慰安所三年，日本投降才回到家里。据她说，有几个妇女染上梅毒才被放走，不知回去治好没有?

我想见到这位老人。

黄大强说，她已经去世。但县里有一个《战时损失统计表》，有关的受害妇女是：被日军强奸八百七十九人，被迫当军妓三百六十九人。

我们来到澄迈海湾。

当地人叫它“石礶港”。中间这个生僻的字读“qù”。大强说是模拟了海潮奔进与急退时狂呼的吼声。

来的路上，先到石礶村接上七十九岁的冯善敬老先生。

老先生记得，日军登陆后，留下十多个人住在村里，负责接应连续不断到来的士兵和辎重，也负责监督村民修好到港口的公路。其余的人向前开拔，迅速占据县城和重要乡镇。

日军并不与村民混住，让腾出一些房子来。冯善敬父母兄弟一家5口，只好挤到别人家里。

在冯家祠堂，日军设立过一个指挥部，村民经过门前，要用日语向他们打招呼："先生，早上好！"或"先生，晚上好！"

我们的车轮碾过七十多年前修的公路。经过一个弯道，冯老先生指着路边一块等待下种的土地，说日本人来的时候，村里两个姐妹在这里劳动，日军走进地里想要强暴，她们很机灵，跑掉了。日军抓来他们的哥哥，毒打一顿撒气。

村庄离港口，仅有一点五公里。

在中国的南海上，海南岛状如一只巨大的贝壳，面积大小和台湾岛差不多。澄迈县离海口市只有三十公里，若是水路，仅有二十公里。

自西汉置县以来，澄迈东水港一直是海南与大陆海上交通的重要枢纽，唐朝鉴真和尚、率兵归顺梁朝的南越首领冼夫人、北宋被贬官的文豪苏东坡，最初抵达海南岛，都在这里下船。

热闹的东水港离安静的石礶港，大约十海里。

决定登陆之前，日军对海南岛的地形和中国守军的分布情况进行了细致的研究调查，甚至派人悄悄测量过几个港口的水深和潮汐的涨落。

最终，他们选择了石礶港。

这个港口，早已写进中国和日本的战史，但并没有多少人熟悉它。

海岸是一片沉默的荒滩，沙石地上很少人来，长着我叫不出名字的蓬状茅草和矮树，还有已经干燥的黑色牛粪。阳光穿过平整的水面，摆动着金色耀眼的尾巴，给人一种寂寞而甘于寂寞的美丽。港口，是有几艘渔船停泊，但静止犹如图画，很难让人想起战火与侵略。

海南岛的地理，在1939年与它的历史不幸重合。

其实更早几年，日本官方和工商界就盯上了海南岛的铁矿、橡胶和粮食，日本海军更是渴望得到这里埋藏的石油。最先提出攻占海南岛的议案，是海军大臣米内光政。很快，得到天皇认可。

1939年1月19日，日本大本营发出“大陆命”第二百六十五号，决定攻占海南岛，“建立对华南进行航空作战及封锁作战的基地。”同日追发“大陆指”第三百七十二指令，规定陆军以台湾混成旅团为基干，海军以第五舰队为基干，预定二月上旬攻占海口和附近地区。

此次作战，陆军代号为“登”，海军代号为“Y”。

中国方面，正规军队在广州作战前已经全部调出，只有琼崖守备司令部的保安团和独立自卫大队及秀英炮台守备队，总共三千五百人。琼崖游击队员大约一千 人。

2月10日深夜，日军在澄迈海湾登陆成功。天明后，中国守军以海口秀英炮台的要塞炮向日舰开火，很快炮台就被敌机炸毁。中午，海口被占领。琼崖守备司令王毅，带领剩余的官兵潜入深山老林，等待机会反攻。

琼崖游击队开始了和日军的艰苦作战。

2月12日，蒋介石先生在重庆接见外国记者，把这次日军侵占海南岛称为“太平洋上的‘九・一八’”。

13日，日军联合陆战队大约三千人在三亚港成功登陆，没有遇上任何抵抗。侵略者南北对进，占领海南全岛。

对日本军队来说，海南岛的登陆并不算一次太大的行动，在日本的战史中被称为“几乎不流血的登陆”。

然而，他们上岛，流血最多的，竟然是女人。

游击队员？慰安妇？这两个身份，竟然集合在我面前这位老妪身上？！之前见过的大娘和阿婆，被日军抓走的时候，都是手无寸铁的姑娘啊！

林爱兰：光荣与屈辱的痛苦纠缠

“你去海口西站坐车，到临高下车之后，坐一个摩托车去另外一个车站，坐中巴车到南宝。快到的时候打电话给我，我去接你。”电话里，海南口音浓重的梁朝胜热情指点着去南宝的路。

我费力地分辨并牢记着他的话，在笔记本上记下沿路每一个重要的转折点。

挂了的电话，两分钟又打过来：“在临高下车坐摩托车去另外一个车站，你给司机五块钱。从临高来南宝的汽车八块钱一个人。”我笑着告诉米姐，她也笑了：“看我们海南人民有多好！如果姐夫不住院，他送你去。可惜我不会开车。”

米姐家，离曾经被日军飞机炸毁的秀英炮台，只有几百米。

海口西站。售票大厅几个写着“省内、省外联网售票窗口”前都排着长队。我在队伍中缓慢向前移动，眼睛在窗口上方关于起止站点和发车时间的信息牌上，找出日军办过慰安所的地名：石碌、金江、那大、儋州……差不多十米，把钱递进窗口。到临高，三十元。

是一辆“海汽VIP快车”，十点出发。

汽车先到澄迈，再转向临高，两县比邻，到达已是中午十二点。一辆“摩的”停在面前，脸上蒙着花布口罩的女司机叫我上车。告诉她我要去南宝，她说这里没车，要去另外的车站。我问那个车站在哪里？她歪头示意上车，“送你去啰！”

其实很近。这个小站停着三辆中巴，看见“南宝”，就爬了上去。车上，仅有一位沉默的老年异性，其余是五六个看上去熟识的青年和中年妇女，正在用我听不懂的语言大声说笑。

我问，这车几点出发？一位四十岁左右的妇女止住笑声，用普通话告诉我：“十二点半。”

引擎盖上，斜靠着一个时髦的小妇人，紧腿黑裤、白短小西服上装，腰带上缝着水钻闪闪发亮的搭扣。她大概三十岁，长相是热带风光，方脸清瘦、眼窝深陷、皮肤黑亮，眼神热情大胆，扭过头来问我：“你从大陆来的？去南宝干什么？”

我说去看一位阿婆。她又问：“阿婆住哪里？”

“南宝敬老院。”

“我知道我知道！”刚才告诉我时间的女子说着走过来，在前排坐下问：“那个阿婆是你亲戚？”

“不是。”

“你是记者？”

“为什么这样问？”

“老阿婆年轻时候被日本崽抓去过。很多人来找她问。你从大陆来找她，就是记者啰！她经常坐我车来临高。”

时髦小妇人终于坐起来，还是大声问：“阿姐，你住南宝几天？”

“说不定，看情况啰！”我学她的调子。

“我约你玩噢！带你去新盈吃烧烤，唱歌。大陆人很少来南宝。”她说的新盈是港口，日军在那里有过慰安所。看来离南宝很近。

车上又坐下几位乘客，司机上车来。关门，点火。

中巴车向左，缓缓驶出车站。前排女子站起来，开始卖票。原来，这车是她家的。走到面前，我递给她准备好的八元。她突然抽出一元，递回我手中，悄悄说，优惠你一块啰！

我身边空着，她坐下，说老阿婆好可怜，日本崽不是人，专门要漂亮的女人去受罪。让我记下她的电话，等工作完联系，带我去吃饭、玩。还说，她家有两个鸡，杀一个给我吃。

她加我微信。我是瑞秋，她是“秋风秋叶”。

我们有缘嘞！她说。我点头说是、是、是！

车到南宝镇，我带着心里突然得到的温暖和感动与这几个妹妹告别，约好有空见面。在车上，我已学会用南宝话叫她们“依嫒（二妹）”“依姐（三妹）”。

电话响，梁院长说他已经看见中巴车了，他就在车的左前方，椰子树下。

我环顾四周，好多的椰子树，根本没有看见梁朝胜的车。其时，这条街上除了我刚下来的中巴，就没有汽车。只有一位头上带着草帽，皮肤跟古铜一样色泽的农夫，扶着一辆摩托车的龙头冲着我笑。摩托车的左边加出轮子，共同挂着一个铁板焊成的车厢。

出于礼貌，我也冲他一笑。

他，就是南宝敬老院院长梁朝胜！

踩着一块踏板，我坐进车厢。摩托车转进一条槟榔和矮树围夹的土路，再穿出一片秧苗正绿的稻田，长着几棵木瓜和椰子树的水沟边，就是南宝敬老院。

梁朝胜的车，在一间平房的门口停下来。

我见到了传说中的美人林爱兰。

她坐在粉红色的塑料扶手椅上看着我们进门，尽管九十三岁，身板依然挺直，微笑着向我伸出右手，是首长接见战士的那种神色和姿态。我也伸出右手，被她紧紧一握。干脆、有力。放开，指指旁边一个木头方凳，“坐！”

感觉奇特又新鲜，我一边坐下一边观察林爱兰。

她突出的眉骨下面，是一双深陷的大眼睛，神色冷静。颧骨高，脸型瘦长，下巴圆润翘起，皮肤铜色，闪着亮光。雪白的头发全部向后，被一个钢丝发卡固定得一丝不乱。她的美，不是大家闺秀也不是小家碧玉，是阳光、椰林、沙滩、海风、巨浪糅合的气息和韵味，只属于天涯海角。她的身材和五官，搭配出南国美人的果敢与炽热。

依据残留的信息去想象，不难得到她年轻时的美貌，但这种猜想又会让人无比伤感。战争，摧残了她的明媚和俏丽，也剥夺了她的幸福。

我坐下来，刚介绍完自己，林阿婆马上拉起我的手，放到她的头上。她的左手扒开头发，让我看头皮上一个深陷的肉坑，边缘毛发稀疏。不知是受了什么伤？

她抬起头对我说："子弹打的！擦过去，差点死了。我杀过日本崽！"

我吃惊地看着坐在一边的梁朝胜，不知子弹、伤口、林爱兰和日本崽构成了怎样的故事？

梁朝胜说："她是游击队嘞！打日本崽过。"

游击队员？慰安妇？这两个身份，竟然集合在我面前这位老妪身上？！之前见过的大娘和阿婆，被日军抓走的时候，都是手无寸铁的姑娘啊！

我想起芭蕾舞剧和电影里的"红色娘子军"，梁朝胜说阿婆不是，娘子军更早一些。

门口的光被人挡住，林阿婆的女儿宝香抱着一个男婴，走了进来。

宝香二十五岁，已是两个孩子的母亲。一见到她，阿婆再也没有说过普通话。

她让宝香告诉我，头上的伤，当年是她自己扯了山里的草药，用嘴嚼烂敷在伤口上止的血。在游击队，她和另外几个姑娘负责治疗和照顾伤病员，也帮忙做饭和洗衣服。

我问，她是怎样落入敌手，成了慰安妇的呢?

很快发现，不论我问什么问题，阿婆的回答总是从“打仗”开始。曾为日军慰安妇的经历，只能说成是“被抓以后”和“被救之前”。我突然明白，从被日军抓到的那一刻开始，女战士的光荣和慰安妇的耻辱就纠结了她的一生，每时每刻，她都在用光荣的火焰，焚烧难堪的屈辱。

那么，我请她讲当年抗日的故事，宝香翻译——

我家在南宝松梅村，爸爸妈妈是中医。我有两个妹妹，都跟父母学了一些草药的药理和剂量。日本崽上岛来，我们村里有几个人参加了游击队，他们回来说没有人照顾伤员，我就想去帮忙。

那时候我二十岁，家里给我定了亲，准备结婚。男方是隔壁村的，年龄比我大三岁，个子不是很高大，但脾气很好。他对我不错，我就把自己的打算说出来，叫他跟我一起去打日本崽。但是第二天早上他要回家，说“你有你的事，我有我的事。”我很气愤，就自己走了。

我懂草药，还学会把日本崽打进肉里的子弹拿出来，把伤口缝好。打仗的时候，我们也打枪。有时候日本崽多，我们就边打边跑。我们人多，日本崽就跑!

打死多少个不清楚。我们都是在离日本崽很远的地方开枪，不知道哪一个是我打死的。男人用大刀砍日本崽，我们不敢用刀，只用枪。

说到自己使用的武器，阿婆的讲述特别起劲，梁朝胜抢着翻译：“她的左手拿着手枪，右手拿着冲锋枪。”

我对冲锋枪略有认识，阿婆他们当时不可能掌握这种稀缺的武器，只可能是从日本兵手里缴获的三八大盖，或者是中正式七九步骑枪，甚至自己造的土枪土炮。再请宝香细问，阿婆说不清什么枪型，只记得枪上有一根长长的背带。以她讲述上子弹、击发的姿势看来，她的确使过枪械。还补充说，那时候太苦了，她们到处挖野菜和番薯根，每天饿得心里发慌出虚汗。

避开老人家不愿触及的词汇，我还是问她："阿婆，日本人是怎么抓到您的？"

这个问题，她愿意回答："（宝香翻译）和日本崽打起来，以为他们跑走。几个男的和我们背着枪走椰子林回去，日本崽躲里面，打起来，男的跑散了，我们被抓到，关在加来。日本崽抓好多人在加来修飞机场。"她说的"我们"，是她和另外两位女游击队员。其中一个名字叫布兰，另一个名字记不起来了。

"关了多久？"

"差不多一年。"

宝香解释："日本崽要她当老婆，她不愿意，就把她吊起来，打断了右腿的一块骨头。她在嘴里咬一块木头，忍住痛。"

阿婆告诉我她右大腿根部受伤的位置，又双手合十高高举过头顶，说日本崽就是这样吊着她。放下右手，又用没有牙齿的牙床紧紧咬着食指给我看。

"后来您是怎么逃出来的？"我问阿婆。

"不是逃出来，是茂金，林茂金找日本崽放我的。"

细问林茂金何人？只听得阿婆一遍一遍提到茂金、茂金！不明白她在说什么，直到她说得哭起来，抬手擦眼窝里的泪水，宝香和梁朝胜才相互补充，翻译出这段往事——

林茂金是林爱兰父亲的朋友，托他向日军求情。来到加来军部，说林爱兰是自己的亲戚，请太君放了她。日本人也就把她给了林茂金，另外两位姐妹一直到日本投降才回来。布兰住在皇桐，前几年去世了。另一位去向不明。

和父亲一起回家的路上，林爱兰得知日军来到松梅村，父亲带着两个妹妹先跑出门，后一步走的母亲被抓到，用绳子绑起来押到南渡江边，推

宝香解释："日本崽要她当老婆，她不愿意，就把她吊起来，打断了右腿的一块骨头。她在嘴里咬一块木头，忍住痛。"

到水中，连尸体都没有找到。

刚才阿婆痛哭，就是说起了自己母亲的惨死。宝香说，每次说起外婆，妈妈都要哭。

回到家，林爱兰又发现，小妹也不在，只剩下大妹。爸爸说，再等等，跑散了，估计会回来的。

可是，已经九十三岁的林爱兰，至今没有等到小妹的任何消息。

她开始帮父亲挖草药，学着给人看病。自己医好了大腿和嘴角的伤，以及说不出口的烦恼和隐痛。

那一刻，我想起澄迈土龙村结婚生子的三位阿婆，有些奇怪林阿婆长得这样美，身材挺拔，人又勤快，为什么一直单身，晚年才抱养了只比我的女儿大几岁的宝香?

阿婆说："男人的事，我根本不要去想！"

林阿婆脾气很倔强，不想结婚，但她很喜欢小孩。在宝香之前，已经抱养过四个，一个都没有活下来。

1989年，她听说医院里有小孩没人要，就去抱回来。孩子好小好瘦！很多人都劝她"不养、不养"，就是养不活，别养了的意思。阿婆不听人家劝，也没给小孩取名字，就叫她"不养、不养"。没想到，居然把这个小孩养活了。没有奶粉，熬米粥喂她。上学的时候，老师问刚入学的小姑娘叫什么名字？她说"不养"。

"海南话说'不养'，听起来像'宝香'，老师说就叫林宝香啰！那时候，妈妈都七十岁多了。同学的妈妈好年轻，我的妈妈已经很老了。我们的家，只有三间小瓦房，经常没有米下锅，拿野菜野果来吃。妈妈经常帮人看病不要钱，有时人家硬塞一两块钱给她，都要省下买米。她只有到海口，到广州跑单帮卖草药。可是，草药的价格很便宜。"

宝香还记得，妈妈懂药理，有一阵和几个妇女搞了股份制的一个小作坊，用阿胶、狗熊和中药熬补品卖，勉强可以买米来吃。后来妈妈腰腿痛走不了路，生活就更加困难了。

因为妈妈是“五保户”，所以每年过年，政府发给被子、衣服、大米、鱿鱼、粉丝、腐竹，才可以像别的人家一样过年。今年，还给妈妈发了一个小柜子装衣服。

从小学到初中，宝香的学费全免，老师对她很好。她既不知道母亲曾经是抗日女战士，更不知道妈妈被日本人抓去当过慰安妇。初中毕业，开始有民间组织和个人来看望林爱兰，宝香才明白为什么母亲一看到电视上闪过日本兵的画面就破口大骂，泪流满面。后来，宝香经常帮来采访的人翻译妈妈的话，才清楚了妈妈的经历。

这几天林阿婆老发脾气，找不到她那枚纪念章（2005年，为了纪念中国人民抗日战争暨世界反法西斯战争胜利六十周年，中共中央、国务院、中央军委向全国所有健在的抗战老战士、老同志及抗日将领或其遗属颁发的中国人民抗日战争胜利六十周年纪念章）。她收藏在一个红色锦布盒子里，用塑料袋包好放在枕头底下。有来客采访看望她时，总要拿出来展示一番。

阿婆说，等她找到纪念章给我看，是打日本崽得的，要我用相机照下来。

“我们的司令是马白山，他带我们在临高去海口的半路上打日本崽。”阿婆又回到“打仗的时候”。

梁朝胜说：“我叔叔就是马白山的警卫员。林阿婆加入他们的时候，队伍有四、五十个人。”

说到这里，我想起拍过林阿婆照片的朋友陈庆港提过，很多人叫她“阿黄”，不知是不是外号？。

阿婆哈哈大笑：“是阿黄、阿黄！”宝香说，年轻人叫妈妈“黄姨（mei音）”。

“阿黄有什么特殊的意义吗？”我问。

阿婆说：“父母取的小名，希望小孩健康、有福、漂亮的意思。”

我说："从现在开始，我也叫您黄姨。"

阿婆说："好、好、好！"

我说："黄姨，我想去看看您的老房子。"

再次坐上梁朝胜的摩托车，突然发现他在我要坐的钢板上铺上折叠好的塑料编织袋给我当坐垫，上面可见什么"化肥"的字样，心里一阵感动。谢他，呵呵呵呵笑起来，一脸纯朴和善良。

梁朝胜看上去六十多，实际年龄才五十四岁，每月在敬老院拿九百元工资。宝香说他是院长又是护工，老人生病都是他开着这辆车，送他们去医院。有时还要煮饭给他们吃。全院十一个老人，林阿婆年纪最大。

他的妈妈也是松梅村人，和林阿婆亲如姐妹，无话不谈。母亲告诉他，林阿婆回到村里很不好过，喜欢她的男人有几个，但都因为阿婆不会生小孩人家嫌弃，分手了。为了躲避村里人的闲话，阿婆离开松梅村，来南宝盖了几间瓦房。

摩托车疾驰在南宝静悄悄的街上，耳边刮过呼呼的风，梁朝胜只得大声说："都是日本崽太坏，把她糟蹋得不会生小孩了。要是他们不上岛来，林阿婆一家日子很好过的。"

老房子就在南宝镇政府的隔壁，其实是一个小小的村庄。进村左边第一家就是。三间青砖和红砖建盖的瓦房，已经破旧低矮，等同危房。去年林阿婆进养老院，宝香和丈夫回到婆婆家，房子就锁着了。左边卧室，中间堂屋，右边灶房。进堂屋的大门上，还是贴了今年的春联和年画。

卧室的窗外，用空心砖搭砌的小棚子里，有一个长方形的木头箱子。问梁朝胜，他说是林阿婆给自己准备的棺材。

我站在这个简单的棺材前，伸头从卧室的窗户看进去，除了一把陈旧的塑料椅子和破烂得不能使用的木头桌子，只有墙上红红绿绿的几张贴画鲜亮夺目，仔细看是《最新幼儿汉语拼音图》和《看图识字挂图》，还有一张《最新幼儿瓜果蔬菜图》。看来搬走前，宝香一家住这间。屋顶与墙体结合的地方，露着一个一个破洞，光线杂乱跑进屋中。

阿婆住的是堂屋，一样破败，四处漏风。想起敬老院里阿婆那间不到二十平米的小屋，一张简单的铁架子床上铺着蒲草凉席，上面放着一个枕头一床毛毯一把边缘破损的蒲扇。几把颜色质地参差不一的椅子和小凳，两个材质低廉的小柜子。林爱兰所有的财产，包括这口棺材，不到一分钟就清点完毕。

她最多的拥有，是她想要和不想要的经历，是她的喜悦与愤怒、光荣与耻辱。

宝香说，妈妈爱美、爱整齐、爱面子，有礼貌。衣服洗净晾干，要叠出线条收拾起来。她再穷，都要把衣服裤子搭配得协调。与我告别时，阿婆身上穿着民政局发来的一套紫色碎花衣裤，干净、整洁，衣袖挽得高高的。

十多年来林阿婆不能站立，向前或是退后得靠两手交替挪动身下一把椅子进行，但她坚持自己做饭、洗衣、上厕所。

夕阳的金光笼罩着寂寞的南宝小镇，穿过海风侵蚀的房子和几乎无人行走的街道，梁朝胜重新把我送上去临高的中巴。

已经不是“依媛”的车。

想起刚才宝香说原本她们今天要去临高做客，舅舅的女儿订婚，请亲朋好友喝酒吃饭，为了等我就放弃了。我满心愧疚，深深抱歉，宝香说没关系没关系！等结婚时候去就是了。

因为这个歉疚，我才知道林阿婆母亲被日军杀害之后，父亲再娶，生下两个同父异母的弟弟。现在，大妹和两个弟弟都住在临高，经常让宝香夫妇带老姐姐来临高玩。

我回海口的汽车，一直在水田、香蕉、椰子、槟榔、橡胶、马占树、非洲楝和几个小村镇中穿行，这些地方，正是林爱兰当年背枪抗日的战场。而让她蒙羞的加来，得从一条岔路拐过去，才能到达。

突然，强烈的饥饿伴随着虚汗袭来，眼前金星飞舞，一想，我已十个小时未见食物。在临高转车，急忙扑向车站前卖盐焗鸡蛋和水煮玉米的摊子，边吃边向这位头戴斗笠和手套的女摊主打听去皇桐的路线。她说，你去海口啰，已经没有去皇桐的车了。

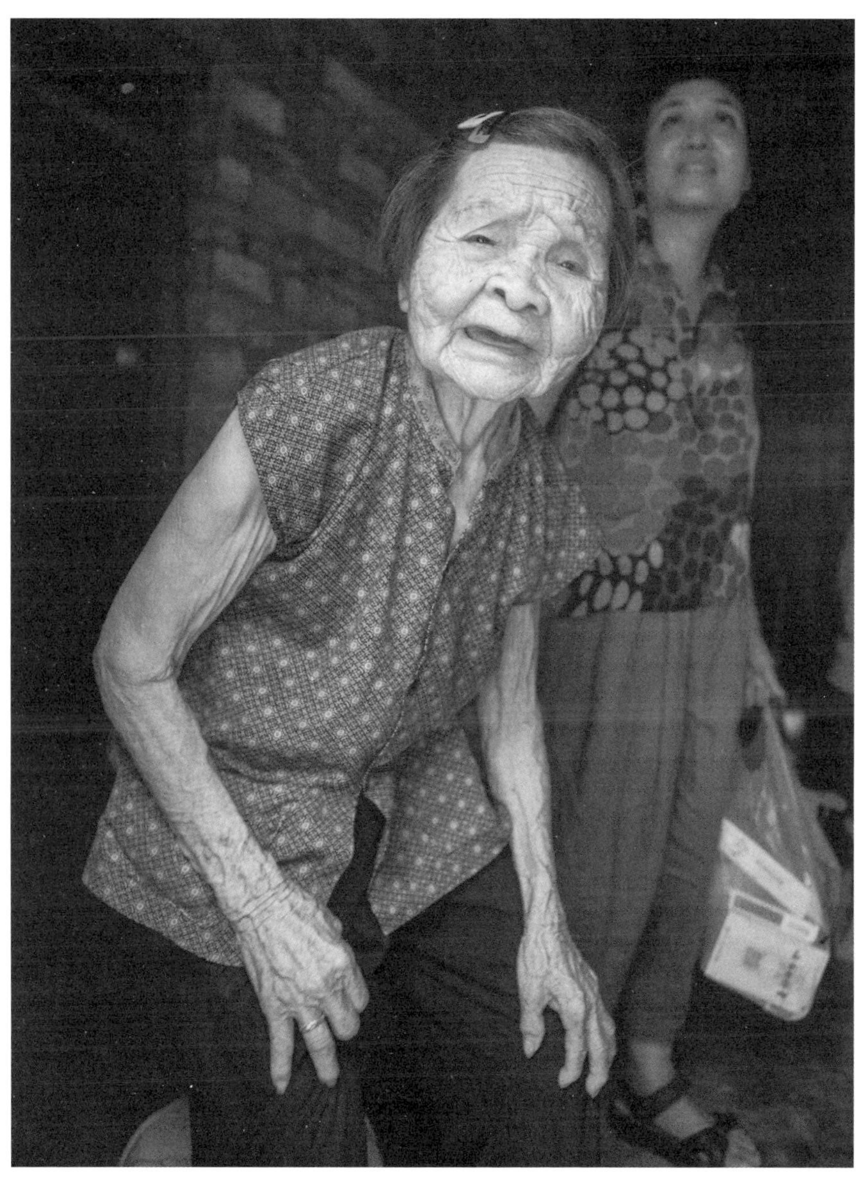

符阿婆今年九十五岁，嫁来的时候村子小，只有三十多户人家，房子又矮又破。符文荣说，现在有八十多户，很多人种香蕉发了财，盖了新房子，买了摩托车和拖拉机。有几家还买了汽车。他们家，还是老样子。

符桂英：被侮辱与被损害的性奴

还是从海口西站坐上长途汽车，十点二十分出发。

在临高已经问过如何去皇桐，说是先到澄迈的福山，再转车，很近。米姐有些担心，说自己在海南生活了二十多年，第一次听说这个地名。

这次，是“海汽快车。”

临高县皇桐乡皇桐村，符桂英阿婆住在那里。

在福山下车，将近十二点，不知道在什么地方转车，就向人打听。一个背着双肩包，手里提着红色塑料袋的女孩儿说：“跟我走！我带你去那个车站。”看上去她十七八岁，脑后扎着一个马尾巴。

福山是澄迈著名的咖啡之乡，走着看见几家“福山咖啡”，门口都飘荡着奇香，让人不由自主放慢脚步。可惜时间紧，也没有心情去品尝。

走完这条街是丁字路口，转进去是一个很小的农贸市场，有卖新鲜蔬菜、生鸡活鱼，还有“海南粉”和生熟两种地瓜的摊位。无法判断皇桐是否有餐馆，吸取挨饿的教训，买了海盐焗的鸡蛋和煮熟的地瓜。

出了小市场，是一条公路，路边停着柠檬黄的中巴，小女孩说，这就是去皇桐乡的班车。车门关闭，不见司机。她说估计司机吃饭去了，要我在路边一个小杂货店门口的椅子上坐下。她走了。

无事看着路对面的摊子，卖甘蔗、卖西瓜，等待也许是去吃饭的司机。果真，见一位中年男人从西瓜摊子旁边的“海南粉”玻璃柜台后走出来，过马路，打开车门。

等车的人纷纷起身上车，每人车费三元，看来的确不远。

我打开手里的地瓜和鸡蛋，就着等车时买的矿泉水吃了起来。

车到皇桐，停在一条正在拓宽的道路上。新修的部分浇灌了水泥，旁边堆着碎石和泥土，看来是经过皇桐的主干道。与这条路交叉的一条街口还算热闹，像是小镇的商业区。有店铺，也有零散的摊位。

走到最近的水果摊，打听皇桐村在何处？怎么走？

女摊主说："你要去干什么？"

我说："去找一位叫符桂英的阿婆。"

女人和男人们用当地话说了几句，往西边一指："那边去啰！不远，看到写着'皇桐村'的牌子就走进去，不懂再问人啰！"

"你们也是皇桐村的人吗？"

"不是。老阿婆我们知道，给日本人抓去过。看你是大陆来，是不是来问这个事？"

我说："是啊！你们都知道这件事？"

"知道。原来不知道，也是这几年才听到说嘞！"

谢过他们，我走到路对面，原先的街道还剩下两三米可以行走。说是顺着这个方向，很快就可以看见皇桐村的指示牌。

皇桐和南宝一样，人不多。走了一段，还是不清楚，却见五六个中年男人坐在家门口喝茶、聊天、玩牌。上前询问皇桐村，他们一阵大笑，指着一个穿着花衬衫的男人说："他就是村长嘞！"

村长问："找哪家？"我说："符桂英阿婆。"

他说："在、在、在！前面一个路口，左转下去就是皇桐村。"

几个男人说笑："村长，带人家去啰！"村长用当地话和他们说了几句什么，我不明白。他们大笑，村长手里拿着牌，没有起身带我去的意思。

我离开，继续往前走。一辆摩托车在整修的路面上骑过去，突然停了下来。车上的男子对着我喊："阿姐，来坐车我带你去！"

上车前，问他多少钱？他说："不要钱，你找的人是我外婆。"

我很惊讶："你怎么知道我找你的外婆？"

"见你问人嘞！刚才我就站在西瓜摊子那里。你走了，我才去骑车来送你啰！"

不到两分钟，就看见那个路口，一块一米宽两米高的小墙上贴着白色的瓷砖，中间留出一块黑色，上面写着金色的"皇桐村"。

经过两三百米的水泥路就进村了，摩托车向右拐上一条红黄色的土路。路的两边，是我叫不出名字的茂盛杂木，还有木瓜、棕榈和芭蕉。尽头，是符桂英家低矮的房子。

带我来的人，名字叫张天荣，四十六岁。他的母亲，称呼符阿婆"婶婶"。张天荣的舅舅符文荣正好在家，他六十岁，个子不高，皮肤黝黑，健谈而热情。

家里也是三间平房。中间堂屋，右边一间住着符文荣和妻子，左边这间，属于符桂英阿婆。

房间昏暗。我的眼睛还留着外面刺眼的阳光，就看见屋中一盏瓦数很低的节能灯无力地亮着。灯下的一个小凳上，坐着符桂英阿婆。她手拄一根棍子，背脊靠着床档。床后有一个小窗，上面挂着两个塑料编织袋当窗帘，一个白，一个黄。

我叫她"阿婆！"她高兴地伸出右手拉住我，笑着说："哎！我懂，你叫我'阿婆'。"

其实，阿婆是澄迈美傲村的姑娘，十八岁嫁来临高，也是皇桐乡的富雄村，丈夫名叫王二典。两年后，王二典生病去世，她年轻守寡。

1941年，二十二岁的符桂英改嫁给皇桐村的符立义。结婚才三个月，丈夫就被日军从地里抓走，带到昌江县石碌矿山挖铁石。

新婚的妻子并不知道丈夫被带到何处，她听说村里一个叫张天林的男人和日军关系很好，就跑去求他带自己去军部说情。

而对即将来到的灾难，符桂英浑然不知。

符阿婆今年九十五岁，嫁来的时候村子小，只有三十多户人家，房子又矮又破。符文荣说，现在有八十多户，很多人种香蕉发了财，盖了新房子，买了摩托车和拖拉机。有几家还买了汽车。他们家，还是老样子。

阿婆让符文荣从一只竹篮子里给我拿来两个红色的易拉罐，装着健力宝和八宝粥。我说不饿，把它们放在阿婆床头的一个木头方凳上，才发现自己坐着的长条凳子，和方凳一样古旧，仿佛用了一辈子，面上布满残缺和破损。

阿婆基本不会讲普通话，符文荣大哥和他的侄儿，热情为我们当翻译。

没多久，阿婆说她腰痛，想睡下，撑着木棍要站起来。符文荣和张天荣把她扶到床上，说阿婆从年轻时候就经常腰痛，不能坐太久和做重活。现在腰痛就要躺下，一会儿就醒。

很快，阿婆就睡着了。我们放低声音，轻轻退出她的房间，来到堂屋。

堂屋放着木床和桌子，床上有一个手机的充电器，符文荣把它拿开，自己坐到床上，给我一个红色塑料方凳。大门的背后，有一只石头碓窝和一根木杵。符文荣说，婶婶一直用它舂米，几年前才不用的。

凉风和邻居们一起进堂屋来。我和他们聊起符阿婆。

有人说阿婆脾气很好，为人和善大方。有人说阿婆有病不能生小孩，从多文镇的亲戚家抱养一个女儿，取名兰珍。

兰珍就嫁在村里，经常回来看母亲，送菜送肉，帮她做饭、洗衣服。女婿不错，也是经常回来帮忙。兰珍的几个孩子，都是阿婆带大。兰珍和丈夫忙，就派小孩过来。

我说想见兰珍，符大哥说她去临高做生意，这几天不会回来。

“我的叔叔被抓走去挖矿，累病快死了才放回来。医好久才能干工。我的妹妹（兰珍）九岁，他就去世了。婶婶对我们很好嘞！小的时候，她经常给我番薯、糖果吃。”符文荣还说，“她年轻时候没有钱用，种田、种菜卖，得点钱买米来吃。现在老了也没有钱用，政府有时候给她五十斤米一袋，有时给一百斤，两袋。还有困难补助，一个月二百多块。身上的衣服是发的，一年两套。年轻时候她就很苦，有饭吃就行，没钱买衣服。实在破了就买布自己剪、自己缝。生病睡床上啰，没钱去医院打针吃药。睡一下又起来干工。她可怜嘞！”

“村里有人议论她被日本人抓去的事吗？”我问。

“知道的老人都没有了。年轻人知道，他们不管这些事。”

“你是什么时候知道的？”我问符文荣。

“十多年前就知道，村里老人议论，说不好听的话，害羞的话。后面有人来调查，问她嘞，我听见就知道了。”

有人说村里还有一位老阿婆王玉开，年轻时候也被日本崽抓去过。他们都说王阿婆长相好，就是命不好，比符阿婆还小四五岁，先走了，就在三个月前。

“活着的时候，她们经常一起说话，一起坐。”符文荣说，两家相隔不远。

担心阿婆醒来没人，我说进去看看。他们说，好啊！需要翻译出来找。

阿婆侧身躺在床上，堆满皱纹的脸上毫无血色，呼吸带着轻微的鼾声。她已经彻底丧失了年轻时的信息，让人想象不出她过去的体态、脸型和肤色。她的短发三七分，用小卡子在头顶夹着多的一边。睡着，瘦骨嶙峋的右手，还紧紧攥着那根支撑她的木棍。乘她没有醒来，我仔细打量她的房间。

山墙上垒砌的石头并不陈旧，估计这房子盖的年代不会久远。与堂屋的隔墙是红砖，也不太旧。家当就是一个两抽两门的柜子，上面放着有铁铸提手的木头箱子，背后靠着一张烂桌子的桌面。

见过林爱兰的棺材，我不难认出柜子前面一个长长的木头箱子，用几个塑料编织袋盖着符桂英的棺材。上面放着：一卷用剩三分之一的卫生纸、一顶黑色毛线帽、一个有手柄的红色塑料边框小镜子、一瓶药、一支黄色苍蝇拍、一只正方形小纸箱、一个灰色塑料袋和一个红色塑料袋。压着这些东西，编织袋露出的地方已经不多，能看见的字样有两处，“9001国际质量”和“希315望”。

小纸箱的上面放着一个篮子，装着阿婆紫色小花的衣裤。

我的外衣和笔记本，放在长凳子的一头。两个易拉罐，在方凳上搁着，估计是有人来看她带来的。我没有打开，又把它们放回那个装杂物的旧竹篮。

除此之外，就是几只大瓦缸和一张破烂的小桌子，上面放着一个电饭煲和一个电汤锅，都已陈旧，是她的全部电器。门后的地上，几个大石头支着一口铸铁炒锅，木柴的灰烬很新鲜，不知阿婆在这里煮什么？

屋顶的亮瓦，进来一束光线照亮这个角落，却把符桂英阿婆的生活，显得更加灰暗，更加寂寞。

阿婆醒了。她用我听不懂的声音呼唤我。跑过去想把她扶起来，才发现她使劲撑着手里的木棍，可以慢慢离开床板。听见我和阿婆说话，符大哥和他的侄儿进来了。

他们熟练地扶起阿婆，让她在床边的小板凳坐下。她的精神，比先前好很多。符大哥端来一碗水，递给他的婶婶。

聊了一些现在的事，我们又回到过去。符文荣叔侄，翻译了阿婆给我的所有回答——

上图：阿婆侧身躺在床上，堆满皱纹的脸上毫无血色，呼吸带着轻微的鼾声。她已经彻底丧失了年轻时的信息，让人想象不出她过去的体态、脸型和肤色。她的短发三七分，用小卡子在头顶夹着多的一边。睡着，瘦骨嶙峋的右手，还紧紧攥着那根支撑她的木棍。

下图：日军军部，当然早已不在，原址上建盖了宽敞的民房。送我来的小伙子没有什么兴趣，坐在摩托车上点燃一支烟吸着等我。

张天林把符桂英带到墟上的日军军部，她说想看自己昨天被抓走的丈夫。日军并没有说明符立义的去处，反而扣留下她。

那天晚上，日本人让她住军部旁边的一间小房子，两个日军强奸了她。符桂英哭着要回家，日本人指指枪上的刺刀，她只好留下来，白天干工，晚上服侍日本人。

在军部，她每天要洗几大盆衣服，洗菜做饭，有时还要帮男人抬石头修工事。累得直不起腰，倒在小屋的木板床上，眼睛都睁不开，日本人还是要来强奸她。最多的时候，一个晚上要来四个。

不停的轮奸和身体疲劳，符桂英很快就尿路感染，小便少而黄，下腹疼痛，开始发烧，直到昏迷。日本人让维持会长阿桑找人把她扶回家。家里无人照管她，躺在床上差点死掉。

邻村的张三玉，听说朋友符立义被抓，老婆符桂英又被日本人欺负快死了，急忙找来草药煎煮、为她治病。差不多两个月，她才慢慢好转，勉强可以自己做饭和下地干活。

过了五六个月，阿桑和日军突然上门，又把她抓到军部。还是白天干工，晚上被轮奸。她再次感染，再次发烧，再次被送回来。张三玉，再次来医好她。

她再也不敢留在皇桐村，收拾几件衣服提上，从小路赶往娘家。没想到在那大与澄迈的交界处遇见扫荡的日军，又把她抓到皇桐军部。

每次感染被送回来，日军还派人观察着，只要见她下地，就来抓她。不敢出门，躲在家里，她听说村里的小姑娘玉开，也被抓走了。

可是不久，阿桑还是带日军来，在家里就强奸了她。

这样的生活反反复复，一直到1945年日本投降。

再问阿婆为什么不逃到其他地方去，她说岛上都是日本人，到哪里都要被抓。还有呢，要是跑远了，符立义回来找不到她。

符阿婆哭着对我说："（符文荣翻译）日本仔抓我，给少少一点饭吃，没有菜配饭。洗衣服几大盆，手上的皮都搓掉了。"

她的哭声破碎嘶哑，软弱无力，却像钢针扎在我的心上。我流泪拉着她苍老得只剩皱皮和骨头的双手，惊惧那种度日如年的苦难，竟然长达5年！

平息下来，阿婆说："我什么都不想了，快死了！身上到处痛啊！"她这么说，我想起了她的棺材。符文荣告诉我，阿婆一生的积蓄只有一千一百元人民币，五年前全部用来买了这口棺材。

我告诉她，很快就会回来看她，给她带止痛药来。但她的痛，我怎么能够终止？！

黄昏，张天荣请一位大哥开着拖拉机送我去车站。

路边等车，突然听见对面有人叫我，声音发自来时问路的水果摊。

走过去，那里坐着七八个黑发白发的男人。他们中有人问，见到老阿婆没有？我说见到了。看来，整整一个下午，这个摊位都在议论我的到来。

想起两位阿婆受难的军部，我问："您们可以带我去看看吗？"

白发长者说，不远，不远！让一位小伙子骑摩托送我。

日军军部，当然早已不在，原址上建盖了宽敞的民房。送我来的小伙子没有什么兴趣，坐在摩托车上点燃一支烟吸着等我。

我沿着道路绕了一圈，闻得见几家人的院子里，正飘出饭菜的香味。铁丝上晾晒着款式新颖的衣裤和图案时尚的床单。

估算一下，两位阿婆的家，离这里应该不到两公里。这条不算长的路上，却留下了漫长的记忆——惊恐、疼痛、羞耻、哀伤。

我不知道，战后的几十年里，两位阿婆是否再次来过这里？

回到街口，我请女摊主切开她最大的西瓜，分给大红伞下每人一块。她在我的那片西瓜上，撒了拌有盐和辣椒的酸梅粉，说这样才好吃。

米姐又来电话询问是否已在归途？

一辆中巴车，背着西斜的落日开了过来。红伞下所有人和我告别，希望再来皇桐。

白头发叔叔说：“老阿婆等你嘞！”

第四章

南京一周

他说的是昭和十三年，也就是1938年的7月26日午后，自己随部队从上海北站出发，沿着京沪线去南京。

二十七日，火车缓缓驶进南京的下关车站。站台上，几支部队的官兵整编列队，进入已经占领的城市。

第二天的任务，只是参观南京。

他又说，因为南京在头年的十二月十三日陷落，市内还有战火的痕迹，街道清冷荒凉。但是，已经有日本人进入中国的家庭为军人开商店。

参观中，很多人第一次听说“慰安所”。他们了解到南京有两家，便去了其中的一家。

这幢房子是宾馆的样子，他们来到的时候看见，从入口处到一楼的接待台已经站满了士兵，交钱、取号、排队、等候。女人的房间在二楼，如果有人从上面下来，接待台的那个男人就会说：“下一个。”

他们缴费，但不能挑选女人，就像上公共厕所一样。

昭和五十八年，也就是1983年，这个名字叫长沢健一的日军老兵，在自己的书中写下了这些关于南京的记忆。

2014年3月18日上午十点二十八分，“G7674次”高速列车从豪华气派的“杭州东”出发，一百分钟后到达“南京南”。

拖着行李箱从六号门出来，看见优雅美丽的蓓琴妹妹。

这是我第一次来到南京。

去酒店的路上，蓓琴忙着给我介绍这个名字最熟悉，地理最陌生的城市，以及她帮我联系到的几位研究南京八年沦陷历史的学者和专家，竟然把车两次开错了她最熟悉的道路。

我当然也要参观南京，但惊讶自己年近半百才来拜见这个古都，而抵达的理由，竟然是因为这个城市在战乱中遭受欺辱与摧残的女性。

南京端庄而繁华，街道平安而拥挤。七十七年前惨绝人寰的血洗，除了几处作为记忆保留，其余很难找到踪迹。但南京所有关于战争的纪念馆和博物馆，都以自己的方式记录和讲述着那场侵略战争，以及这个城市在战争中失去的生命和财产，数目巨大得惊人。

那时南京，空气还有轻寒，梅花、樱花和迎春花正在怒放。

几乎每一天，蓓琴的车，都拉着我经过中山门，带我去采访、参观、吃饭。她说：“瑞秋姐，不要只看我们南京的伤痕，看看我们的美丽吧！”

看着和平富裕的南京和幸福生活在南京的蓓琴，我的心，时常得到喜悦和宽慰，但总有隐约的不安和悲伤参杂其间，让人无法彻底高兴。

如长沢健一那样，我也要去“慰安所”。

从停车场的大门进去，是很大一块空地，停放着闪闪发亮的轿车，大约二三十辆。紧挨着，就是一群建筑风格欧化，造型精美的土黄色两层小楼，但多处墙面脱落露出青色的砖土。窗户玻璃几乎破碎，剩下的几片已经不能反射阳光。门扉朽烂歪斜，甚至倒塌。这里就是当年日军的“东云慰安所”和“故乡楼慰安所”所在。

利济巷：南京的伤，女人的痛

南京民间抗日战争博物馆的吴先斌馆长，带我来到利济巷二号。

从停车场的大门进去，是很大一块空地，停放着闪闪发亮的轿车，大约二三十辆。紧挨着，就是一群建筑风格欧化，造型精美的土黄色两层小楼，但多处墙面脱落露出青色的砖土。窗户玻璃几乎破碎，剩下的几片已经不能反射阳光。门扉朽烂歪斜，甚至倒塌。

房子的周围，有几棵高大的水杉，还不到转绿发芽的时日，只有干枯的树枝晒着春天的太阳，和这楼群暂时保持了相同的色调和气韵。

吴先斌指着左边一幢两层楼房说："这就是朴永心住过的慰安所。"

这里比我想象中大得多也破败得多，四面可见几十层的玻璃幕墙商住楼，几步之外，就是繁华气派的新南京。

无法确定是不是长沢健一和战友去过的那个慰安所。

来利济巷之前，蓓琴说应该先去见一位研究南京八年沦陷历史的专家，他很了解日军在南京设立慰安所的情况。还说，她的同事"马大师"已经帮忙联系好了。

"马大师"是南京特殊教育师范学院宣传部副部长马建强，蓓琴是特教院国际交流学院院长。他们把我带到梅花和杜鹃盛开的某个小区，拜见了南京师范大学历史系经盛鸿教授。

听说我从昆明来，想了解朴永心在南京慰安所的情况，经先生热情地说："十多年前，日本的研究学者西野瑠美子跟我讲，她在日本开会，朝鲜来的朴永心告诉她，自己在南京当过三年慰安妇。慰安所在哪里记不清了，只记得是两层楼，附近有铁路、听得见火车响。还有一块大操场，早上起来看见日军的官兵在操练。西野叫我找这个慰安所。我想，有火车响嘛，可能就在下关，那里很多慰安所，在长江边上。但我找来找去，那些房子都和朴永心说的不一样。后面忽然想起来，我们南京在民国时候就有一条铁路从下关穿过市里出城去，1958年拆掉了。这条铁路经过长白街，利济巷就在这条街附近，也有很多慰安所。我过去找，看到一栋房子和朴永心说的一模一样。2003年，朱弘和西野把朴永心带到南京来，在外面她有点记不清，一进到那个大院子，她马上想起来了，不要我们带路，自己就上楼找到她住过的房间。”

经先生接着介绍，利济巷二号，在朴永心记忆中复活的两层小楼，当年叫“东云慰安所”，和十八号的“故乡楼慰安所”相连。战争爆发前，一个名叫杨普庆的人在十八号建造了“普庆新村”，有相同式样的二层楼洋房八幢。日军攻占南京，很快把这里变成慰安所，里面都是日本来的慰安妇，穿着和服，脚踏木屐，主要接待日军军官。

世代居住在利济巷十四号的张传铭老先生回忆：“日本投降时我十多岁，知道一些事，当时我家隔壁都住着日本人，利济巷十六号是日本人开的池田洋行。十八号是日本窑子，里面女人都穿和服。离我家不远有一个垃圾箱，丢了很多避孕套。当时中国人不知道用这些东西的。”

利济巷在南京市中心繁华地界。南京沦陷后，太平南路那一块被日本人划为使馆、租界，老百姓叫“日人街”，日本侨民很多，也有中国人住在里面，开办了玩具店、棉布店、食馆、烟馆和慰安所。

慰安所由日军军部直接开办或委托日侨娼业主设立。中国的地痞流氓见利忘义，也联手日本军方和日韩皮肉商人做起这种生意。长期经营的有四十多家，主要集中在利济巷和下关。

慰安所的女人国籍不同，朝鲜妇女多的，当地老百姓叫“高丽窑子”。住着日本妇女，就叫“日本窑子”。中国妇女多的，叫“中国窑子”。日本女人主要接待日军军官，朝鲜女人和中国女人接待士兵。

“抓女人随军和强奸当地妇女并不是只有日本军队，但没有哪一支军队像日军这样歧视妇女和残暴。1908年到1920年的日俄战争，日军进攻西伯利亚和中国的东北，所到之处胡乱强奸和轮奸妇女，占日军总数五分之一还多的官兵染上了性病，六千多人需要马上住院治疗。而日军在战斗中死伤的数目是三千多。性病造成战斗力的削弱，比在战场上损失还严重。后来他们侵略中国，尤其是到了南京，杀人、放火、强奸更是疯狂。没多久，谷寿夫第六师团的军医就发现数目不少的官兵已经染上性病。他急忙上报情况。日本华中方面军总司令松井石根大将一看，急了，下令所有在南京的部队都抽样检查。结果呢，每一个部队都有好多人染上梅毒和淋病。他害怕重蹈日俄战争的覆辙，赶快开会商量，出台慰安妇制度，开办慰安所。但是，日本、朝鲜运送来的妇女不够，就开始大量抓捕中国妇女充当慰安妇。”

说到这儿，经先生起身找来一本书，给我看在“大屠杀”期间，南京安全区国际委员会向日方当局递交的抗议日军在1937年12月14 日到30日暴行的一百七十件报告中，涉及到日军劫掠妇女到“临时慰安所”的资料：

第五件：(1937年) 12月14日夜，日本兵屡次闯入中国人的住宅，凌辱妇女，或索性把她们绑去。

第十件：(1937年) 12月14日，中午，日本兵闯入铜银巷某宅，绑去四个姑娘，强奸两小时释回。

第十五件：(1937年) 12月15日，日本兵闯入汉口路某宅，强奸一个少妇，并绑去三个女人。两个丈夫尾随呼号，同遭枪杀。

第五十七件：(1937年) 12月16日，日本兵架去陆军大学内的七个姑娘，从十六岁到二十一岁，五个释放回家。据十八日所接报告，她们每人每天被奸污六七次之多。12月17日，日本兵越墙而入，架去两个姑娘，三十分钟后又把她们送回。

第四十五件：(1937年) 12月17日，日本兵从五台山一个小学校内拖去许多妇女，彻夜加以奸污，第二天早晨始获释放。

第八十六件：(1937年) 12月17日，日本兵从陆军大学架去南京青年会总干事某君家内的三个姑娘，她们本来是住在阴阳营七号的，为安全起见，才迁往陆军大学，日本兵把她们绑到国府路，加以奸污，于半夜间释回。

第九十五件：(1937年) 12月17日，金陵女子文理学院校舍内的某避难人家的媳妇，当场被奸污。一个教员的女儿给日本兵拖去。

第六十四件：据 (1937年) 12月18日报告，广东路八十三号八十五号收容难民五百四十人，自13日至17日止，日本兵三五成群前往收掠，一天有许多次，今天仍继续抢劫。日本兵每晚卡车架去年青 (轻) 的姑娘，第二天早晨释回，被奸污的妇女已在三十人以上，妇女和小孩彻夜号哭。凄惨的情形，不胜毕述。

第一四五件：(1937年) 12月25日下午8时15分，七个日本兵绑去四个姑娘。

第一五三件：(1937年) 12月25日，日本军官一人，和两个日本兵绑去鼓楼新村十四号内十五岁的李小姐。

第一六九件：(1937年) 12月30日下午，两个日本兵闯入北平路六十四号意大利使馆某职员的住宅，抢劫法币百元，并绑架两个姑娘。经恳商后，他们释放了一个，被带去的一个叫尚雪珠 (译音)，十六岁，身穿皮衣……

这种高频率大面积的性暴力伤害已经不陌生，在发生后的七十七年里被全世界各种媒体不停报道。电影电视反复再现相似的场面，但此刻的阅读依然令人震惊和悲愤，字里行间充满受害女性的惊恐、屈服和绝望。关于她们的遭遇，蓓琴说起奋力抵抗日军的李秀英。

日军进城，已经怀孕七个月的李秀英跟随父亲躲进南京国际安全区的美国教会学校。但是过了几天，日军还是闯了进来，在一间房子里发现了李秀英。尽管她是孕妇，三个日军还是企图强奸。李秀英性格倔强，偶尔练过武功。她找到一个好发力的墙角站住，待日军扑上来突然出手。日本兵在惊诧中招架一阵，拿起刺刀疯狂刺杀她，直到她血肉模糊，倒在地上。他的父亲发现她时几乎认不出来，以为她已经死了。摸摸鼻孔，好像还有一丝气息，赶快送到美国教会的古楼医院。一个叫罗伯特·威尔逊的医生救活了她，但腹中的胎儿，已被刺刀扎烂。马吉牧师把救治过程拍了下来，后来剪辑成关于南京大屠杀的纪录片。

她的身上，三十七处刀伤！有一刀穿透她的左右腮帮，牙齿断落好几颗。生命，仅仅剩下一丝活气。

经先生说："南京大屠杀，两万多老少妇女甚至幼女被日军强奸和屠杀。很多妇女手无寸铁，但不甘受辱反抗时被日军杀掉了。但即使不反抗，被强奸后也会被杀害。李秀英活下来真是奇迹！"

李秀英失而复得的生命伤痕累累，成为战争罪恶、日军残暴的证据。而她无畏的反抗，因为奇迹般的存活得到世人的注目，也因为士兵的投降和男人的麻木显得更加勇敢和非凡。

当年驻守南京的日本军人田所耕三回忆："女人是最大的受害者。不管是老的，还是年轻的，全都遭殃。从下关把女人装上煤车，送到村庄，然后分给士兵。一个女人供十五至二十人玩弄。士兵们拿着有中队长印章的纸，脱下兜档布，等着轮到自己。"

杀人、放火、强奸，终于引起世界共同的愤怒。而平息公愤的做法，竟然不是严惩施暴的官兵，而是决定建立体系庞大的"慰安妇制度"并立即开始实施。

1937年12月19日，才驻防南京一周的日本"上海派遣军"参谋长饭沼守少将把参谋部的一个课长长勇中佐派到上海，联系在南京设立慰安所的事。饭沼守在当天的日记中写下一句话："已委托长中佐尽快设立妓院。”他说的妓院，就是慰安所。

长勇在上海联系到日侨“方便屋”老板，还找到上海黑社会首领黄金荣一起商量，几天以后回到南京，向饭沼守复命。饭沼守又写日记：“长中佐从上海返回。……关于妓女的事也要事先做好准备，日本国内的和支那的都要，一旦定下，年底即可办理开业手续。”当时的南京安全区国际委员会主席拉贝知道日本人要办慰安所，他非常吃惊和愤怒，也写了日记：“现在日本人想到了一个奇特的主意，要建立一个军妓院。”

经过多年多方的研究，经先生发现，日军在南京的慰安所要通过体检，尽量挑选相貌端正、身体健康的妇女来做慰安妇。管理也很严格，每个慰安所的床铺、厕所，需要经常清洁消毒，慰安妇要定期接受性病检查，有性病者及时进行治疗或驱逐。

日军对各部队官兵去慰安所的时间分配、费用价格、一次使用时间及必须使用安全套、性病防范药膏等都有明文规定。部队还特设“补给副官”，负责安排、分发官兵去慰安所的出入证和号牌。

慰安妇的行动并不自由。规定不许随便外出和与当地居民接触，所得收入部分上交日军军方。若怀孕，则杀子留母；若生重病，则一丢了之。当危急时刻，日军要先杀死慰安妇，然后撤退。

还是说说朴永心所在的“东云慰安所”。

日军占据了民房，马上改造成慰安所，交给一个名叫千田的日本皮肉商人经营。这座洋楼上层有十六个小房间，下层有十四个小房间，每个门上都钉有一块圆形的号码牌。房间里都建有一块凹进去的床位，放置榻榻米，还有桌椅和衣柜。

楼下进门处有吧台，楼上一个小房间的上面，还有一间狭小的阁楼，用来关押、吊打不听管教的慰安妇。

临街有道大铁门，门口设有售票处。

上图：日军占据了民房，马上改造成慰安所，交给一个名叫千田的日本皮肉商人经营。这座洋楼上层有十六个小房间，下层有十四个小房间，每个门上钉有一块圆形的号码牌。房间里都建有一块凹进去的床位，放置榻榻米，还有桌椅和衣柜。

下图：慰安所的女人国籍不同，朝鲜妇女多的，当地老百姓叫“高丽窑子”。住着日本妇女，就叫“日本窑子”。中国妇女多的，叫“中国窑子”。日本女人主要接待日军军官，朝鲜女人和中国女人接待士兵。

再次踏上这把楼梯的时候，无数次承受了灵魂与肉体之痛和躲过了炮火枪弹威胁的朴永心已经八十二岁，而叠映在楼梯上的青春和暮年同样凄惨和悲凉。楼梯和她一样，已经老去。

2003年，世代居住在利济巷十四号的杨秀英老太太已经九十五岁，她回忆1938年春末夏初，她们一家从逃难的六合老家回到利济巷。先是摆香烟摊子为生，后来开了德胜祥烟酒杂货店，再没有离开过。

当时她家周围住有许多日本人，有的住家，有的开店、开洋行，还有的开慰安所。她向他们学会了日语。“高丽窑子”就在她家房子的后面，老板千田常到她家杂货店购买烟酒。她认识这家慰安所里好多个韩国慰安妇。有的女人穿朝鲜服，所以知道她们是朝鲜人。每天晚上都有许多穿军装、挎军刀的日军官兵来这里，周末更多，老板千田都要到门口迎接。

我猜想，杨秀英说不定就认识“歌丸”。她的年龄，比朴永心大十三岁。

“但是呢，不要以为这样就太平了。”经先生说，“这些慰安妇，也是和奴隶差不多。那个朴永心，脖子上留着一个伤疤，就是在南京的慰安所里，被军刀划开的。她生理期，不想接待，闹点情绪。这个日军不开心，拿刀放到她的脖子上吓唬，真的给她划开了。八十多岁来南京的时候，她抬头给我们看，很深很硬的一条。老太太说起来呜呜呜呜的哭啊！”

被日军当成国策的“慰安妇制度”，目的有三个方面：首先是避免性病对健康兵力的削弱；其次是尽可能减少士兵对占领区妇女的强奸；再次是力图保持军队纪律。因此，无法准确统计数目的女性，被迫失去家园和亲人，承受着同样数不清的性暴力虐待，甚至被抛弃被杀害。

“慰安妇问题”研究学者认为，整个侵华战争中，被日军征召、哄骗、强掳为慰安妇和遭到性暴力损害的女性，包括日本本土、南北朝鲜、东南亚几国、台湾和中国大陆，人数竟然多达四十万以上！

1939年刚刚来临，身在重庆的蒋介石夫人宋美龄在震惊和悲愤中发表了名为《抗战建国与妇女问题》的文章，揭露日军当众将被掳的中国妇女“剥掉衣裳，在肩上刺了号码。一面让我们同胞蒙羞，不能逃跑，一面又充当他们的兽欲工具。”

1949年2月，一艘巨大的轮船从中国驶向日本，被遣返的原日军“上海派遣军”副参谋长冈村宁次在接受记者的采访时说：“我是无耻至极的慰安妇制度的始作俑者。”这句话不乏羞愧和悔恨。但在这场战争过去的七十年里，尽管证据确凿，日本政府一直谎称战时慰安所的开办和经营纯属民间娼业者的私人行为，甚至否认慰安妇的存在。

1946年，二十五岁的朴永心带着脖子上的伤痕、子宫被切除的身体和将终身让她不能摆脱的耻辱，从日军的前沿阵地松山死里逃生，被远征军救治后送回朝鲜。而和她一样被哄骗离开故土的姐妹，大部分人已经死亡和失踪。

1945年日本投降，“东云”和紧挨着的“故乡楼”不再是慰安所。解放后搬进来几十户市民居住。这些房子作为慰安所的历史，随着时间的流逝慢慢淡化，无人再提，只留在史学家的关注中。

十多年前，房屋早已破旧，居民陆续搬走，墙面已经画上粗大的“拆”字。经先生闻讯匆匆跑去，扯掉门上的封条，转身找到报社和电视台的朋友帮忙，和北京、上海、武汉的专家学者一起呼吁保留这片日军在中国最大的慰安所原址。他还请日本“慰安妇问题”研究学者西野瑠美子给当时的南京市长罗志军写了一封信，恳求保护这个慰安所遗址。

而远在日本的朱弘为了留下这个慰安所，从2002年直到去年，三十多次飞回南京找到纪委、房管所、拆迁办，甚至写信给中纪委、外交部，强调保护这个遗址的重要性。他经常拦在拆迁队的面前，动之以情、晓之以理，捍卫着自己坚强如铁的决心。为此，他花光了自己的积蓄，一贫如洗。

最后，市长作了批示，才留下现在这几幢危楼。

顺着一个破烂的门洞，走进“东云慰安所”。

门口的一只烂木箱上，放着两只吃饭的白瓷碗，里面装着清亮的半碗水，令人捉摸不透，突生诡异之感。地上堆着烂纸箱、旧瓶子和烂桌子的腿。楼梯枯朽早就不用，拐角处竟落满一公分厚的灰尘。踏步的一级，有一片干枯的荷叶安静沉睡着，被落灰掩盖，与楼梯一个颜色。

看来，真是很久没人来过这里了。

我想上楼。吴先斌说他先上去试试楼梯和楼板，如果掉下来，他自救的反应比我快。

他身材高大，一级一级试探着破烂的楼梯走上去，每一步，发出不同的怪响。我站在楼下，躲避着脚步惊动的灰尘，听得见嘎吱嘎吱的响声在楼上慢慢移动。他转回来，说可以上来看看。

我的脚步，缓慢踏进朴永心曾经的生命场景。她从门口走上这楼梯，仿佛走上祭坛，成为战争与暴力的牺牲。从楼下，来到楼上，她的名字被改成“歌丸”。

楼梯，“歌丸”整整走了三年。

再次踏上这把楼梯的时候，无数次承受了灵魂与肉体之痛和躲过了炮火枪弹威胁的朴永心已经八十二岁，而叠映在楼梯上的青春和暮年同样凄惨和悲凉。楼梯和她一样，已经老去。

从楼梯到过道，其实我已经后悔，但如果没有亲眼看见朴永心在南京身为性奴的居所，又会感到迷茫和遗憾。只有来到这个“慰安所”，我对她的所有猜测与想象才得以落实。

好长时间没来，楼板和隔墙烂得无法分辨，吴先斌看不出哪间是朴永心住过的“19号”，只记得经先生说她的窗户朝北，但我们不能随意走动。

走进一个稍完整的房间，里面没有想象中的阴暗，却感到窗外阳光刺眼。屋里是灰尘和霉味混合的气息。窗户朽烂，门还算完好。地板多处陈腐下陷，不知自己的脚哪一步会被咬住。墙体开裂，房梁几乎被人完全抽走，留下让人恐慌的险情。

吴先斌一再提醒，当心，当心！

很多房间一样大小，吴先斌说是不是朴永心住过的并不重要，在这些房间里的女人一样受苦，一样倒霉。

后来，还是朱弘，他告诉我，再次来到这个“慰安所”的朴永心指着自己脖子上的伤痕说：“我的人生太苦了，几本书也写不完。”

他还说，在南京的时候，“歌丸”经常到慰安所对面一家面食店买馒头包子，老板夫妇喜欢这个朝鲜姑娘，对她的悲伤很同情，就指点她到街口一家药铺买鸦片，希望她吸了忘掉痛苦。

“歌丸”上瘾了。

在龙陵和腾冲也吸鸦片。直到上了松山，战火密集、物资匮乏，再难买到鸦片，这习惯才被迫中断。

下楼，我们转到相连着的那几幢小洋楼。

原来的过道，已经长满杂草，墙上留着偏旁脱落的血红“拆”字。大部分房间的墙上，贴着多年以前的报纸和日历，画着爱心，写着“LOVE”和“好人一生平安”。地板枯朽断裂，出现黑乎乎的深洞，让人胆颤心惊。但这一切，已是南京市民居住的痕迹和记忆，隔开了那段战乱中的历史。

而日本方面，除了那个叫长沢健一的日军医生初到南京的记忆，还有很多日军老兵用笔记本写下了自己和南京，以及和慰安所、慰安妇的关系。也有记者、作家从日本来到中国战场，调查了解和宣传这场战争与战况。他们自然会关注雨后春笋般的慰安所。

1938年1月8日到达南京的日本作家石川达三，采访了担任警备任务的日军第十六师团。两个月后，他发表《活着的士兵》。这样写到：

在南京市内，为日本军人开设了两所妓院，让他们泄欲，以安慰他们那健壮而闲得难忍的肉体。

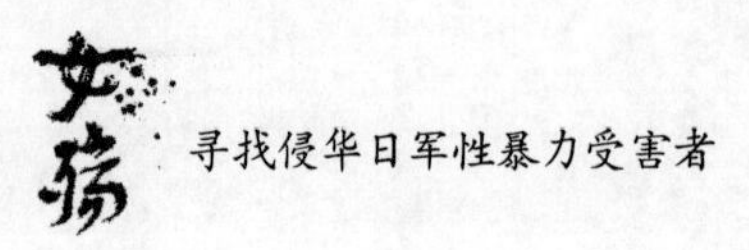

……

一百来个士兵在甬道上排成两行，吵吵嚷嚷地说笑着。甬道尽头的入口处有一道小铁门，三个中国人站在那里。

……每当从小门走出一个人来，下一个人才能进去。出来的人边扎皮带边向等待的人们狡黠地笑笑，耸耸肩膀走了。这是被安慰后的表示。

走进甬道后，两侧有五六间小房，每间房里有一个女人，都是中国姑娘。她们留着短发，抹着胭脂，在这种时候她们竟还有心思梳妆打扮，而且对方都是些语言不通、素不相识的敌国军人，他们要在一起度过三十分钟。为了她们的安全，在小铁门的入口处，有持枪而立的宪兵。

石川达三看见的场景也许不假，但对这些不幸沦为慰安妇的中国妇女，不知道他是故意的歪曲还是片面的误解?

不是她们“有心思梳妆打扮”，而是日军和娼业老板强迫她们抹上口红扮出妖冶。不是她们想跟语言不通、素不相识的敌国军人度过多少分钟，而是“入口处，有持枪而立的宪兵”。而石川达三的理解，却是“为了她们的安全”。

这位作家的同胞，日军第十八师团士兵原田上川一直记得：“（南京）慰安所内，有不少中国女人。这些女人都是良家妇女，身体健康，年轻美貌。我去过汉口路慰安所多次，每次都找一个叫兰英的妇女，她二十岁，半懂日本话。她说，这个慰安所有五十多个中国妇女，每人每天要接待三十多个日本官兵，给她们吃糠和糙米，喝冷水，被蹂躏得死去活来。她几次想死，均未成功，他求我救救她。我表示无能为力。她绝望的脸上布满泪痕。”

1982~1987年的五年间，南京民间学者王炳毅先生进行了艰苦的调查采访，找到多位曾被迫做过日军性奴的南京妇女。

杨隆珍：靠打佣工为生，家住中华门外西街。1942年夏，她被伪保长以“帮太君洗衣”为名，骗入大行宫利济巷“东云慰安所”，在棍棒毒打下沦为性奴，规定每天接待日军官兵不得少于五人。某次生病不能“接客”，竟被日军拳打脚踢。慰安妇姐妹被折磨而死后，送往南京城西清凉山日军小火葬场焚化。1943年秋，她被一位远亲营救出来。二十世纪六十年代，她担任过街道居民委员会重任，八十年代初摆烟酒杂摊，1995年辞世。

姚曼莉：原为上海电台艺员、歌手，家在南京。1939年被日军强征入“故乡楼慰安所”，初为少佐以上的海军官佐提供性服务，因才貌出众又会几句日语，被日海军司令部一大佐包养，1944年生一女。共和国1949年成立后，姚在某中学教音乐。二十世纪五十年代，姚因经历复杂受过审查。1993年因病去世。

胡文英：南京人，1940年在南京养济院当佣工时，与胞妹胡文秀同被汪伪社会福利局官员骗入城西“浪速楼慰安所”。1943年，胡文秀被害致死。胡文英在1941年逃出慰安所，后嫁给一职员，终身未能生育。儿子为早年抱养的。

徐明香：南京郊区人，原在家务农，1942年进城打工，被汪伪特工绑架，以“通新四军游击队”罪名，关入城中警察局，恐吓后再强送入“大华楼慰安所”。1942年底被家人营救出来。1990年病故。

杨泽慧：南京郊区栖霞人，家住栖霞街。1941年与施惠珍等四名年轻女子，同被到郊区以招店员名义的太平南路日侨商店日本侨商老板，骗至“青南楼慰安所”。半年后其家人托请汪伪权要陶锡山出面保释出来。

施惠珍：1920年出生，1941年被太平南路日侨商店老板以招店员名义，骗入“青南楼慰安所”。后因患病被日本人扔在南京郊外的荒地上，被当地人营救。

郑明霞：二十世纪三十年代中期为夫子庙怡春院妓女，日本占领南京后被强征入贡院东街二号的“人民慰安所”。1940年不堪非人的折磨逃出来。共和国1949年成立后，被安排在工厂工作。

吴邦英：南京人，住铁路二村，丈夫是铁路工人，婚后有一子一女。1942年随丈夫过江探亲时，在商埠街被汪伪侦探绑架，罗织罪名，关押刑讯。其夫被拷打致死，吴被强送入“鹤见慰安所”（隶属驻南京的日本海军部队），一年后获救。

张中琴：1944年其兄在抗日作战中牺牲，她被当地汉奸强押送到日军宪兵队，遭轮奸后送到“鹤见慰安所”，半年后得以逃出。

上官红云：1939年外出游莫愁湖时被汪伪特工绑架，强送入“鼓楼饭店中部慰安所”，后被美国友人出面救出。抗战胜利后，她曾化名在报刊上撰文，控诉日军“慰安所”的罪行。

朱金香：1937年12月13日，日军进攻中华门那天，十八岁的朱金香挎个包袱，随逃难人流涌往下关江边，为滔滔大江阻隔，迫不得已潜回城里，藏匿于清凉山下一户菜农家中。一个多月后，日军大屠杀停止了，她欲返回城南找堂姐，在途中被日军抓住，与其他几十位妇女一起，押到五台山下一排平房里。朱金香刚被带进一个小单间，被一名日军军官强奸。后又有几名日本兵依次轮奸了她。日军官兵只给她们每人一条军用毛毯、两条毛巾和一块药皂。寒冬腊月，薄毛毯根本不顶什么用，半个月里有十名妇女冻饿生病而死。每人每天只吃两顿饭，吃的是粗面馒头与两瓷缸马铃薯汤。她们想自杀，连一根上吊的裤带都没有。1981年，朱金香从城垛某纺织厂退休。1989年辞世。

邵美英：1938年秋，她和几个未办“良民证”登记的年轻妇女被抓到伪警察局，后被汉奸交给日本人。两个日本军官盘问一番后，就将她们带到了太平南路的“青南楼慰安所”。一名日军炮兵中佐来到“慰安所”，看中了邵美英，以后常来专找邵美英。后来干脆包下，并生一子。1944年底，日军中佐远调南洋战场，日本战败后不知所终。二十世纪五十年代末，邵美英曾在玄武区一家街道食堂干过炊事员。以后一直在新街口附近一条巷口卖鸭血粉丝汤、葱油饼、馄饨。1990年病故。

她们，就是日军“兵站指定”的“支那美人”。幸存并不意味着获得彻底的解放和幸福。她们生存的国度，自古崇尚妇女的贞操和名节，日军对她们进行的性暴力损害，几乎就是对她们生命的完全损害，让她们自我认定了永远的卑微和怯懦。再说人世复杂、人情冷暖她们并不陌生，不得已只有沉默和躲避，希望那段耻辱永远不被发现和提及。但是，记忆不能清除，尤其是可怕的记忆和羞耻的记忆，白天和夜晚都会啃噬希望和生活。

在这场战争结束后的四十多年，以上几位老人终于在生命接近尾声时剪开纠结、鼓足勇气说出深藏一生的秘密。但她们依然强烈要求王炳毅，事情可以讲，千万不能说出名字。王先生答应她们，给每人取了一个代用的名字。

我不能确定这种吐露是否会真正成为她们一生重压的释放，因为还有更多受到日军性暴力侵害的女性选择了终身的缄默，把这个难以解开的包袱，带到另一个没有战争也无人鄙夷的世界安放。

我更不能确定在这场战火与屠杀的浩劫中，究竟有多少女性惨遭横祸？只要有一名女性被强奸甚至杀戮，已经足够说明战争的残酷和疯狂。

2006年的南京，终于有一位老妇勇敢站了出来，承认自己曾经被骗入日军的慰安所，打破了某种历时长久的沉默。

她叫雷桂英，家住南京郊区汤山镇。

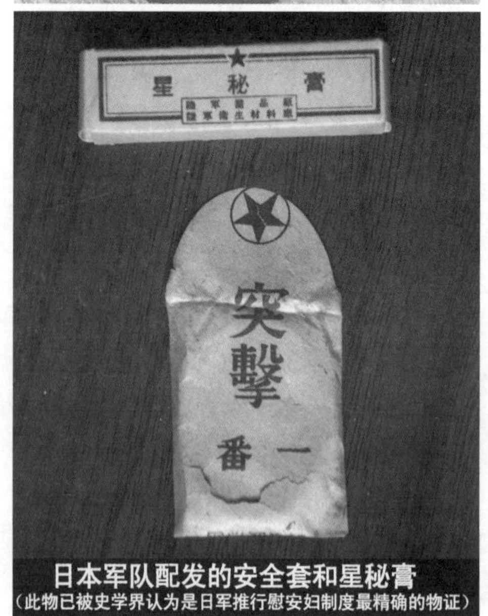

日本军队配发的安全套和星秘膏
（此物已被史学界认为是日军推行慰安妇制度最精确的物证）

上图：我还猜想十五岁的雷桂英，在逃跑时带着一大包“高锰酸钾”，会不会是当时正感染着某种不适之症，需要多带些中国乡间难得一见，甚至并不知晓的药物继续进行治疗？

下图：关于避孕套，朱弘认为叫安全套更为准确，因为他进行了历时八年的跟踪调查，2010年终于在日本找到了日军官兵当年去慰安所使用的“突击一号”和“星秘膏”。这两样东西的主要功用是防范性病。

雷桂英：十三岁的慰安妇

晚饭后，雷桂英大妈和往常一样，逗着小重孙玩耍。不知因为什么，她对自己的养子说："家国啊，我要不在了呢，金耳环给媳妇，金戒指给你。"唐家国莫名其妙，抱怨老太太"说鬼话"。

雷大妈也笑了起来。

几分钟后，她突然感觉头昏，又对唐家国说"心里很难过"。

儿子站起来倒开水，想拿常服的高血压药给她。没等他抬头，母亲已经倒在地上。

唐家国急忙扶起母亲，用电话拨打了"120"。雷大妈说："难受啊，不要医我了。"往后，再没有一个字。

附近马群镇医院的救护车从高速路赶来，把雷大娘送到南京江苏省中医院。医生检查后说人不行了，若要抢救，请家属交钱签字。唐家国急忙打电话给报社和电视台，希望有人来帮助生命危急的母亲，可惜已经下班，电话无人接听。一筹莫展的唐家国准备把不省人事的母亲拖回家去。

但那个时候，他又想起了吴先斌。

吴先斌说不能拖人，马上过来想办法。他的呼吁让报纸和电视台出现了雷桂英老人病危的消息。

医院尽力抢救了三天，雷大妈始终没有醒来。

2007年4月25日下午三点，确认雷桂英脑血管破裂，已经去世。

联系好唐家国，吴先斌带我来汤山。这里是南京的东郊，景色秀丽，很多温泉，南朝皇帝就赐名"圣水"，战时是日军在南京外围的重要据点。战前南京国民政府在这里建有多所别墅，还建了一所陆军炮兵学校。

日军占领汤山后，炮兵学校变成了兵营。

唐家国的家在汤山镇政府对面，走完一条二十多米的小巷就是。三层小楼，干净、简单、朴素。正对大门的墙上，悬挂着镜框装裱的红色十字。

母子俩都是基督的信徒。

桌子上有一红一绿两个塑料壳热水瓶，唐家国说雷大妈生前一直在用。他提起绿色那只，给我们泡茶。

“我妈的娘家在上峰李岗头，离这里有十五里路。家里很穷，她从小就跟村里的大人到汤水街上来要饭。这里有温泉，有钱人多。日本人来以后叫汤山，我们一直叫汤水。我家房子原来在离信用社不远的地方，是石头和泥土砌的草房。1972年发大水，房子冲倒了。七四年来这里盖的两间平房。八一年我结婚又造了一间。千禧年才盖的这个3层楼。

慰安所早就没有了。1978年垮掉，那块地建了信用社。

我十六七岁，家门口有个姓朱的小伙子跟我讲，他爸爸年轻时候给日本人干过活，见过我妈在日本人的慰安所。

头一回听到，我不相信，跑回去问我妈，她发火了：‘你听外人瞎讲，哪有这种事！’后来，我就不问她了。一直到2005年，一个文史爱好者找到我，叫我动员我妈把这件事讲出来，可以跟日本人打官司、讨公道。我跟我妈讲，她没有骂我，问讲出来会不会对下一代不光彩？我说您这是老眼光，那是时代造成的，现在环境不同了，不怪您。

我和老婆、女儿商量，看会不会有意见。她们听我讲，不相信。后来呢，她们说看老太太自己的意见。

我们决定讲出来以后，那个文史爱好者就给报社和电视台打了电话。等记者带着笔记本和摄像机来家里，我妈又不肯讲了。记者说，其实我们十年前就听说汤山有四五位老人年轻时候当过慰安妇，我们来找过，她们翻脸骂人，不肯承认，也就不敢来找您了。我们希望您勇敢说出来，为日军在南京犯下的罪行作证。第二天，我妈说出来了。”

唐家国没有想到，母亲那一段隐隐约约、断断续续暴露的往事竟然会让他大吃一惊，目瞪口呆。

雷桂英出生在上峰镇的关塘堰，刚满七岁，父亲就生病去世了，母亲改嫁到邻村李岗头。家里很穷，老奶奶只有把她送到土桥镇王家边，给人当童养媳。她采过桑叶养过蚕，还跟着大人到句容卖过蚕丝。由于懂事勤快，男方家老婆婆很喜欢她。

九岁那年，日军占领南京，汤山也驻扎了军队。

男方一家全部躲在地洞里，一直等风头过去，秩序稍稍稳定才试探着回到家。

有时日军会进村来找花姑娘。听见消息，所有年轻姑娘都跑走或者躲起来。有个老奶奶躲在草堆里发抖，弄响稻草被日军发现。日军用刺刀一挑，一把抓了出来，一看是个满脸皱纹的老太婆，就用刺刀扎死了。

战争让人惊慌失措，百姓的生活更加困难。穷愁使男方得了重病，不久去世。雷桂英只好到李岗头找母亲，帮着带才出生的小孩。

有一次不小心摔倒，小孩的脸上擦破了皮，母亲的老婆婆不依不饶，对雷桂英又打又骂。妈妈只好又把她送给寺后村一户开染坊的人家当童养媳。这家为人刻薄，公公婆婆经常打她。无奈，她只好跑出来流浪，靠乞讨为生。

她每天的渴望就是能够吃饱，但这个愿望从未实现。

十三岁那年，在汤山街上有人告诉她，高台坡有家日本人要招小工，包吃住，还有工钱，可以去问问人家要不要。

雷桂英去的地方是山本夫妇的家。他们收下她，安排做些杂活。扫地抹桌子、洗衣服和带两个小孩。儿子五六岁，叫“和次郎”，女儿三四岁，叫“萝卜果”。

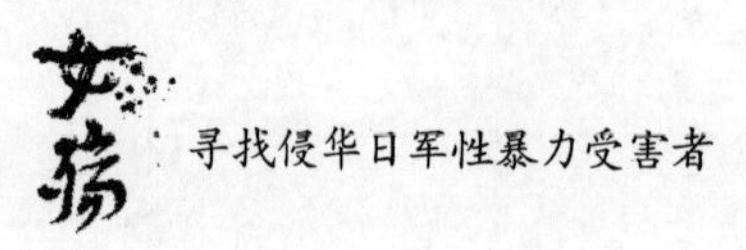

山本当时三十来岁，个子不高，脸上没有胡子，老百姓背后都叫他“喜鹊”。他胸前常常挂着一块黄牌子，等农民把菜挑来，就带着送到炮校。有时候他到上海给日军采购东西，就把黄牌子交给雷桂英，让她带路去送菜。

进了炮校大门还要走一段路才到伙房。日本厨师对她不错，各色饼子让她随便“米西”，还可以带走几个。

其实，山本家里还住着十多个大姑娘，也是从乡下来的。雷桂英不知情，这里就是人们说的“婊子院”。

很快她发现，日本兵进来就抱了姑娘上铺睡觉，男的跪在女的身上，女的大声喊叫。起初她以为是在打架，后来才明白这些姑娘都是被骗来当“婊子”的，十七岁到二十多岁，有的结过婚，有的还没成家。

她对自己被骗毫无觉察，只是山本夫妇看她年纪太小，就先当了使唤丫头。

她们吃的是麦片饭，一天三顿，基本可以吃饱了，菜也有几样。有时候还有罐头配青菜萝卜，加点酱油或者拌点糖，从来不加盐。山本要她们跪着吃，她们不肯，一直站着吃。

能吃饱饭的雷桂英脸色慢慢好转，人也变得有了模样。日军进来找那些大姑娘，会跟她打招呼，在她脸上摸一下。

来山本家半年，某天一个日军进来，拖着雷桂英的手就往房间里走。一进门，把她压在床上。雷桂英大喊大叫，山本夫妇并未出来阻止，而是在事后劝说痛哭流涕的雷桂英开始“接客”。

从此以后，和另外那些姑娘一样，雷桂英每天都有“客人”，多的时候三四个。星期天放假，来的日本兵特别多，要排队等候，轮到就扑上来。进到房间里的日军，都会从自己身上拿出一个避孕套。

雷桂英还小，某处器官经常疼痛，山本的老婆给她一种叫“高锰酸钾”的药粉兑水泡洗消炎。

很久以后，雷桂英才知道山本家还叫“高台坡慰安所”。

不到半年，雷桂英听说有个叫“天福鬼子”的日本商人在街上开了一家很大的俱乐部，不知从哪里弄来一些日本婆子和朝鲜婆子，让她们住在俱乐部里供“皇军”消遣。

知道有个家门姐姐在俱乐部里打工，雷桂英经常去找她。几次，站岗的日军也就不阻拦了。雷桂英看见很多日本婆子站在俱乐部向洋桥那头打招呼，日本兵就蜂拥过来。星期天来的人最多，俱乐部里男男女女一起在床上打牌戏耍，不回避也不掩饰。

汤山俱乐部是镇上规模最大的一家慰安所。当地老百姓称这家慰安所叫“大婊子院”，而山本家，叫“小婊子院”。

有一天，雷桂英回山本家，路上遇到日本兵当场就要强奸她。她不愿意，双手使劲推开，日本兵居然拿起刺刀，对着她的右大腿连刺三刀。

一位叫唐家汉的老人回忆，他当时看见日本兵把雷桂英刺倒在地上哭喊“救命！”不敢过去拉她起来。正好有几个“二鬼子”皇协军路过，赶快上去拉开日本兵，把雷桂英送回山本家。

山本老婆找来纱布和消炎药，帮她清洗和包扎伤口，几个月伤才养好。雷桂英再也不愿“接客”了。

十几个大姑娘接客太多，有几个已经病死，生意不如俱乐部那边好。山本夫妇对剩下的姑娘看管更严了。

一天晚上，雷桂英把一个日本兵留在床上，谎称肚子不舒服，去后院蹲厕所，确定无人注意，翻墙出来跑了。吃饱饭已经不再是雷桂英的愿望，她的想法是宁可饿死，也不愿再过这样的生活。

雷桂英还是跑到李岗头找母亲。在山本家的经历，母亲很快就知道了，母女俩抱着失声痛哭。

她刚满十五岁。

从山本家后院翻墙出来的时候，雷桂英身上藏着一样东西，令人惊奇的是，七十年后我居然能够亲眼见到。

尽管是养子，唐家国和养父母相依为命，感情深厚。问起老人的往事，他了如指掌。

日本投降，雷桂英十七岁，媒人把她介绍给二十九岁的孤儿唐起云。日本人打过来，唐起云叫父亲一起“跑返”（躲避战争），被叫做“靠山王”（以打猎、采药为生）的父亲不愿离开。等唐起云回来，家里房子被烧光，父亲失踪，尸骨再也没有找到。他继承父业，靠捕鱼、打猎为生，也懂中草药。

他们结了婚，但雷桂英一直不能怀孕。医生检查后说，她的身体被搞坏了，永远不能生小孩。

唐起云脾气好，说不会生没关系，抱个孩子来养就可以了。泼辣能干的雷桂英，地里家里的活计统统干，还跟唐起云学懂了中草药。

解放后，她当上了妇女队长。

1959年6月，在家里的雷桂英听见有人敲门，开门见是自己的表姐，手里抱着出生才六个月的婴儿，进来坐下说，给你养吧！雷桂英仔细端详，是个男孩，但很瘦弱。她拒绝了表姐，说自己养不活。

过了三个月，雷桂英去镇上派出所开会，所长才说了几句话，生产队的水电工就抱着一个小孩进来，说是在部队的围墙外面捡到的。大家围过来看，雷桂英马上认出就是表姐抱去家里那个婴儿，还是又瘦又小。所长说，这孩子和你有缘，抱回去养吧！雷桂英仍然担心养不活，所长拿出五尺布票和五元钱给雷桂英，说：“养养看。养不活，政府不怪你！”

这个小孩居然养活了，就是唐家国。

养他，自然不会简单轻松。唐家国说：“我妈心善，越养越舍不得我。她苦，舍不得用钱，也没有钱。从年轻时候，就一直只有四五套衣服，总是灰色、藏青色和海棠蓝（淡蓝色）。她勤快，到老都是自己洗衣服。买几两肉烧梅干菜，要吃好几天。她帮村里人看病，开点中药不收钱的，怕人家说她非法行医。她和我父亲都抽烟，看完病，人家就给他们买点烟抽、买点酒喝。对我呢，舍不得吃给我吃。我们感情深，经常一起说心里话。九五年我入基督教，她看我生病没吃什么药，也不生气，病就好了。她也就跟我去教堂，信了教。”

而说到那段特殊的经历公开之后，还是有人嘲笑和“骂声无好言。”但是雷大妈说，“人活着总有说你好，说你不好的。我活着一天，对日本人是恨透了。我想到日本去，和他们打官司。我要是去不了，你跟别人去，把材料带上。”

提供线索给报社和电视台之后，那位文史工作者又来见雷大妈，抱怨报社太小气，只给四百元线索费。“老太太听见很生气，说你怎么能说这种话？我讲出来，是要让大家记住历史，让后代知道日本对我们中国做过些什么。如果是为了钱，我死也不肯讲。你要钱，我给你！老太太站起来去给他拿钱，他不好意思走了。”唐家国说。

想起在吴先斌的博物馆，他给我一张VCD看了雷大妈作证的一段视屏。她身材瘦小，干净利索，满脸倔强，说话很有条理。也看到苏智良先生拿着雷大妈生前让儿子代笔写给他的一封信说：“雷桂英很有胸怀，她认为日本的侵略战争也给日本人民带来了很深的灾难，希望永远不要再有战争。她自己是受害者，还考虑到别人也受害了。这很了不起！”

唐家国起身，去雷大妈生前住过的房间里，拿来一个绿色铁罐，说里面装着从“慰安所”带出来的“高锰酸钾”。我无比惊讶，问能不能打开给我看看。

铁罐是多年以前装茶叶用的，封口锈死无法拧开。唐家国找来一把起子给吴先斌，终于撬开了铁罐。里面的“高锰酸钾”有块状和细粉，在几十年后的阳光下，显现出几十年前幽暗陈腐的往事。

《随军慰安妇》的作者千田夏光曾经采访到原日军“玉”兵团的随军

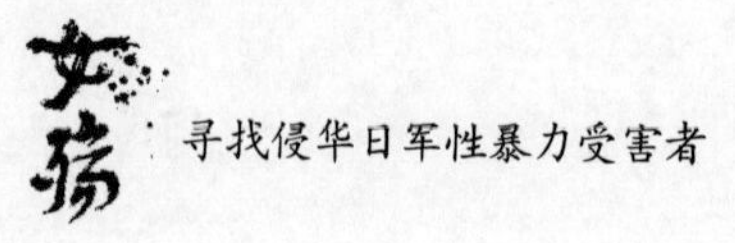

医生，他介绍了高锰酸钾的使用：“军医部在各个慰安所的房间里放置高锰酸钾水溶液，命令在完事之后，士兵们必须给自己的性器官消毒。这种水溶液被称为‘变色龙’水。洗涤装置全军都是统一的。”自然，消毒是男女双方必须共同进行的，尤其是慰安妇。

这罐高锰酸钾，雷大妈给过“南京大屠杀纪念馆”一些，也给了苏智良先生和吴先斌，还剩这么多。

汤山的几位老人还记得，“大婊子院”会出来一些日本婆子和朝鲜婆子。有个朝鲜婆子长得很漂亮，人称“汤山一枝花”。

1924年出生的经友发老人说：“汤山的慰安所一开始在老街里，是地主袁广智的房子。袁广智是汤山人，抗战发生后跑到四川去了。鬼子就把他的房子占下来做生意”。

1925年出生的刘幸福老人说：“日本人在汤山街上是开过妓院的，他们叫慰安所，在高台坡那里，离我家门口不远，有三间大瓦房，现在改成信用社了。进慰安所要在日本人手上买票，只有日本军人才能进去嫖，中国人是不让进的。”

而在“小婊子院”一年半的雷桂英大妈记得清楚，每个进来的日军都带来一个避孕套，用过之后扔下，由她们负责打扫。

关于避孕套，朱弘认为叫安全套更为准确，因为他进行了历时八年的跟踪调查，2010年终于在日本找到了日军官兵当年去慰安所使用的“突击一号”和“星秘膏”。这两样东西的主要功用是防范性病。

朱弘发现，作为安全套的“突击一号”在当时非常珍贵，在日本侵华战争初期，和其他重要战略物资一起从日本运来，发放到各个部队，再发放到各家“慰安所”。

日军当局要求官兵与慰安妇接触一定使用安全套，主要是为了防止感染性病削弱战斗力。其次慰安妇也是稀缺资源，怀孕自然会降低使用的频率。对怀孕慰安妇，也采取过驱逐和屠杀。

但总是有例外。朴永心从松山逃离怀孕的照片，以及广西生下日军儿子的韦绍兰，都说明日军并非人人每次使用安全套。但直接承受危害的还是妇女，一方面感染性病，另一方面就是怀孕。

与雷大妈同在汤山镇的另一位不愿公布自己姓名的大妈，就曾经因为和她接触的日军不愿使用安全套而导致她怀孕，生下的孩子只得送人。

我还猜想十五岁的雷桂英，在逃跑时带着一大包“高锰酸钾”，会不会是当时正感染着某种不适之症，需要多带些中国乡间难得一见，甚至并不知晓的药物继续进行治疗?

清明将至，吴先斌提议去墓园看看雷大妈。

我们在行人不多的街上看见一个花店，一人买了一束菊花，很快来到两三公里以外的“基督教汤山墓园”。在广西见到韦绍兰大娘，她说来南京的时候，给雷桂英上过坟。那一天，是儿子罗善学背她上山。

是夫妇合墓。墓碑上写着：

雷桂英生于1928年5月

唐起云生于1913年7月

放下手里的花，我按中国传统的方式跪拜这对相濡以沫的夫妻。只求两位老人安息!

第五章

武汉的“特殊”记忆

实际上，长沢健一在南京的停留不足四十个小时，除了参观被战火和屠杀毁坏的古都，并在某幢两层楼房里体验了女人的“慰安”，他还得跟随池田部队继续前进，到安庆开设兵站司令部。

日本大本营以为，占领武汉，几乎等于占领了中国，可尽早结束中日战争。但在战略和战术上，都应该先占领南京与武汉之间的安庆。

中国守军第二十一军第一四六师的第八七二团以及保安团抵抗无效，安庆在1938年6月13日被日军波田支队占领。

7月27日，长沢健一随部队再次来到下关，从码头登上运输船，向南京西南二百多公里的安庆出发。

七艘运输船沿扬子江溯流而上，来到离安庆七十公里的地方遇到北岸上中国军队的炮击，一艘船被炸沉。余下的六艘船进入安庆港之前，美国的飞机扔下炸弹，但无人伤亡，之后在安庆靠岸登陆。

作为军医的长沢健一中尉，在兵站开始了他的工作。

8月下旬，日军调集重兵，正式向汉口进军。中国守军奋力抗击，空军也不断炸沉炸伤日舰船，击落毁坏日战机，但终未能抵挡日军疯狂的攻势。10月27日，武汉被全面占领。

随部队进入汉口，长沢健一中尉和中川钟雄中尉领受了新的任务——为开设日军急需的“特殊慰安所”选定地址。

他们花了两天时间，沿着表面的大街穿行，没敢进入纵横交错的小巷。来到城市中心，看到人去楼空，有的房屋已经成为战俘收容所。

街上行人很少，便于他们细致观察街区的构造。沿着中山马路往东走，看见一个与商店并排的门洞，门拱上写着“积庆里”。入口大约四米宽，铁格子制成的两扇大门关闭着，看上去很结实。他们顺着巷道往里走，右边也有同样造型的铁门，就轮换着踢开走了进去。

里面寂静无声，没有人烟。砖头铺的地上，到处是散乱的垃圾。从正面进去往里走是一条主要的道路，直角交叉着4条小巷。小巷两边是多幢独立的两层小楼，大约有七十间屋子，可以住下三百个慰安妇。出口有4个，交通方便，作为慰安所应该不错。

他们把收集的情况汇报给司令部。不到一个月，积庆里正式成为 “特殊慰安所”向日军开放。跟随部队进入武汉的慰安妇，来自日本和朝鲜。

长沢健一中尉，担任“特殊慰安所”医生。

战败离开慰安所之前，他的军衔升至大尉。

1972年8月，“可怜的二等兵——战争体验展”在东京银座地球堂展览厅举办，推出的油画和素描非同寻常，几乎都是关于战争的特殊记忆。这群画家以山本政雄为中心，他们年轻时都是参加过太平洋战争的士兵。

山本政雄见到来看画展的老战友山田清吉。

作为侵华日军，他们在武汉兵站相识。山本政雄是司令部配属的第二十七师团二九零四部队上等兵，山田清吉是兵站司令部的副官，兼任监督管理慰安妇和“特殊慰安所”的係长（管理科长）。

1942年，喜欢画画的山本提醒山田，不妨以“手记”的方式记下自己的见闻，难说会成为这段历史的特别证言。

山田觉得这个主意不错，就找来一本笔记本，耐心细致地记录着跟战火和硝烟关系不大的特殊工作以及自己的所思所想。

没想到三十年后，他们还能相见，虽然已经老去却庆幸没有死于枪炮。山田告诉山本，因为他的启发，自己真的写下一本“手记”，并于1945年6月莲同日记本一起托付给即将回国的野口荣主计中尉，请他转交给家人。笔记本就这样被很好保存下来。

山本正雄很感动，再次鼓励山田整理和发表当年真实记录的“手记”，让对战争悲剧无从认识的人，能够了解战时真实的情形。尤其是作为军队性欲处理工具的慰安妇，更需要对她们的生活作出一些介绍。

山田再次听取山本的建议。1978年，以这本“手记”为基础的回忆录《武汉兵站》正式出版。

在“后记”中，他感谢了几位与这本书写作有关连的人，他提到长沢健一军医。

1983年，长沢健一也出版了自己的回忆录《汉口慰安所》。

1980年，两个说着日本话的老人走进“积庆里”，一幢一幢小楼转着看。住在里面的居民并不关心他们说些什么，也不知道他们就是武汉沦陷时“特殊慰安所”的军医长沢健一和汉口兵站司令部军医森本元。

积庆里：关于“慰安”的人和事

积庆里有大小六幢楼房，日军监管开设了十五家慰安所，由日本和韩国的皮肉商人负责经营。开张之际，双方商议为之取名，诸如“松本楼”“青山馆”“东成楼”“花乃屋”等等。每个楼的大门口既有楼牌名，也有“慰安所”的排序。比如大门左边的墙上用汉字写着“平和馆”，右边会写“第六慰安所”，像对联那样竖排，只是不对称。

1944年秋天某个夜晚，一名年轻曹长来到积庆里的“战捷楼”，依旧进了慰安妇照子的房间。

照子大约二十三、四岁，来自日本冈山，体态算得上丰满。她很快发现曹长和以往不太一样，似乎舍不得离开，长时间停留在她的身体上。

突然，她听见奇怪的叫喊，一切戛然而止。照子抬头起身，看见曹长眼睛白翻、口角歪斜，赶快把他放了下来。曹长坚持着打电话到汉口西边八十公里外的广城，把发病的消息通知了自己所属的部队。

部队来车来人，不动声色拉走已经毙命的曹长。

每个“楼”里的慰安妇，都听说并演绎了照子和曹长的故事，就连兵站司令部，都传得沸沸扬扬。

死因是脑溢血，死法是“腹上死”。

不过风声很快就过去。在有将近三百个慰安妇的积庆里，这样的故事算不得什么。

山田清吉的笔记本上，记着很多慰安妇的花名和她们留给他的深刻印象。

2014年4月23日，武汉还有轻微的寒意和小雨。

说出要去看积庆里，在武汉生活的朋友并不清楚究竟是什么地方。再说到慰安所，他们更是“从未听说过”。

其实，我也仅仅是比他们早几个小时知道武汉的中山大道中段东南侧，有一片民居叫积庆里，曾经是日军占领武汉时的“特殊慰安所”。

指点我的人，是湖北师范大学历史学教授田子瑜先生。

前一天，我带茁儿第一次来到武汉。为了能够专心采访，我让她承担了拍摄照片的任务。

田先生除了鼓励我尽早完成对侵华日军性暴力受害者的调查寻访，还给我带来了山田清吉的《武汉兵站》和长沢健一的《汉口慰安所》，以及他在2008年给湖北省人民政府参事参政建议的呈报单，详细写明了《关于保护汉口积庆里前日军慰安所的建议》。

他说，这个建议来得意外。

2005年，在台湾南投“国史馆”，田先生查询武汉战事资料时发现一份日本代理驻上海总领事馆在1938年9月28日发出的机密文件——《攻占汉口后对国人进出之应急处理纲要》，“要领”之三表明：“居民以外之进出，则于运送希望复归居民仍有余裕时，优先同意进出后可迅速开始营业者，但为开设军队慰安所而进出者不在此限。”而在同年12月，日本驻汉口总领事馆的《国人职业调查表》显示，武昌、汉口已开设料理店和慰安所六十一家，男性业主五十七人，女性业主四人。有艺妓、酌妇四百九十二人。

战后，日本政府一直不承认“强征妇女作为慰安妇”的事实，谎称她们仅仅是卖淫的妓女。但保存在《台日官方档案慰安妇史料汇编》中的资料证明，“慰安所的设置得到日本政府和军队的大力支持”。

后来田先生去日本，想寻找日军当年在武汉设置慰安所的资料。日本朋友帮他找到原侵华日军武汉兵站副官山田清吉的回忆录《武汉兵站》和军医大尉长沢健一的回忆录《汉口慰安所》，书中详细记录了汉口“积庆里慰安所”设置始末，并配有方位图、布局图、历史照片。对慰安妇与官兵和楼主的关系，以及她们悲伤凄凉的心情有详细的记录。

从武昌来汉口，田先生带着这两本日文书，并把它们复印给了我。他说日军侵占武汉三镇，陆续在积庆里、联保里、粮道街等地设立了六十多处慰安所。积庆里规模最大，慰安妇最多。

把积庆里的基本情况和具体位置告诉我，田先生赶回学校开会去了。

朋友雷江开车送我们去积庆里。

一路所见的武汉，有新式的高楼大厦围成的繁荣商圈，也有旧样的房屋和辫子电车组合的老街，形成了自己的风格特色。

就住在汉口的酒店，其实离中山大道并不很远。穿过几条大大小小的拥挤街道，看见旧时的租界、国民政府和孙中山先生的铜像，雷江就开始找地方停车了。他在武汉长大，第一次来积庆里，充满惊讶和好奇。

街道车来人往，噪声不息。我们在大型商场、手机超市、阿拉伯烤肉、时尚服装、绝味鸭脖、特色食馆的缝隙中寻找入口。

终于，从清芬路的一个门洞钻进积庆里。

里面格局和山田清吉画在笔记本上的方位图一模一样。当然不叫什么楼和什么馆了，门边钉着蓝底白字的门牌，写着“积庆里×号”。曾经留过“第×慰安所”的墙壁早就重新粉刷，看不到山田照片上的任何字样。只是时光流逝七十年，房子已经朽败不堪。连雷江都吃惊，武汉闹市还有这么破旧的居民楼。

1924年，两名富商筹资建盖了六幢豪华的联排式小洋楼，取名“同善里”。房子很快售罄，陆续搬来武汉当时的有钱人。十年后，业主受《易经》“积善之家，必有余庆”启发，将“同善里”更改为“积庆里”。1937年，日军在南京大屠杀的消息很快传到武汉，积庆里的人家纷纷开始

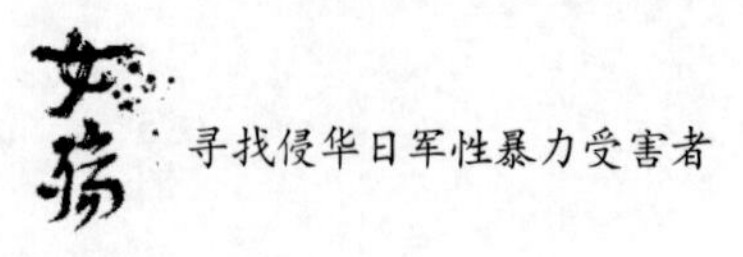

逃难。1938年日军真的来到，这里已成空巢。

慌忙逃走的人们无法想象，他们的家会变成慰安所，住进一支全世界绝无仅有的“慰安”部队，竟然长达七年。

仔细看积庆里，墙面斑驳陆离，几乎都有修补过的疤痕。门楣上三角形石雕精美讲究，但多半破损，长着深绿的霉斑和青苔。窗户是老式的百叶，像某种固执的记忆不时开合。也有人家换成不搭调的塑钢玻璃窗。而最令人难忘的是头顶上纵横交错的电缆电线，蜘蛛网般密集，居然有人在上面晾晒衣服裤子、毛巾床单和运动鞋。地上，还可以看到原有的渣土和砖头铺成的道路。没有垃圾，看得出无数人脚底摩擦的印迹。

而我惊讶的是，几乎所有的房门看进去，都在卖服装，一伸头就叫我“进来！进来！”也有人懒得出声，自己该干什么干什么，衣服裤子裙子们都在墙上、架子上，随便看。门口的牌子写着潦草的告示：“内有男女精品”“新款服装”。这种不尽力的生意，显示着与之吻合的清淡。随意走进几家，只有一家有一个顾客。也有人家“足疗洗面”或“洗浴”“照相”。

原来住在人民巷的夏叔叔七十九岁，搬来积庆里已经三十多年，坐在门口休闲见茁儿拍照，问我们想“曝光”哪方面的问题？

我说明来意，问他是否知道这里做过日本人的慰安所？他说：“怎么不知道？我十一二岁就听说这个地方住过日本人的高级妓女。有日本的，也有朝鲜的。中国的妓女在51中那里，不远。中学解放后才有的，原来是贫民窟。二十多年前，有日本人来谈判，想买这里盖新房子，没有谈好。积庆里有七十三号，每号住着三家人，也有四家人，大概有五百人。房子质量很好，几十年没有修过还可以住人，只是好多人无证经营，搞得乱七八糟。”我又问是想保留这些老房子还是愿意拆除盖新房子？夏叔叔说：“拆掉算了，这是中国人的耻辱，留它干什么？”

走到原慰安所的“三成楼”或是“武汉楼”，一位大哥站在家门口问我想找谁？再次讲明来意，他指着左前方的“战捷楼”和“花乃屋”方向告诉我：“我们小的时候，那边的楼上住着一个朝鲜老大妈，有人说是留下来的妓女。我们不管这些，她人很好，笑眯眯的，给我们吃糖和饼子。她不爱说话，也没有后代，前几年死了。”他姓刘，五十多岁，对自己家里发生过的往事毫不知情。

年老的山田清吉已经远离了中国和战争，对于生命中一段特殊的经历，他渐渐获得清醒和理性的认识，他说：“我基本就是遵从兵站司令官的想法，希望在这样一种体制中创造一个相对平静的环境，也向往慰安妇们早日得到自由之身。但这是一场以‘圣战’为名义的战争，楼主对她们凶狠、残暴和贪婪的榨取，我只好睁只眼闭只眼。如果把我当作这种人身买卖的帮凶与同谋，我也只好承认这样一种评价。”

他的恨意和愧悔从某种角度展示了日本、朝鲜籍慰安妇生活的真相。

战争早已结束，这段充满欺骗、残忍而无耻的历史由于种种原因很少得到关注。战时关于慰安妇的资料大多已被销毁，受害活下来的女性已经不多。在此之前，我对她们的认识仅来自日本记者千田夏光撰写的《随军慰安妇》，而对慰安所里慰安妇的生活，他的叙述并不太多。关于慰安妇，日本军人全面、系统的证言也很少见。

因此，山田清吉和长沢健一的回忆录尤为重要。

凭借这样的渠道，很快就能走进时光遗落的历史，看见那些被当作慰安妇的女人，如何度过她们特殊的时日？

从山田的《武汉兵站》中挑出两个人来。“五月”是日本人，“珠美”来自朝鲜。

鲤城的五月二十五六岁，因为被密告在花札赌博的时候经常“玩手脚”，并要求一起玩的士兵缴纳超出正常标准的费用，被停止营业。收到通知的妓女一般会跟随妓楼楼主来到兵站进行申报，这时兵站的人会说，五月，你不能让兵站用多余的钱。五月明白是在说自己赌博的事，神情微妙地说“对不起”。

花札赌博的取缔很严厉，但因为夜间将校也参加，所以难以揭发，五月要求的小费与其说是她的意志不如说是楼主的意志。听军医说，慰安所中除了酒精中毒者还有大麻中毒者。

因为楼主故意对妓女吸毒不闻不问，大麻中毒的人不少，发病的症状很痛苦。有个女人为了治疗被关进一间钉满钉子的房间里，但她浑身撞得流血还是想出来吸毒。慰安所做工的人当中有一些是鸦片中毒犯，一旦被发现立刻会被解雇，是为了防止中毒者进入慰安所。

只有十八岁的珠美，出生在朝鲜大邱，住在积庆里的“三成楼”，曾发生过跳扬子江自杀的事件。一直常说想死、想死，楼主没有重视。某天她说现在去死，出了家门，到黄昏也没有回来。楼主觉得情况不对去河滩找，发现十八码头的浮栈桥端头，珠美站在那里发呆。那时扬子江退潮，水位只有二十多米，到浮栈桥要下几十级台阶。楼主上前大喊：“现在就跟我走，你不要做傻事！”珠美听见，朝这边回头笑了笑。楼主再上前逼近一步，珠美就跳进了扬子江的浊流。楼主找了很久都没有找到，只得报告了兵站。珠美的尸体在汉口下游六公里的扬子被发现，扬子江在这里转弯，经常会有淹死的尸体。

据朋友说，因为得了结核，珠美越来越瘦难以干活，兵站那些找她的常客去了别的妓女那里。珠美因为嫉妒找常客吵架，以后常客再也不来。珠美感到被抛弃很痛苦。可是珠美真的想死吗？也许她这样想一想也就回来了，但那个时候楼主来了。珠美想，与其被楼主继续打骂，不如死掉算了。

我（山田）忍不住这样猜想。

山田的笔记本，还记着行动和名字都有些怪异的慰安妇小次郎。她二十多岁，有天晚上突然跑到兵站，头上包着布条，脸上还流着血，说楼主用烟灰缸砸开了她的眉间。山田半信半疑，还是批评小次郎，不该穿着过于妖艳的衣服来兵站。下一次她再过来，换成了黑色的和服。紧接着楼主追来带走小次郎，说她身无分文，出门找人要对方付洋车的钱。还有人告诉山田，小次郎的腿上刺着一朵牡丹花。

说到松浦楼的富士子，山田认为她妖冶而迷人。富士子鼻子上有颗痣，就像梦里遇见的多情女郎，一双眼睛又大又亮，只有二十一二岁。看她的调查档案，在国内做过艺妓，有酒瘾。但她从来不说自己的过去，经常装出老实的模样。山田对她说，你可以去将校俱乐部。她听后只是笑了笑。某天山田在宿舍灯下看书，执勤的卫兵突然带来富士子。她看上去已经喝醉，哭着说前线她也去过，但宁可死也不想呆在积庆里那种鬼地方。山田把她调到将校俱乐部，陪将官喝酒的富士子妖艳、热情、大方，显示出受过艺妓训练的良好素养。

1945年晚春的夜晚，山田读着英汉对照的《唐诗三百首》，敲门进来的人是“东成楼”的美铃。她扑在山田的膝盖上痛哭，泪水打湿了他的军裤。她一直没有还上给楼主借的钱，因此回不了日本。她说自己虽然出生卑贱，也实在是不能忍受这种生活。山田拍拍她的肩膀，鼓励她再坚持一阵。美铃说当晚要去别的朋友家里住，请山田为她去的那个地方作证。后来，美玲到了武昌，在武汉大学后面山上陆军医院的附属食堂帮忙。她写来一封短信告诉山田，一切尚好，不必担心。某天，食堂的老板娘来司令部办事，山田向她问起美铃。老板娘边笑边说：“山上狼很多啊！必须受制于人才能保住基本像样的生活。你知道，战地是渴望女人的地方，充分体现了女人的稀有价值。要是这个女人还有几分姿色，你说，她能够好到哪儿去？”

山田明白，美铃的转移，无非是“出了虎口又入狼窝。”

这些女人，都住过积庆里。这些事，就发生在这些房间和巷道里。几十年以后置身其间，我所目睹的一切如同空壳，惨淡的往事早已抽离，但个人的心理空间依然不安。我承认对来自日本的慰安妇吝啬过自己的同情和怜悯。

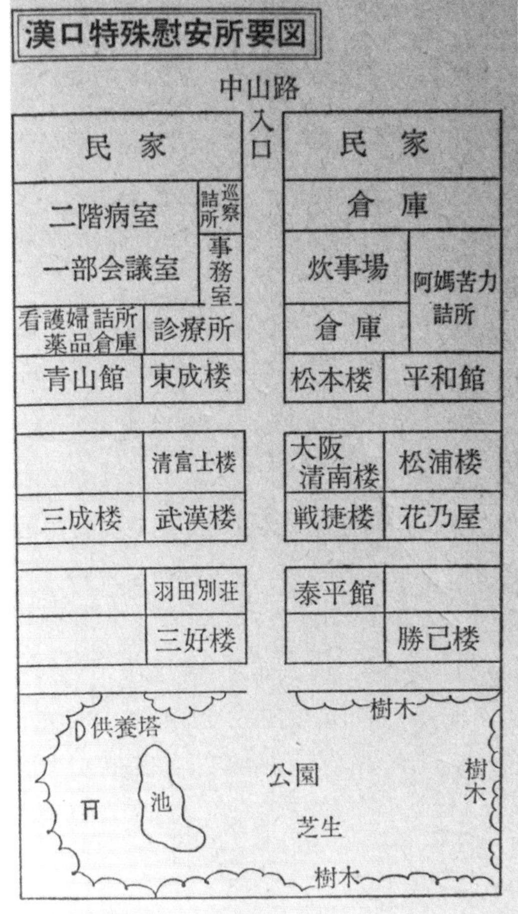

左图：《汉口慰安所》中详细记录了汉口“积庆里慰安所”设置始末，并配有方位图、布局图、历史照片。对慰安妇与官兵和楼主的关系，以及她们悲伤凄凉的心情有详细的记录。

右上图：担任过“特殊慰安所”医生的长沢健一所著《汉口慰安所》。战败离开慰安所之前，他的军衔升至大尉。

右下图：山田再次听取山本的建议。1978年，以这本“手记”为基础的回忆录《武汉兵站》正式出版。

说实话，山田所写的慰安妇生活远远超过了我的想象。虽然由军队管理，有某种程度的自由和固定收入，这种生活本身，依然不堪忍受，生不如死。

这些女人，都住过积庆里。这些事，就发生在这些房间和巷道里。几十年以后置身其间，我所目睹的一切如同空壳，惨淡的往事早已抽离，但个人的心理空间依然不妥。我承认对来自日本的慰安妇吝啬自己的同情和怜悯。

"她们当中一些人，跟随士兵上了战场，和原来熟悉的姐妹们分散了。剩下的关在像牢狱一样的慰安所当中，被病魔夺去了年轻的生命。"山田清吉说。正是因为想追悼这些在他面前发出悲声和更多在黑暗人生中默默结束生命的女人，才有了他的"手记"。

在昆明，我问过在云南大学教日本语的夏本雄二，如何看待日军的"慰安妇制度"？1968年东京出生，在早稻田大学获得博士学位的夏本说："慰安所设立的初衷是想避免士兵对女性的强奸和性病对健康兵源的损害，想法是好的，但后来失控了。我个人认为，作为一个军队、一个政府的组织来建立慰安所的想法非常低级和下流。由想法变成现实的做法，给很多女性造成了无法承受的痛苦。"不知道夏本的感受，代表了多少日本人的想法？

到这里，我又想起朴永心，并由她想到不可避免的怀孕。其实从接触幸存的性暴力受害者以来，怀孕和不能怀孕就是我经常会想到的问题。不能怀孕，当然会给这些女性的一生造成无法估量的伤害和损失。但如果怀孕，如何处理这个并非意外的事件？女性会在这样的经历中遭遇和承受什么？

"特殊慰安所"军医长沢健一做过总结，慰安妇能够怀孕只有少数几个人，不怀孕的理由却很多。有一种原因是她们与士兵接触后被要求冲洗子宫，可以避免怀孕和性病感染。还有一种传说无法求证，说是频繁的精液注入反而可以避孕。第三种因由是淋病的侵害，使子宫壁和内膜报废而不能怀孕。

而总是有例外，尽管只是“少数几个人”。

兵站规定，如果某个慰安妇意外怀孕不能营业，期间包括生产的医药费用兵站不管，得由妓楼老板负担。老板很害怕这种情况发生，既赚不到钱还得赔钱。

1943年秋天，“东成楼”楼主长谷川找到长沢军医，焦急地说楼里慰安妇松子的肚子越来越大了，怎么办？他们一致认为应该说服松子把胎儿打下来，但松子坚持要生下这个孩子。双方处于互不相让的情境。

之前长沢健一也碰到慰安妇怀孕，要不让其服药导致流产，要不生下来送给中国人抚养。

“胜己楼”的环（日本籍）怀孕，不顾楼主反对，擅自跑去找了山田清吉。她说已经和某位曹长商量好，孩子生下来一起抚养。这次楼主意外妥协，让她生下小孩，还准许在慰安所长大。这个孩子很可爱，慰安妇们有时会抱来兵站玩。

这仅仅是个人以某种理由取舍记录下来的怀孕，相信还有很多真相已经被时间冲刷和掩埋。

苏智良先生告诉我，武汉市区还有一位日军慰安妇活在世上。但最近几年，她不再愿意接受采访。

叫她“君子”吧！年轻的时候，她就在积庆里，“君子”是她当时的花名。

1944年，她刚满十六岁，带着母亲煮熟的十个鸡蛋，从朝鲜忠清道出门，跟随两个朝鲜男人经平壤、丹东、天津到南京，同伴有四十个姑娘。在南京停留半个月后坐船到芜湖，又是半个月后才来到汉口。从码头步行三十分钟，进了积庆里的大铁门。

先前来的姐姐们在门口迎接，从人群中看见又瘦又小的她，惊呼“连

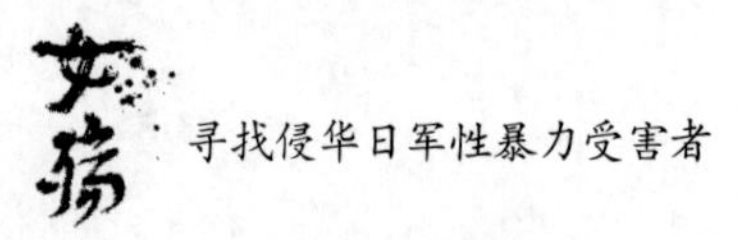

小孩也带来了！”

老板是一对来自平壤的夫妇，男人姓金，五十岁。两个带队的朝鲜男人从老板那里收走车船费和伙食费后离开，过后才知道是她们的卖身钱，要三年才能赎身。

第一次接待日本兵，没想多达十三个。她疼得不停哭，姐姐们过来安慰：“是啊，很痛吧？要稍微治疗一下，你还是处女啊！”

从那天开始，“君子”正式成为日军的慰安妇。

老板没有给过她一块钱，只不时收过日军私下给的一两块“储备券”，舍不得用悄悄攒着，想当路费回家，战后成了废纸。

每周的星期一，“君子”和姐妹们集中去医院体检。检出梅毒的，要打“606”针剂治疗。

差不多一年，日本战败，从汉口开出三艘大船去朝鲜。“君子”没有上船，她不愿带着这样的身体回家乡见妈妈和妹妹。曾经跟一个住在积庆里附近的朝鲜记者尹先生有过特殊的好感，后又觉得他并非一个靠得住的男人，也就算了。

留下来，先是遇见以前常来慰安所的日本空军医生松桥，“君子”和他同居三年，但因当慰安妇造成子宫歪斜不能怀孕。有一天松桥突然失踪，三年后才从监狱回来，说想带她去韩国生活。她未答应，松桥就回了日本。

后来，“君子”与一位姓宋的中国男人同居，一年后分手。二十八岁时，嫁给丧妻的武汉八级电工老钟，成了三个不到十岁小女孩的继母。

老钟宽厚善良，踏着自行车，和她一起找到留在武汉、孝感、黄陂的四十多个朝鲜慰安妇姐妹，做了本通讯录，经常聚会。

这个聚会很特殊。战后回到日本和朝鲜的慰安妇，几乎无人相互来往，尽可能消灭任何引发这段记忆的东西。但武汉的这个聚会，却是异国他乡“同为天涯沦落人”的惺惺相惜。

1962年，“君子”到纺织厂上班。1992年，得到过“五好家庭”的奖状。1995年，丈夫去世。至今和三个女儿一起生活。

从武汉去山西采访，见到韩国摄影家安世鸿先生和能讲汉语的朴孝晋小姐，说起“君子”，他们说不仅见过，还一直保持着联系，告诉我“这位奶奶会说韩语，她很好，过得不错。”不知为什么，听到这句话的我，竟然激动得有些颤抖，眼眶突然潮湿。虽然独在异乡老去，她依然会说韩语，是因为与四十多个姐妹的聚合如保存火种般延续着故土的声音和习俗，见面的时刻仿佛回家。

但这四十多个姐妹不如“君子”幸运，她们已经相继离世，有的死于癌症，有的不堪穷困苦难卧轨、服毒自杀，有的自闭不愿出门忧郁死去。1976年去世的一位姐姐姓李，留下遗言要“君子”一定将她的骨灰送回故乡。

她们所有人，没有一个能够生育，大部分人领养了小孩。“君子”自己，也因为常年有不正常的流血和疼痛，不得不在1972年摘除子宫。

当然，还有更多的姐妹和她们一样不幸。据千田夏光调查，日本军动员和使用的慰安妇总数，从1938年到1945年，有八万和十万之多。而日本研究学者认为，这个数字应该不少于十五万。日本战败时，这些妇女已有75%死亡和失踪。

而那些衣裙肮脏、头发散乱挤在港口的码头等待登船回国的女人，“仿佛从地狱回来，与其说为活着得到了解放而高兴，不如说为失去的青春而悲痛，她们大哭失声。”

可是，她们失去的，难道只有青春?

1980年，两个说着日本话的老人走进“积庆里”，一幢一幢小楼转着看。住在里面的居民并不关心他们说些什么，也不知道他们就是武汉沦陷时“特殊慰安所”的军医长沢健一和汉口兵站司令部军医森本元。

战败离开后的三十五年，他们参加“访问团”再次来到武汉，住在当年作为兵站司令部的“璇宫饭店”。战争的经历使得武汉之行尤为珍贵，沿着当年的记忆，他们来到江汉路和中山路，参观当年的兵站和慰安所。那些建筑物还在，但作为兵站和慰安所的痕迹已经荡然无存。再次走进积庆里，“特殊慰安所”的军医已是古稀之年的老者。他无法知道那些慰安妇可悲的灵魂究竟在哪里哭泣、流泪，但时光里的记忆仍然留在这里。

这趟武汉之行，唤醒他沉睡多年的记忆，也让他获得写作的冲动与灵感。

他写道：“慰安所是极乐净土也是毒之花，慰安妇是羞耻的窗户，但也有如同莉莉·玛莲那样的女性，让每一个踏进慰安所的士兵都得到了安慰。对于日本民族来说，这样的战争体验，也是战争和性的历史，如果不记录，也会被埋葬和风化，所以我从管理方的角度来进行记录。”

山田副官和长沢军医都认为，与那些在炮火、饥饿、病魔和尸体腐臭的气味当中奔跑的士兵相比，慰安所的工作是缓慢的战争体验。

他们记得，中日战争期间经过武汉这个大站的日军官兵不少于四十万，几乎都听过汉口江汉关钟台上的钟声，自然也有不少人进过包括积庆里在内的慰安所。除了这里，还有其他一些娱乐场所，即使在兵站的图书馆，也可以进行短暂的休息。

1943年“湘桂作战”之前，兵站举行过相扑、剑道、棒球的比赛和文艺演出、绘画展览，参加过这些活动的士兵，再接着奔赴前线。

而对慰安妇来讲，不论是重返故土还是永久留在异乡，对武汉的记忆会是些什么呢？该是战火、惊恐、耻辱、孤独、疼痛和绝望的组合吧！这个组合摧毁了青春的美梦和平静的生活。

七年，武汉这个城市在血与火的经历中，付出了惨重的代价，却像接受伤痛一样，接纳这群战争损害的女人，让她们和这个城市一起慢慢修复，寻找属于自己的生活。而她们，即使恢复了自由，也失去了故乡和爱抚。只能咬紧牙关，努力走进陌生的环境和人群，适应新的养活自己的方式。

按照“君子”的统计，1950年登记在册的四十四个姐妹现在只剩自己活着。那么，有一个人的名字并没有列上她们的名单。

她叫朴次顺，1944年7月来到武汉，刚满二十二岁。

“去码头坐船，船被飞机炸烂了，没（mou音）法走。坐货车，拖东西的。好多东西，我们挤着坐。打仗呢！路上有汽车打烂了，在地下烧着火。一下下车、一下上车，走好慢。打炮害怕啊，趴在地上躲着，以为（自己）死掉了。抬起头，还没死，又上车，再走。又炸、又躲、还是没死。”

朴次顺："我要姓毛，毛主席的毛。"

录音笔里的声音，居然是从讲述1969年的一场手术开始。

多年以来，头痛和子宫不正常的流血一直困扰和折磨着毛银梅，使她经常卧床，觉得离死不远。又一次大出血惊动了刚刚结婚的女儿和女婿，他们紧急联络在武汉工作的表姐和姐夫，把母亲从孝感带来送进医院。医生说，必须马上切除子宫。

武汉离孝感不到百里，车程一个小时。

那一次住院，离她1945年冒死逃出汉口已经二十四年，在此期间她从未再次来过。

1952年之前，毛银梅的名字叫朴次顺（박차순 Park cha soon）。

从天河机场直接来孝感经济开发区的三汉镇龙店村三组。

武汉朋友雷江把车子开进村里，见杂货店坐着几位玩"麻将"的老人，我下车询问是否认识毛银梅大娘？站起来一位围观的老叔叔，拄着手杖来到门边，热情向左一指："那边倒数第二间就是。"

开门的人是毛大娘的女婿龙宝官，他说与我约好就没出门，岳母和妻子在村里玩着，他马上去找她们回家。

话音未落，毛大娘和女儿黄美荣已经来到我们身后，说杂货店里的人告诉有人来找。

毛大娘头发雪白、身材瘦小、行动灵活、性格开朗，拉上我的手走进家门。告诉她茁儿是我的女儿，大娘把她拉到自己面前摸摸她的脸，问多大了？让我们坐下、坐下！

知道她不是中国人，就很注意她的长相，其实和身边的老人差别不大，只是脸扁长、眼也细长，耳朵很大，鼻子和人中也长。她笑着说："九十二了，还不死。活得都不好意思了！"

这话让我一惊，不忌讳谈"死"，从容和淡定中有几分幽默。

大娘一口地道孝感方言，只能听懂四五分。她的女儿和女婿在一边帮我解释，雷江干脆坐下来充当了翻译。

大娘思路仍很清晰，爱说话，问她任何问题都乐于回答。"人老了，过去的事有时想起来，有时想不起来。没有文化，讲不好 。"

其实她讲得很好。但真的记不起自己出生的地点和准确的时间，只记得自己十七岁嫁过人，二十三岁又嫁人。

"小的时候造孽啊！爸爸想赚钱过生活，到日本去做工。我们不晓得他去的路，没（mou 音）得电话，信也没（mou 音）得，不来往了。妈妈带妹妹走了（改嫁），我不去。家没（mou 音）得饭吃，我到处、到处走。回到婆婆（外婆）家，舅舅和舅妈不喜欢，要吃饭嘛！婆婆没（mou 音）法，把我给人家。我不喜欢，又到处走、到处走。要吃饭、要赚钱。"给的那个男人，比她大八岁，当时她十七。公婆和丈夫，对她都不好。

十九岁，朴次顺从家里跑出来继续流浪。她一直往北边走，在酱油铺打过工，在酒馆洗碗盘，但几乎没有挣到钱。

毛大娘已经说不出自己被骗那个城市的名字，只记得是在北朝鲜。大概在1943年底，或者1944年初，一个中年妇女来到酒馆，说日本人要在中国的汉口办厂生产袜子，如果跟着去进厂，可以挣到很多钱。朴次顺很想挣钱，她答应了。

中年妇女把她带到火车站，交给两个朝鲜男人。车上，一起去汉口做工的，还有"蛮多"（具体人数记不清）年纪和她差不多的姑娘。

先去哈尔滨。大娘说："来时好多人，朝鲜人、日本人。车挤，走走、停下来，走走、又停下来。过一阵又走、走、走。”

到达南京之前的记忆除了“走、走、走”已经模糊不清。不记得从哪里到哪里，只记得“火车换成汽车，还是走、走、走，停下来，又走、走、走”。走了好长的时间，才到南京。“去码头坐船，船被飞机炸烂了，没（mou音）法走。坐货车，拖东西的。好多东西，我们挤着坐。打仗呢！路上有汽车打烂了，在地下烧着火。一下下车、一下上车，走好慢。打炮害怕啊，趴在地上躲着，以为（自己）死掉了。抬起头，还没死，又上车，再走。又炸、又躲、还是没死。”

早在1938年，日本的皮条商人就受军方之命来到朝鲜半岛，哄骗贫苦人家的姑娘来到中国战场。当时交通不便，信息很难流通，源源不断的女性带着“赚钱”的希望陷落这个黑网。即使到了1944年，还是很少有人知道那些参加“女子挺身队”的姑娘真正去处并不是所说的战地后方，从事“洗衣、做饭、看护伤兵”的工作，而是去当慰安妇。而以办厂招工为由收集的妇女，目的地依然是慰安所。

她们的来路，一般说有两条。一条是陆地运输，从平壤上火车到哈尔滨，再用火车和汽车分散到各地。另一条是水路，从釜山登船，运至上海靠岸。也有的人，被直接从海上送往新加坡和缅甸的南方战场。

带着朴次顺和姑娘们的两个男人选择走陆路，情形正如毛银梅的讲述。而走水路，千田夏光这样写到：“当时日本陆军的运输中，明确规定可以运输士兵、军马、军犬、军鸽，却没有妇女这一项。因为这是军规，不能破坏”，于是“决定当物资运输。当成既非武器，又非弹药，更不是粮秣的物资。”他解释，这样把人当成物资，同时也真的像搁置物资一样将她们塞在运输船的各种角落和空隙处，运往日军所到达的各条战线。在这样的路途中，她们几乎都被士兵与水手强暴与凌辱，甚至摧残致死，被抛尸水中。这些少女也不停自杀，果断结束这种耻辱的生活。一艘行驶在太平洋的轮船上，遭到同船日军强暴的几百个朝鲜姑娘，一起投入茫茫大海。

火车上，也不停有姑娘知道实情后飞身而下，摔死在路基和电线杆上。

无论如何，朴次顺还是来到了武汉。“带我们来的朝鲜男人说，打仗，袜子厂倒闭了。不能进厂，钱赚不到了。来的车分开，人也分开，各走各的。我走我的。日本人把我关进一个洞，已经有几个朝鲜姑娘，不是一起来的，不认识。打仗不敢出来。不打仗可以出来。”

朴次顺想不通，自己来做工怎么会当了日本人的“那个”。也搞不懂身在何处，只晓得在江边。

说到这里，毛大娘伸头过来神秘地对我说：“我们抽烟、喝酒、唱歌。一开始不会抽，我哭，有人递烟给我，说抽了好得多。喝酒醉了更好。”

我很吃惊，问：“有用吗？”她说：“有用、有用！”

毛大娘一直说的“洞”，我不太明白，是一个地名里含有“洞”字的地方呢，还是盖成防空洞的房子？问她很多遍都没说清楚。

再问那个“洞”是慰安所吗？她说：“么子？”黄美荣大姐解释，妈妈不懂什么是慰安所，就知道是“洞里”。

有的时候日本兵把她们带出“洞”，去另外的地方做“那事”，路上碰到和中国军队交火，她们吓得趴在地上。枪炮过去，日本兵从地上提起她们继续往前走。她们会互相问：“我死没有？死没有？”

一直没死。

“洞里蛮多人，要是有人怀孕。叔叔（老板）会发火，给她吃药打胎。打胎后瘦得连路都走不动，还有日本人来。”毛大娘说，“我怕被弄死了，想逃走。我们抽烟喝酒的时候，也商量过逃跑的事，打算你逃你的，我逃我的。”

后来，她们被集中到汉口的日本租界，又是“蛮多的（女）人”，有日军士兵守着大门。

朴次顺注意到，门口经常有中国男人拉着黄包车转来转去等待拉客，就从没有卫兵的一道小门出来找他们。她看准一个老实忠厚的车夫，用生硬的中国话低声问他，可不可以把我拉走？那个车夫说，可以。他们约定，在前面有“蛮多树”的一个地方上车，那里日军看不到。

朴次顺什么东西都没带，钻进车里，心砰砰跳。中国车夫拉着她一路奔跑，很快出了汉口，在姑嫂树停下车来。

那里集中了很多老百姓，看上去像难民营。朴次顺走进去，倒在拥挤混乱的人群当中，睡着了。

醒来后的打算，想找个男人一起生活。

“您为什么不回韩国？”我问她。

“不是韩国，是南朝、南朝。”大娘解释，“南朝没（mou音）得家了。爸爸、妈妈、妹妹都没得了。不晓得还打仗不？回不去（ke音）、回不去了！”

在难民营，朴次顺很快认识一些人，帮他们干活，开始学讲中国话。有一天，一对已经熟识的老夫妇带朴次顺来到荷塘边，把她介绍给正在挖藕的侄儿黄仁应。几年前，黄仁应来姑嫂树上门娶了表妹，可惜她生病去世了。

黄仁应也觉得朴次顺不错，人很勤快，只是中国话说得不好。结婚后，带着她离开舅舅家，回到湖西村生活。

现在的毛银梅总是说：“我到湖西村，二十三岁。”黄仁应比她大八九岁，很希望媳妇生个小孩。可是，在一起生活了好几年，朴次顺就是不能怀孕。夫妻商量抱个孩子回来养。

1952年，有位亲戚来说，毛陈镇雨坛村一个女人死了丈夫，留下一大堆娃娃难得养活，可以去讨个小孩。

朴次顺夫妻上门去，那位妇女把两岁的老四给了他们。

是个女儿，黄仁应给她取名黄美荣。

也是那一年，村里通知“外国人”去填登记表。来到民政局，工作人员问她叫什么名字？她说：“朴次顺。”办公室里的人从未听说有人这个姓，就问是舀水的“瓢”吗？还开玩笑说一个葫芦可以做两个。众人大笑，朴次顺很冒火，跟他们说：“朴，在我们那里是好姓、是大姓，在你们这里被笑话。我不要这个姓了！”工作人员听了问她：“那你要什么姓？”

她抬头看见挂在墙上的毛主席像，突然得到灵感，说：“我要姓毛，毛主席的毛。你们哪个不同意？”又想起丈夫和自己喜欢白色的梅花，想当名字用。大家觉得这个人有意思，但白梅太直白，就一起商量，给她登记了新名字——毛银梅。

毛大娘拍拍我的膝盖说：“我喜欢毛主席。我是个造孽的人，他是个革命的人。毛主席闹革命造孽（辛苦）！所以我喜欢他。”还说，在湖西村的家里，一直挂着毛主席的像。

说到名字，我想起之前的一些报道和书本中，写到毛大娘的原名叫朴娥姬，觉得很好听就问大娘谁给取的？没想到大娘说：“不对、不对，不是这样的，是pa ca sun（听起来是这几个音）。”我在笔记本上记下拼音，把“朴娥姬”三个字用红色的笔画了圆圈套起来，又写了一个问号，但不知道如何去验证。

在湖西村，不是没有人注意这个来路不明的外国女人，种种猜测从未得到证实，只知道是鳏夫黄仁应从武汉带回来的。还知道这个女人做家务很奇怪，从来不用扫把扫地，总是蹲在地上用抹布使劲擦。跟着黄仁应下田种地，磨面挖野菜，别人扁担锄头都是往肩上扛，她拿头顶着。小孩看见尖声怪叫，追着她喊“外国婆子”。开始她听不懂，慢慢听懂就叉着腰，用偏音跑调的孝感话扯着嗓门骂：“扇你一耳刮子！”

黄美荣大姐说：“小时候家里穷，妈妈向村里的妇女学做针线活，给我做衣服、裤子和鞋子。每天下地干活回来煮饭，吃完不管多累都要把厨房擦洗收拾整洁才接着出门。那个时候爱美爱漂亮就是把自己身上再旧再破的衣服裤子洗得干干净净。

1958年大队办食堂，妈妈去煮饭，大家都喜欢吃，说她做的菜味道好。

爸爸妈妈关系好，不吵架。妈妈脾气急躁，做事求完美，经常说做事要做好，不好就不做。给我做的衣服不满意，会气得扔在地上。生气发火，抓扯着自己的头发。我和爸爸都让着她，不跟她计较。”

1996年，丈夫去世了，留下毛大娘一个人在湖西村生活。村里人很喜欢她，东家一把菜，西家一桶水给她送来。村支书黄太平，从小就经常帮毛大娘挑水。统战部批了每个月六十块的救济金发给她。现在给她办了低保，每月五十块。九十岁以前，“五保户”可以每月领困难补助三百多块，现在每月领六百块。

2008年，孝感下大雪，毛银梅真正发现自己老了，无人照顾已经不能生活，才同意到女儿家里来。

毛大娘闲不住，依然擦地抹桌子，带孙女。最近两年，头发白了，眼睛花了，耳朵有些背，有时嘴里粘粘糊糊说着别人听不懂的话。

她带我参观她的房间，说是韩国人帮装修的。她的床上，垫棉和被子都是韩国的面料和式样，红黑蓝细条，包着红色的宽边。地上铺着土黄色的地板胶，擦得一尘不染。床头一个老式的三抽桌和一个旧木箱，是与黄仁应生活一辈子的家具。

窗台上，“盛开着”两盆塑料花，一盆月季，一盆大辣椒。黄美荣说，妈妈其实只爱白色，原来床上的床单、被子都是白色，里面穿的衣服也是白色。外面的颜色朴素简单，不喜欢红色、绿色和鲜艳的蓝。但是很

上图："南朝没（mou音）得家了。爸爸、妈妈、妹妹都没得了。不晓得还打仗不？回不去（ke音）、回不去了！"

下图：朴次顺看准一个老实忠厚的车夫，用生硬的中国话低声问他，可不可以把我拉走？那个车夫说，可以。他们约定，在前面有"蛮多树"的一个地方上车，那里日军看不到。

喜欢艳丽的花，现在不种花了，房间里一定要摆几盆塑料花。

再看，床尾的墙上，贴着朝鲜半岛的地图。我问大娘，知道自己的家乡在哪里吗？她摇摇头说：“不晓得在哪里，好像叫那竹车那布多。”我奇怪韩国有这么长的地名，茁儿笑起来说：“妈妈，奶奶说的地名是韩语。”

说起韩语，我问：“大娘，您还会说韩国话吗？”

她说：“韩国话说不到。”

我想起她弄不清韩国和南朝鲜的关系，赶紧说“南朝鲜、南朝鲜话。”

“记不到了。会说几个，饭是pan，吃饭是pan mo guo。睡觉是cha。不会了。”但马上又说出“阿妈妮”（妈妈）、“阿布吉”（爸爸）、“赫麼妮”（外婆），“还不是（和中国）差不多。”

这个苍老的声音，本能地记着这几个亲切的称呼，尽管这3位亲人早在她年幼之时出于种种原因抛弃了她，但她还是没有关闭对他们的回忆。韩国，或者说南朝鲜，再也不会给她增添任何记忆，她只有一份中国孝感实实在在的生活。她的长寿让家中五世同堂，没有血缘的亲人个个爱她。只是好笑，她有韩国国籍，却一直强调不是韩国人，是南朝鲜的。

其实，她已经是地道的湖北孝感人，爱吃辣味的饭菜，不吃甜食。现在年老，中午吃点软饭，晚上吃面条。酒早就不喝了，她再次说起烟：“南朝鲜，哪有烟抽？武汉，你哪晓得活得成活不成？我们，你哭我也哭，你抽我也抽。混得不讲理了，乱吃乱喝。死了不管。”停了一下又说，“手断了，不抽了。”

去年冬月十二，大娘起身出门滑倒，拄地的手骨折，才把烟彻底戒掉。多年以来，她养鸡喂猪卖钱买烟抽，一包烟抽两天。

问她后来有没有碰到过在“洞”里认识的姐妹？有没有人留在武汉？她理解成有没有见过朝鲜来的姐妹，回答我：“在武汉见过几个，后来就没有再见过面了。她们可能回家了。我不晓得在里面活得成活不成？先跑了。”

尽管她一再说：“年龄大，活超了！为什么还不死？不像话！”但我认为，这个经常不去想“明天”的人，还会有很多明天。因为，死神一直都在她的身边，从未对她下手，是否着迷于她奇特的生命故事，忘记了自己的使命？

第六章

山西的苦难

那只眼睛干瘪深陷、神色黯淡，有着令人不安的孤独与悲伤。原先完好的耳垂，边缘触目惊心地豁开，形成“人”字般的缺口，像是耳环穿挂的小孔被强力撕裂。让目睹的人，突然生发痛感和颤栗。

这是一张黑白照片，特写某位女性老去的右脸和右耳。

但是，即使依据她面部密集的皱纹和顽固的黑斑，以及表情中的绝望哀伤来猜想耳垂上的伤残，也未必能够得出靠近事故本身的答案。

2014年4月24日上午，山西太原一家紧挨着肿瘤医院的小旅馆中，来自盂县的农民李贵明在一间十五平米的三床小房间里，照顾他病重的妻子伍奎支。

奎支长得好看，贤惠善良。她盘腿坐在靠窗那张床上，身体倚着折叠整齐的被子，笑眯眯翻着李贵明破旧的通讯录，帮他找出需要的电话号码。她对自己的病尚不知情，说起这张照片，她轻轻一笑，指着李贵明告诉我：“万爱花啊，是他姥姨。”

那一刻，我得到关于伤残耳垂的答案。

“那时候她参加了共产党，是村里的妇救会长。汉奸向日本兵告密出卖她，把她绑上押到进圭据点，给日本兵拷打，还给欺负了。她被捆在板凳上，脚底下不停添砖头。还拿两根扁担放她肩膀上，一边两个大汉往下压，把她腰椎给压错位了，疼得昏死过去。压杠子之前，她身高一米六五，后来腰直不起来，只有一米五零不到。日本人还抓她头发往墙上撞，牙也给撞掉了。她那耳朵，就是日本人用皮带打她，皮带扣钩住她的耳环给扯烂的。打成这样，日本兵还十七八个欺负她一个人，昏死过去，日本人才扔了她。”李贵明说着，眼圈红了。

我呆坐在李贵明对面的床沿上，心里一阵一阵刺痛，手脚和头皮发麻，泪水从下巴不停滴落……

上图：日本兵占据进圭村修了炮楼之后，附近的几个村子经常遭日军抢牲畜和抢粮，“糟蹋”了好几个大闺女。一听他们出来扫荡，家家户户就赶快带着女儿跑进山里，躲到天黑才敢回来。

下图：盂县有十一个“炮楼”接连不断出现，从那里走出荷枪实弹的日军，在伪军和汉奸的引领下来到村中老百姓的家里，不仅抢走了他们少得可怜的面粉和家禽，还拖走了他们的女儿和年轻的媳妇。

盂县：炮楼内外，被日军糟蹋的闺女们

1937年11月23日，多架日军的飞机向盂县扑来，东观、东园村的房屋几乎全被炸塌，老百姓尽力躲避着来自天空的扫射，还是死伤近二十人。幸存的人在惊恐和悲痛中料理亲人的后事，并不清楚九十华里之外的阳泉，日军一零九师团一三五联队大约一千人正在配备汽车和马队，即将来到。

1938年1 月9 日，这支日军纠集三百多名汉奸伪军，正式向盂县开来。当天，他们先占领离县城五里地的慈寺山，架起重炮一阵狂轰。进城后，放火烧毁了盂县中学，还有大街小巷的商店和民宅。就这样，盂县城被日军占据。

很快，四个大镇、70%的村庄、55%的面积，以及主要交通干线，都被日伪军控制。被老百姓统称为“炮楼”的据点，其实是包括了日军修建的碉堡形防御工事（炮楼），和一部分被占用的村庄。日军把这些民房中的老百姓赶走，充当了作战指挥部、电台通讯部、伪军队部、医疗保健部、官兵营房、兵器库、军马饲养处、食堂、澡堂、关押抗日干部和共产党员的牢房和扣留妇女的地方。

盂县有十一个“炮楼”接连不断出现，从那里走出荷枪实弹的日军，在伪军和汉奸的引领下来到村中老百姓的家里，不仅抢走他们少得可怜的面粉和家禽，还拖走他们的女儿和年轻的媳妇。

这些 “被日本兵糟蹋过的女人”，即使重新回到家里，也回不到原有的生活。这个无法清除的黑暗印记，几乎毁掉了她们的一生。

就盂县的受害者看来，要么是被维持会和汉奸哄骗送进“炮楼”；要么是被进村的日本兵强行抢走带到据点；还有的人被日军在家里和路边就

强奸了。她们当中，被强行拖到据点的人数最多，一两个月以后，被折磨得不成人样或者得了性病，日军和汉奸就勾结起来，通知家里人凑钱去赎回来，又抓一批姑娘进去顶替。有的人被重复抓过几次。

从太原出发，小友少军开车走新修的高速路，一个小时就来到盂县。

李贵明帮我联系了一位民办教师张双兵，说好午饭后在县城见面，带我们去曹黑毛大娘和张先兔大娘的家。

盂县县城比我想象中庞大和气派，不像南方的县城那么紧凑和密集。正午，阳光灿烂。我眼前掠过的高楼大厦看得出是最近几年修建的，覆盖了战火轰塌过的房屋和曾经狭窄的街巷，让它经历的炮轰枪击和人头落地难以置信。

新时代的盂县令人惊讶。当然，也令人欣慰。

我们走进一家“山西面馆”，用当地老百姓喜爱的“打卤面”“莜面栲栳栳”和“黏米油糕”填饱肚子。然后，按张老师电话的引导，在出县城不远的一个路口接上他。

张老师头发花白、脸色黑红、性格开朗，一上车就告诉我他已经“六十出头”，又交待生活在太原的少军，怎么把车开到下社乡七东村曹黑毛大娘家。

少军对茁儿说，哪里想拍照就吱声，哥给你停下来。

我和张老师坐在后排，他热诚地说：“你应该早些时候来！现在剩下的人已经不多了。”

从1982年发现侯冬娥大娘开始，他和李贵民、王耀平、曹安北、刘震英一起调查到一百多个被日军“糟蹋”过的老大娘，现在就剩下十多个了。

“一百”这个数字，看用它来衡量什么，如果说的仅是盂县和邻县两个乡镇统计的侵华日军性暴力受害幸存者，那它就大得惊人。

张老师说：“她们每个人就是一种苦难。这么多年的调查，最震撼我

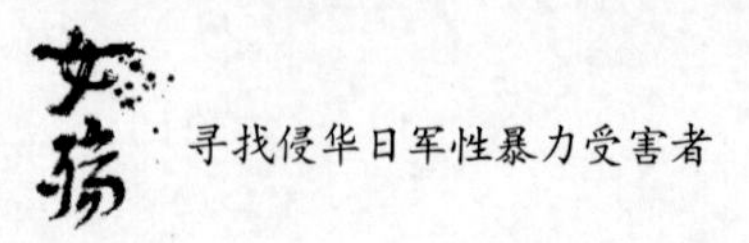

的就是她们的受苦，就连我这个生活在农村的贫农子弟都难以想象她们悲惨的生活。1994年夏天，学校放暑假，一个知情的老师带我到张小妮大娘家去调查，在院子里我就发现，她家的窑洞没有门，窗户上没有糊的纸。进门的时候就闻见一股很浓的臭味，一位满头白发的老太太披着很脏的外衣坐在床上，脸色蜡黄，肿得很厉害，不停渗着汗水。两条裸露着的腿肿得又圆又粗，已经不能打弯。只有眼睛有亮光，看着我们走进来。她的左腿旁边放着一只很脏的大碗，盛着半碗黑里带黄的粘糊糊的小米粥，上面足足爬了几十只大苍蝇。家里的其他物件和炕上，还有躺在她身边的老伴身上，都围着那样的大苍蝇。整个屋子里都是苍蝇的嗡嗡声，吵得人说不出的难受。我本想离开，又看着大娘瞪得大大的眼睛，实在不忍心出去。我打声招呼，在炕沿上坐下去 ，掏出毛巾挥舞着赶苍蝇。听我说明来意，大娘很激动，说现在有人来管这件事情，真是不容易。她等了五十年，总算能在死之前吐出一口冤枉气。可惜还没有起诉，大娘就在半年后去世了。她是十八岁的时候在家里被进村扫荡的日军强奸后带到进圭据点的，那个日军是‘红脸’。”

听着张老师的讲述我很震惊，想起在太原李贵明说到一位名叫赵存妮的老人，结婚没多久就被日军抓到西烟据点，关在旁边的一个院子里，每天都有日本兵来“欺负”，家里给日军送了白面和猪鸡，请汉奸说了很多好话，才把她领回来。但身体已经很虚弱，躺在床上吃药疗养了几个月，身体才慢慢康复。可是她再也不能生育，丈夫嫌弃不要她了，老来无依无靠，吃喝都成问题。2003年底生病，一人孤零零躺在家里，李贵明夫妇送她上医院治疗，又把她接到家里照顾了两个多月。2004年1月，赵大娘在李贵明家里去世，全家人东拼西借二千多块钱才办完丧事。后来李贵明陪几位大娘去日本打官司，一同去的苏智良先生听说这件事，帮他把这些钱还上了。

1998年，李贵明告诉张双兵赵大娘也是受害者，带他去赵大娘家调查。“她家里除了炕上一床缀满补丁的被子，基本没有什么东西，身上的衣服已经又破又烂。”

更令我惊讶的是，一项应该由国家机构来完成的事业，竟然是五位地地道道的农夫和农妇天长日久地坚持着，调查收集整理受害者的材料，帮助她们打官司，照顾着她们的身体和生活。

一开始，张双兵负责用文字记录大娘们的口述。只念过小学三年级的李贵明负责照相，他用在太原打工的积蓄买了一个四百元的照相机，把受害的大娘们拍了下来。没多久这个相机就坏了。1998年陪大娘们去东京，几位日本朋友凑钱给李贵明买了一个新相机，价值人民币一千三百元，一直用到现在。

他们陪着去日本打官司的大娘，第一个就是万爱花。

实际上，万爱花还有两个名字——刘春莲和刘林鱼。

刘春莲是她出生时家里取的名字。她家在内蒙，四五岁就被人贩子卖到羊泉村来，在李五小家做了童养媳妇。李家怕有人来找，就把她的名字改成了刘林鱼。十五岁的时候，抗日战争开始，她加入共产党，当过妇救会长和抗日副村长，经常带着村里的妇女为抗日战士做军鞋和筹集粮食。那个时候共产党员的身份是秘密的，一般人不知道。

1943年6月，一个知情的汉奸向日军“介绍”了她：俊女子，共产党员。

第二天，正在麻河（池塘）洗着衣服的刘林鱼，被日本兵围住，有的拉、有的拽，把她押到进圭据点审问，村里哪些人是共产党？当天晚上，她就被一个绰号叫“红脸”的队长“欺负”了。

她不承认自己是共产党，问什么都说不知道。白天，日本兵把她吊在大门口一棵槐树上，用皮带使劲抽打。晚上，继续“欺负”。

刘林鱼浑身是伤，疼痛难忍，一心想着逃跑。终于有一天，日本兵出发去扫荡，她掰断窗户上几根木条，爬出来往家里跑。

回来不久，日本兵又来抓她，重新押回进圭据点，关在炮楼下面的石洞子里。这次打得更厉害，就是李贵明在太原告诉我的那一切。刘林鱼耳垂撕裂，腰椎挫伤，颈肩变形，终身带上残疾。

折磨得死去活来，一直到昏迷不醒，日本兵以为她死了，就赤身裸体扔到一条水沟里，被一位好心人发现救了回来，捡了一条活命。

她再也不敢留在羊泉村了，逃到丰胜坡的一个亲戚家里，养病养了好几年。

1992年8 月，张双兵在调查中碰到了李计贵的侄儿李爱如，说起他婶子叫刘林鱼，也是被抓到进圭据点的受害者。这个婶子原来是本村李五小的老婆，因为夫妻合不来离了婚，后来嫁给他的叔叔。

张双兵想起来，侯冬娥曾经告诉过他，在进圭据点见到过羊泉村李五小的老婆，被“红脸”队长又踢又打。但他回到羊泉村去询问李五小的老婆，人家并没有到过进圭据点。听李爱如这么一说才知道，原来李五小讨过两个老婆。侯冬娥说的那个老婆，是李五小的童养媳刘林鱼。

李爱如告诉张双兵，他婶子现在叫万爱花，住在太原。

解放后不想再让人提起那段耻辱的经历，改名换姓离开家乡，带着女儿到太原和一个男人生活去了。

张双兵打听到住址，很快寄去一封信，希望她回来盂县，和另外几位妇女作为曾被侵华日军当成慰安妇伤害的证人，一起到日本打官司要求索赔。

当时，在太原打工的李贵明就住在姥姨万爱花家。他把张双兵的来信念给姥姨听，鼓励她勇敢站出来“告日本人！”

1992年12月，万爱花第一次离开山西，到东京参加日本战后首次国际听证会。在她控诉日军当年的罪行时，由于过度悲愤晕倒在会场上，引起世界各大媒体的关注并进行了报道。

“前三年的申诉，根本无人搭理。1994年，我们才在日本律师团的帮助下，把日本政府推上被告席。”张双兵说，“1998年10月30日，东京地方法院正式起诉开庭。从此往后，万爱花六次到日本法庭作证。遗憾的是，一直没有胜诉。老人带着冤屈含恨离世 。”

不知道和太原那个男人因为什么分开，万爱花去世后，是和李爱如的叔叔李计贵合葬在阳泉村的一个墓里。

来山西之前的十天，苏智良先生给我发来邮件，说原来给我的幸存者名单上，一位叫李秀梅的大娘突然去世了。

张老师说：“李秀梅和张先兔都住在西烟镇，一个在北村，一个在西村。你早一个月来就可以见到李大娘。那天晚上她和二女儿在家，两人说笑着，大娘突然说不出话来，一会儿就不在了，估计是心肌梗塞。李秀梅被抓时候的娘家在李庄，等会儿我们的车经过那里，我指给你看。”

车外的风景已是我不熟悉的北方地貌和植被，抬头所见就是歌中唱到和电影里见过的巍峨太行山。

没有想到我向往的风景之中，竟然包含着千百个女子悲惨的人生。而我的到来，竟是因为想了解这样一段历史。

1942年秋天的李秀梅，还是一个仅有十四岁的小姑娘。

日本兵占据进圭村修了炮楼之后，附近的几个村子经常遭日军抢牲畜和抢粮，“糟蹋”了好几个大闺女。一听他们出来扫荡，家家户户就赶快带着女儿跑进山里，躲到天黑才敢回来。

村里人一大早就看见山坡上的“消息树”倒下了，知道有情况，赶忙跑到山里躲起来。到中午，有人说日本兵走了，大家才慢慢回家来。傍晚，日军突然进村来，才知道他们去了高庄。李秀梅家的房门被踢开，几个日本兵进来，看见她和妈妈坐在炕上，就叫她自己下来。她吓得躲在妈妈背后，日本兵上来把母女俩一同拖下炕。父亲冲上来阻拦，被日军拖到墙角，用上着刺刀的长枪顶住胸口。母亲用身体护着年幼的闺女不让日军拖走，李秀梅害怕得用双手紧紧抓着母亲。日军对哭喊着的母亲又打又踢，打得母亲没有一点力气瘫在地上。看母亲快要被打死了，李秀梅才呜呜哭着松开手让日本兵带走。母亲爬着追出门来，一声一声哭喊着闺女的名字，一直追到村边一条土路上，再也望不见自己的孩子。

日本兵把她推到河槽，扶上一匹骡子的背上，那里已经坐着一个姑娘，低着头在哭泣。李庄离进圭村二十里地，两个姑娘没有答话，一直在哭。李秀梅的泪水打湿了前面那个姑娘的后背。

来到进圭据点，日军先把她们分开锁进两个窑洞再去吃晚饭。没过多久，一个日本兵进来，把她“糟蹋”了。到晚上，一起进来4个日本兵，一个接着一个“糟蹋”她。第二天是“红脸”队长派人来，把她带到自己住的民房。李秀梅不愿接受这样的欺辱，抬手推开“红脸”。“红脸”抽出皮带，打在她的身上和头上。李秀梅发出尖利的惨叫，她的眼睛被打出血来了。

又过了几天，还是“红脸”要她。她还是反抗，“红脸”用皮鞋踢她，大腿的骨头被踢断。

她被抓走的时候，哥哥还没有回家，听说妹妹被带到进圭还经常被打，赶忙想办法到处借得几十块大洋给日军送去，才把已经被折磨得几乎认不出来的小妹妹背回家。

回到家李秀梅才知道，妈妈听村里一个在进圭“听差”的人说，闺女被打成重伤，走投无路上吊自尽了。没想到，妈妈追出门的哭喊，竟是李秀梅最后一次听见妈妈叫自己的名字。

几年以后她长大了，村里和附近几个村庄的年轻人都知道她进过“炮楼”，虽然心里同情，但没人愿意娶她。后来由父亲做主，把她嫁到一个偏远的小山村，无人知道她的“过去”。

丈夫对她很好。但好景不长，没过多久，丈夫就生病去世了。

又过了几年，李秀梅改嫁到上文村，后来才搬家到西烟北村安家。她和丈夫生了三个女儿两个儿子。生活相比其他大娘好很多。

很多年以后，骡子背上的两个闺女已经老去，听说对方还活在世上，就有了余生仅有的一次相见。坐在前面的那个姑娘告诉李秀梅，她低头哭着的时候，听见一位大娘撕心裂肺在哭喊：“秀梅子！秀梅子！”一辈子都没有忘记过。

我们的车，几乎是沿着一条河边的公路在走。河套里，是春天枝繁叶茂的杨树、榆树、柳树和核桃树，地里种着玉米、谷子、黍子和小豆。山坡上，一蓬一蓬的红花灿烂夺目，给粗糙的山岗生发出意外的温柔。张老师说，这是乌河，当年日军就是顺着河套而来，那个季节没有这些绿树红花，地上的冰雪还没有化完。“那些不是人的人，在盂县杀人、抢劫、烧房子，最后逃跑之前还放毒气。最可恨的是，祸害了上千个清清白白的闺女，让她们一辈子过着不如人的生活。”

开着车的少军说：“我们这辈人，对这段历史了解得不多。对这些受害者更是知道得很少。应该收集整理一些文献留给我们，让我们从这些历史中学习一些东西。日本人的恶行肯定会激起我们的仇恨，这场战争毕竟是一场残暴的侵略。战争结束这么多年，我们不应该抱着仇恨不放，但我们真的应该记住这段受害的历史，它可以激励人奋发向上。你强大，就没人敢欺负你。但是，打仗真的不好，祸害的都是老百姓。”

少军只有三十岁，在太原开着自己的装修公司，是个热情、勤劳和踏实的年轻人。日军占领山西的时候，他的爷爷和奶奶卖了家里两处房产，把钱给抗日部队买枪支弹药。奶奶有五个哥哥，四个战死在抗日战场。

在左边是一所小学校右边是一个小村子的公路旁，张老师叫少军把车停下，说这里是高庄。站在路边抬头往东边的山上看，可见日军当年的进圭据点。再往下走三四里，就是李庄。

张老师说，他在这个小学教过书，然后带我们走向那个叫高庄的小村子。

侯冬娥："盖山西"美人

1982年2月，西潘乡三十个联校的小学教师进行轮换，二十九岁的张双兵来到高庄村任教。

10月里的一天，张老师带着学生上山去给学校捡柴。走出校门不到两里路，看见一位大娘独自在地里收割谷子（小米）。学生们走过，大娘停下手里的活计望着他们。这个时候张老师发现，老人尽管瘦小，眼神却很明亮，眼睛又大又圆。皮肤白净、脸型周正，年轻时候一定是生得标致的俊姑娘。

师生继续往前走，也没有太在意。

一个多小时后他们转回来，大娘还在割谷子。张老师叫学生们停下，全体帮这位大娘把地里的活儿干完。

大娘坐在地边虚弱地喘息，嘴里左一遍又一遍感谢这位好心的老师。

张双兵觉得奇怪，秋收早就结束了，只有这位大娘还在收割，就向村里人说起这件事。有人告诉他，地里那位老太太很有名，年轻时候大家叫她"盖山西"，也就是说，山西长得最好看的女人。只是非常苦命，两次进过日本人的"炮楼"，从她身上过去的鬼子，不下一个连。有过两个孩子，都死了。女儿是在日本兵抓走她的时候饿死的，儿子是前不久病死的。她自己也经常病着，家里没有劳动力。

在高庄村，"盖山西"有过三个男人。

第一个男人跟阎锡山打日本人去了。原本夫妻感情很好，回来知道她被日本人抓进"炮楼"给"祸害"了，觉得她"不干净 "，战后领回来小老婆，不要她了。

第二个男人是村子里的一个光棍汉，对她还不错，可惜身体很差劲，不能经常下地劳动，生活也不算太好。两人过了十几年，男人去世了，她只好一个人生活。

第三个男人心地好，但又病又丑。在高庄，一个家庭没有男人撑着，是要经常被邻里欺负和看不起的，“盖山西”只好嫁给他。

“盖山西”的真实名字，叫侯冬娥。

知道这一切，张双兵决定去她家，请她讲讲被日本人“祸害”的详细经历，给日本鬼子记上这笔帐，也记录下这种特殊的历史。

侯冬娥家院门又矮又小，院子的北面是三眼石窑洞，两边是分开的堂屋。右边的一眼住着她丈夫的哥哥李三小，屋子里没有摆设一件物品。她和丈夫李五白住左边，炕上铺着破旧的席片，炕头有两卷很小的铺盖，地上只有一个木头墩子当作板凳，还有一个用了很多年的木头红漆柜子。这些，就是全部家当。

那一年，侯冬娥六十一岁。

常年带病的身体，使她的面容苍白而老气，但依然留存着秀气的脸廓，不难找出曾经的美貌。躺在她身边的丈夫李五白抬起头来，他驼着背，头上只剩下几根长长的白发，鼻子已经没有，留着一个不规则的黑洞，听说是在战争年代染上毒气烂掉后形成的。尽管村里人说最美的“盖山西”嫁了最丑的李五白，亲眼见到，张双兵还是被吓了一大跳。

李五白七十岁，原本并不丑，应有一米八零的身高。李五白的哥哥李三小，七十三岁，也是一个大个子，却早已失去劳动能力。她们一家，三个人加起来超过二百岁。

张双兵想问她日本人来时候受害的事情，又不好意思直接开口，只好从家庭生活到邻里亲戚绕着弯子聊了半天，才转到正题上来。

侯大娘听完张双兵的真正来意，苦笑着说，没有用，说出来让人笑话。她的话题又回到拉家常。

一个星期之后，张双兵再次来到侯大娘家，还是和她闲聊。战争年代的事让她非常警觉，只说邻里纠纷。

半天的时间很快过去，张双兵一无所获。侯大娘看出他的焦急对他说，你的心我明白，但是我自己不能说，不过我知道你是一个好人，你不会在背地里说我的坏话。

张双兵虽然感到遗憾，但同时也感觉到这不是一件简单的事情，并非轻易可以出口，老人不愿说自有她的道理。

从此以后，他放弃了追问，只是经常去侯大娘家拉家常，说一些老年人的苦闷和闲事。只要不提本人，她讲到什么都有声有色，记忆力很好，对过去发生的事情记得非常清楚。

为了帮侯大娘解决一些实际困难，张双兵找了村里的领导，为她争取困难补助。有空就来帮她家拉水，拉柴禾。侯大娘抽烟，张双兵去的时候就给她带上一包纸烟。慢慢地，老人对这位小学老师有了信任和好感，但依旧守口如瓶，绝对不提她“进炮楼”的事。

就这样，一直过了整整十年。

1992年6月，张双兵在一张过期的《山西日报》上，看见北京有个名叫童增的年轻人，正在调查组织中国战争受害者向日本政府进行民间索赔。已找到中国受害劳工、细菌受害者、南京大屠杀受害者多人。他立刻想到受害人侯冬娥，她终于有了诉苦申冤的机会。拿着报纸，一路小跑着来到侯大娘家，把报上说的事念给她听。

没想到，侯大娘一直摇头，说不可能、不可能。

张双兵很激动，马上给童增写了一封信，把他听说的侯冬娥故事写了进去。过了二十多天，童增给张双兵复信，感谢他提供了这个重大的信息，并委托他对这件事进行详细的调查。

拿着这封信，张双兵又跑到侯大娘的家，向她说明要为她申冤雪恨，洗刷背负了几十年的耻辱。

她听了，依旧不相信。

她说，我相信你，就是不敢相信这一件事情。因为我知道，在二十年前，中国和日本和好了。我们这些受苦受难的人，从收音机里听说这个事，心里实在是难过极了。中国和日本不好的时候，也没有谁来提起过可以为我报仇，现在两个国家又好了，倒有人提起这件事了。我怎么也不会相信有人会来关心我们老百姓这些事儿。

张双兵再三向她解释，这是真的！中国和日本建立外交关系，邦交正常化是前提，好关系也要算清账。正是有了外交关系，也才能有机会为她进行索赔。

但不管张双兵怎么说，侯大娘还是摇头。不过，她的思想似乎有了一些细微的变化，也许会愿意说出这段历史。

张双兵的妻子也是高庄人，从小就认识侯大娘。夫妻一起来，大娘先开口问她，你汉子说的能为我申冤报仇是不是真的？当她听说是真的！竟然说不出一句话来。

沉默了好久，她才说还得再想想，可以明天再说这个事儿吗？张双兵夫妻俩答应她明天再来，就起身告辞。

突然，侯大娘拉住张双兵的手说，明天一定要来啊！

第二天，张双兵一个人来到她家。一进门侯大娘就告诉他，昨夜整个都没有睡觉，脑子里想的尽是过去的事情。真不知道该从哪儿说起，这可真是很难说的呀！她先是抽泣，越哭越伤心，就放声大哭起来。结果，张双兵拿着的钢笔和笔记本，没有写下一个字。只好先安慰大娘，说不急不急，明天再讲。

再到侯大娘家，她说昨天晚上睡了一个好觉，今天可以讲出来了。那一天，七十一岁的侯冬娥终于鼓足勇气，把张双兵带进了遥远的年代和自己隐藏的痛苦……

左图：来到河槽里，侯冬娥的鞋早就被拖掉了，裹脚布也散开，不能走动，就坐在石头上痛哭。几个伪军到大坡上捡来裹脚布和鞋子扔给她，把她抱上维持会长张通会牵来的骡子背上，向进圭据点走去。

右图：站在公路上，抬头看曾经的据点。炮楼早就没有了，道路却依然在。被日军用骡子和毛驴拖走的小脚闺女，张双兵和几个农夫就找到三十多个。

还是 1942年秋天，天刚蒙蒙亮，一队日军从进圭据点下山来，领头的人是伊藤队长，老百姓叫他“红脸”。

他们来到高庄，先到伪村长的家里向他交代任务：一是赶快生火，做些“黄米”糕来吃。二是把“盖山西”叫来。

伪村长一听，知道出事了，嘴里答应着出门，找了村子一个人，让他赶快去侯冬娥家里，通知她躲起来。

伪村长回来一边做糕一边报告伊藤，“盖山西”出门不在家里。“红脸”并不相信伪村长的话，他命令部下把伪村长十五岁的小女儿抓过来，伸手就去扒上衣，吓得小姑娘大声叫唤“爸爸”。伪村长赶紧跪下，抱住“红脸”的腰求饶，答应马上带他们去抓“盖山西”。

很快，他们来到侯冬娥的家里。

踢开大门，炕上只有一个出生两三个月的婴儿睡着，人进来，吓得直哭。日军判断，这个孩子的母亲不会走远，就开始翻箱倒柜搜查。

没有人。

两个日本兵用手抓住墙头，翻身跳进邻居家的院子，四处查看。邻居李老太太听见响动出门来，日本兵问她“盖山西”藏在什么地方？老人并没有看见侯冬娥，就说不知道。一个日本兵把她推倒躺在地上，用刺刀挑她的衣服，羞辱老太太。

另一个日本兵在院子里绕了一圈，突然发现地窖似乎被动过，地上还有小脚鞋底的印子。他大声叫唤，几个日本兵也翻墙过来，掀开地窖的盖子，看见很多土豆和蹲在里面的侯冬娥。

他们比手势叫她出来、出来！侯冬娥不说话也不起身，她知道上去就落到了日本兵的手里。日本兵也不敢下到土豆窖里去，怕她有防身武器。就这样僵持了好一阵，日本兵突然搬起两块大石头扔进地窖。紧接着，人也跳下来两个，把侯冬娥往高处一举，上面的日本兵就抓住头发，把她扔在院子里。

二十一岁的侯冬娥害怕得浑身发抖，牙齿上下直打架，两条腿酸软，在日本兵的拉扯下好不容易才站立起来。

日本兵的刺刀，顶在她的脊背上，让她往前走出邻居家的院子。一出门，就被侯冬娥五岁的儿子看见，他哭喊着“妈妈、妈妈”跑过来。

看见儿子，年轻的母亲不顾一切跑过去。日本兵上来几步拖住她，一把刺刀逼近了她的儿子。

幼小的孩子吓呆了，再不敢往前走一步，两只圆溜溜的大眼睛盯着冰冷锋利的刺刀，一脸惊恐。

侯冬娥只得大声叫儿子赶快回家，在家里领着炕上的小妹妹等妈妈回来。

“红脸”不耐烦了，叫两个日本兵拖起她的胳膊往村口走去。

来到河槽里，侯冬娥的鞋早就被拖掉了，裹脚布也散开，不能走动，就坐在石头上痛哭。几个伪军到大坡上捡来裹脚布和鞋子扔给她，把她抱上维持会长张通会牵来的骡子背上，向进圭据点走去。

走不到五里，日军在李庄停下来。过一阵带来一个哭着的小姑娘，也抱来骡子背上挨着侯冬娥坐下。两人一直低头哭泣，来到山上的进圭村。

日本兵把她们放在维持会的院子里，大部分吃饭去了，只剩下两个看守。这两个日本兵把她们各自锁进一间房子里，松开捆绑的绳子。

他们都来到关着侯冬娥这间房，手忙脚乱剥去她的衣服裤子，轮番强奸。

晚饭后，进来一个日本兵，带着她从院子里出来，下了坡，又上了坡，把她送到一间比较干净的房子里。“红脸”坐在椅子上，冲着低头站在桌子边的侯冬娥说了一些她听不懂的话，伸手把她搂进怀里，开始解开她的衣扣。

忽然响起了哨声，“红脸”放开侯冬娥跑了出去，但他马上又返回来把门锁上。

那一夜，“红脸”没有回来。听说他们上宋庄村抓一个共产党干部和他的通讯员去了。那位干部在一座山头上牺牲，通讯员被押来进圭据点，经不起日本兵的严刑拷打当了叛徒，就在进圭据点跟着日本人干坏事，后来被人民政府镇压。

侯冬娥又饿又困，心里牵挂着年迈的母亲和两个孩子，急得呜呜呜地哭起来。一直哭得很累，歪下身子睡着了。

天快要亮的时候，“红脸”打开门进来了。他没说一句话，就把吓得站起来的侯冬娥掀翻到床上，撕掉衣服裤子，压在她的身上。一连三个晚上，“红脸”都让小兵把侯冬娥从维持会院子里送去给他，白天再带回去。

这一次“进炮楼”日军并没有问她是不是共产党员，只是白天黑夜都有日本兵“欺负”她。

当时关在维持会里的闺女，除了侯冬娥，还有李庄村的李秀梅、羊泉村李五小老婆刘林鱼、东头村的张小妮，李庄村的张二妮，侯庄村的侯双秀和石家庄的邢三妮。有的在小房间，有的在大房间。

日本人不让她们穿衣服和裤子，光着身体睡在抢回来的被褥里，不管白天还是晚上，任意掀开一个被窝钻进去，当众强奸。

没多久，“红脸”不再要侯冬娥了，把她关进一间大房子里，白天夜晚都不能休息，最累的一个晚上，从她身上过去十多个日本兵。她的脸和眼皮全都肿了起来，下身经常出血。

四十多天以后，侯冬娥身体越来越差，走路会头晕摔在地上。

进冬天了，天气越来越冷，她棉裤上的血迹干成一层硬壳，但是日本兵并不放她回家。她心里牵挂着孩子和母亲，不停想找机会逃出来。

终于有一天，据点的日本兵出去扫荡，很晚都没有回来。侯冬娥大着胆子，趁伪军换岗哨的时候悄悄溜了出来。黑暗中看不见路怎么走，从崖边失脚摔下崖底，皮肉被石头碰了好几个口子。站起来还没有走多远，她遇上了回进圭的日本兵。手电筒刺眼的亮光，照在她的身上。

抓侯冬娥的日本兵只知道她是美人“盖山西”，并不知道她在1938年底参加了中国共产党，是高庄村第一个女党员和第一任妇救会主任。

自从侯冬娥被日本人抓走以后，村里的干部已经把情况汇报给党组织，希望想办法援救。党组织考虑到侯冬娥没有暴露身份，不便攻打据点进行解救。就通知在日军内部做地下工作的李四银（公开身份是伪军小官），拿了一些生鸦片到侯冬娥住的地方，趁人不注意把她叫到门外的一个角落里，简单讲解了组织的营救方法。让她把鸦片吃下，然后回到房间里躺着，告诉旁边几个闺女，说自己不想活吞了生鸦片。

李四银走出来，见人就说 “盖山西”不想活吞鸦片自杀了。他特别请来日军随队医生做了检查，证明侯冬娥确实吃了生鸦片，赶紧让她吃下几个日本的小白药片。李四银和医生一起向“红脸”汇报，得到准许放人回家。

李四银在进圭村找了四个民工，把侯冬娥抬回家里。

回到家的侯冬娥听邻居说，自己被抓走后，瞎眼的婆婆也搬来帮着老母亲照管两个孩子。两个多月的女儿饿得哭闹，两位老人只有抱起她去村里讨奶吃。村里只有一两个女人有奶水，但连自己的孩子都喂不饱，哪有多余的奶水给她吃。半个多月以后，孩子又病又饿死去，当天就埋了。

侯冬娥伤心痛哭，瘫在炕头。老母亲带着她的儿子从娘家赶来照顾她好几个月，父亲又请来了医生给她治病。没有钱，只好把家里的耕地卖掉，换钱买药治病。半年多的时间才慢慢恢复过来，能下地做事，勉强维持家里的生计。

侯冬娥恢复了组织关系，又开始组织村里的妇女为抗日战士做军鞋、送粮食、缝补衣裳。

几个月后，有个汉奸去进圭帮日军办事，告诉“红脸”他见到“盖山西”在地里劳动。“红脸”想起了这个美人，立刻派出几个日本兵到高庄，又把侯冬娥抓到据点。

由于战事进展，进圭据点很多日本兵被调到其他战场打仗去了，留下来不到二十人。侯冬娥碰见的闺女有陈林桃、边粉桃和万祥梅，和她们结成干姐妹，一直处得很好。

这一次关了“盖山西”三个多月，她的身体很快垮了下来。同志李四银已经不在进圭据点，奉命参加八路军到抗日战场打日本人去了。村子里的党组织也遭到日伪军的破坏，支部书记李三银被日本兵打死在河滩上。侯冬娥和党组织失去联系，只得通过在据点给日本兵做苦力的本村人捎口信，让家人想办法营救。

老母亲哭着到亲戚家求援，好不容易凑到一百五十块大洋给“红脸”送来，才把侯冬娥放出来。

回到家的侯冬娥很快发现，自己怀上了日本兵的孩子。

这个事情让她很心烦，不想让任何人知道，只好搬大石头、担水、上山砍柴，做最苦的活儿，想把肚子里的“小杂种”打掉。

拖着带病的身子到地里狠劲劳动，孩子终于从肚里打了下来。血不停流到地上，侯冬娥晕倒了。

从那时起，她的身体经常会流血，再也没能怀上孩子。

她带着儿子艰难生活着，好不容易盼到日本鬼子滚蛋，没想又是接连几年的内战。等到1949年全国解放，丈夫还是没有回来。

1951年，丈夫李双喜终于回来了，听说是共产党军队解放太原被俘后释放，但见面就说要和她离婚。他的身边，站着早已经娶的小老婆，名字叫邢翠花。李双喜说房子是他家祖上传下来的，应该他们住。十四岁的儿子，坚决要留下。

侯冬娥无奈，只得独自回到娘家双表村。

为了能见到自己的儿子，侯冬娥还是决定回高庄村。她答应了一直喜欢她的原党支部书记李狗看。想想自己被日本人糟蹋得不成人样从进圭村抬回来，李狗看天天都来照顾，侯冬娥不免有些感动，就让这个不太中意的男人成了第二任丈夫。

就这样，她回到了高庄。

和李狗看生活的十多年，日子并不好过。丈夫身体不好，经常是侯冬娥下地帮着干活。

1952年，侯冬娥迎来了生命中的一个寒冬。在这次整党运动中，因为日本人两次抓她这个问题，无人能够为她证明清白，组织就作出决定，劝其自动退党。她想不通，自己为党做了那么多工作，又被日本人摧残了身体，毁坏了名声，深深信赖的组织为什么要抛弃自己？

高庄村很多人都知道这一年“盖山西”喝下农药自杀，但原因却有两种说法：一种说是她因为被开除党籍绝望；另一种说是和李狗看过不下去想死。因为这一年，她的确和李狗看离了婚。

没有死成的侯冬娥变了一个人，不得已又回到娘家去了。

1953年4月，李狗看多次托人上门求情，发誓痛改前非重新做人，希望侯冬娥与她复婚。

侯冬娥终于回来了，和李狗看又成为夫妻。两人没有孩子，李狗看从一位逃荒的妇女那里，用一百斤玉米换下一个十一二岁的男孩，取名李三城。

1967年，李狗看得了肺病，没有来得及医治就死了。李三城长大后听说养母“进过炮楼”，觉得脸上无光，就不和她来往了。

这时候，侯冬娥将近五十岁，浑身是病、面容憔悴、生活困难，亲身儿子也很少来看她。

只有一个没有鼻子的高个子男人经常上门来看她，每次都从兜里摸出一两个苹果或者几小块水果糖给她。有时会给她带来一袋小米，有时给她十块钱买点烟抽。他也把侯冬娥请到家里，给她蒸上几个香喷喷的馒头，炒上两个鸡蛋。

这个男人就是李五白。哥哥是退伍军人，弟弟是村党支部书记。

一个无依无靠，走投无路的女人，被这种稀有的温情打动，心里充满感激。

1968年的某一天，弟弟做主，让李五白和侯冬娥成了亲。

1992年，张双兵坐在他们穷困贫寒的家里，等待着侯大娘开口说话。踌躇中，有人伸手拉了拉她的衣角，发出微弱的声音："娥子，说吧，那不是你的过错。"唯一疼爱和支持她的李五白，已经到了生命的最后。

终于，侯冬娥说出了自己的身世，成为第一个站出来向日本政府讨还公道的中国受害女性。

朴实和执着的乡村小学教师张双兵并不清楚，他无意中发现的这位"进过炮楼"的老人，因为她七十一岁时的非凡勇气，让一份尘封太久的历史，重新被世界认识。

而等待这次开口，他用了整整十年的时间。

12月，日本人向侯冬娥发来邀请，让她到东京为中国性暴力受害妇女作证。重病卧床的李五白为她高兴，有关人士在很短的时间里为她办完出国的一切手续，还为她买了轮椅、火车票和到日本东京的飞机票。

终于等到的这一天却出了意外，山西省外事办拉着侯冬娥去太原的进口日本车，在爬上岭南半坡时熄火，只好把侯冬娥转到西烟休息。张双兵赶忙跑到盂县东梁汽车站雇车，但一辆车也没能租到。晚上返回西烟镇的时候，别人告诉他，外办的人早已雇到车离开了。

第二天，张双兵乘早班车来到太原市火车站，才知道省外办的人带着万爱花已在五个小时前乘坐火车到了北京。而侯冬娥，还留在西烟镇没有启程。

12月底，万爱花从日本回来，专程到高庄村看望侯冬娥，还带来了热心的人们对她的问候，又给她讲了东京大会的情况。她静静地听着，不时点头。

李五白躺在炕上，也静静地听着。他很高兴，仿佛看见自己家娥子生命有了一道亮光。翻过年，他去世了。

1994年，侯冬娥与李秀梅见了一面。她们说起1942年秋天骑着同一匹骡子去进圭据点的情景，各自哭了二十里地。秀梅的眼泪，打湿了冬娥姐姐背上的衣衫。李秀梅临走，侯冬娥难为情地跟她要二十元钱，说自己实在疼痛难熬，要用十块钱买止疼片儿。剩下的十块钱，她要买一块红布。

不久之后，西烟北村的李秀梅听说高庄的侯冬娥离开了人世，脸上盖着的红布，就是她给的十块钱买的。

从张双兵第一次见到侯冬娥，时间又过去了三十二年。

在河东的高庄，六十一岁的张老师对我说："如果没有侯冬娥勇敢地站出来，就没有侵华日军性暴力受害者调查的展开，也就没有中国受害妇女对日本政府起诉的开始。"

从高庄走回公路只有几百米，这段路却曾经走着一队日军和一匹不知什么毛色的骡子，在骡子背上哭泣的美人"盖山西"，被拖进生命永久的灾难。

站在公路上，抬头看曾经的据点。"炮楼"早就没有了，只有进圭村庄，道路却依然在。

这条路上，被日军用骡子和毛驴拖进"炮楼"的小脚闺女，张双兵和几个农夫就找到三十多个。

到了1943年，又是秋天。曹黑毛再次发现自己怀上了日本人的孩子。这次她更加焦急，整夜整夜睡不着。既不敢把孩子生下来，又不敢像上次那样堕胎。那一次给疼怕了，简直像死过好几回，不是人受的罪。

曹黑毛：她的心是儿子的坟墓

少军的车从河边拐上一段小坡，在村口几棵高大的核桃树下停住，这里是盂县下社乡七东村，离县城约六十公里。

这个村子不大，紧靠一片山坡，房屋的建盖不简单，先得花功夫用很多石头处理倾斜的坡度，再整理出一块平坦的地基，才能往上盖房子。从某些角度看上去，地基已经好几米高，加上房屋，很像高耸的“炮楼”。

进村的路一直是上坡，有不到一千米铺着水泥，之后连接凹凸不平的土路，好像是“爬到”曹黑毛大娘的家。

在一个土石填出来的平台，几家人建在上面的房子围成一个小院。走进去，正面是三眼窑洞，左右两边各是一间平房。

突然想起我装着《授权书》的文件袋忘记在车上，就派茁儿返回去拿。张老师告诉茁儿右边那眼窑洞是曹奶奶的家，然后掀开蓝色的塑料门帘，带我走了进去。

这是我平生第一次走进窑洞，原来里面就是一间房的样子，只是有个弧形的拱顶。宽大的炕几乎占去窑洞的一半，墙壁刷成黑灰色，光线很暗。

曹大娘穿着一身黑色的薄棉衣裤，双手拄着手杖坐在炕沿上。她的头发雪白，笑眯眯的脸一双眼睛又细又长。脸型和眼窝，有点儿像老去的日本影星中野良子。

大娘“呵呵”笑着和我们打招呼，我不太听得懂她说些什么，但似乎张老师句句明白。从手势和表情判断，她在问我是谁。张老师用盂县话告诉她：“这是瑞秋，从云南来的女作家，要写一本书，一会儿给您拍个照，说说您的事。”

大娘点点头，伸出右手来，等我握住她的手，拉我在她身边坐下，又扭头问张老师我是谁？

我告诉她：“大娘，我从云南来看您。”

大娘听懂了，说：“云南，远不？”张老师说：“挺远的。”

我打量着窑洞，除了炕，剩下的空间大约七八平米。家具只有一个老旧的核桃木柜子，上面放着电视机。柜子的旁边放着一只大瓦缸，估计装着水，盖子上有电蒸锅和铝水瓢。

窗户的木格上，挂着一面小圆镜。炕边有一只木头高凳和一个绑着红垫子的小板凳。

炕上，两床叠得整整齐齐的被子，一床是军用色，另外一床被面开放着蓝色、红色、黄色的花朵。

这些，就是曹大娘家里所有的东西。

我问大娘身体还好吧？她笑着说，不行了！用左手掐着右手给我看，说不会疼。张老师说，大娘两年前还可以走路，慢慢就拄拐杖了。冬天腰腿和手臂都会疼，右手不好抬起来。

我说：“大娘不着急，我回昆明给您寄药来。”

正说着，茁儿扒开门帘进来了。张老师介绍，这是瑞秋的闺女，来给您拍照。

茁儿上前叫奶奶，大娘很高兴拉她坐在自己左边，问她多大了？有对象没有？

我站起来，从背包里拿出我的录音笔和采访本，准备和曹大娘聊聊，但还不知从什么地方开口为好。

突然，我听见大娘说：“你这般大，日本人抓我去，去了就有个孩子回来。”我怕自己听错，又问茁儿：“奶奶说什么？”

茁儿重复一遍，我赶快坐下来摆开我的东西，还没有准备好，大娘伸出右手拉住我说："去了就有个孩子回来！"

"什么孩子？大娘。"我问。

"扔了！娘扔了！"曹大娘的声音是哭腔，但眼睛里没有眼泪，接着又说："去了就有个孩子回来。"她转过身，把茁儿搂在怀里，不停重复着这句话。我惊呆了，不知如何是好。张老师走过来，伸手拍着大娘的背说："知道了！知道了！"

大娘慢慢平静下来，张老师说："她想起孩子就会这样。"

我还是不明白是谁扔了孩子。是作为"娘"的曹黑毛扔了自己的孩子？还是作为"姥姥"的曹黑毛妈妈扔了孩子？

被扔掉的孩子不难猜想，一定是日本兵的。问题是怎么扔的？扔到什么地方去了？

曹黑毛的名字其实很简单，她出生的时候头发又多又黑，妈妈就叫她"小黑""小黑毛"，村里人跟着叫"黑毛"。加上姓，就成了她的大名。

1922年9月10日，曹黑毛出生在盂县下社乡千口村。

在1941年满十九岁的姑娘，因为日本人的到来危机四伏、险象环生。谁都不知道会不会遇上倒霉的事。

家里的院子还堆着没有打完的谷子（小米），日本兵就在某天早上包围了千口村。

村里的人被集合到一块最大的场子上，不知道发生了什么事？伪军代表说，太君要给村里人开个会。

日本人说了一通，汉奸翻译官再说一遍。

村民们静悄悄地听着，没有任何人吭声和走动，就连小孩儿也挤在人群中不敢乱说一句话。

场子边上，都是挎着枪的日本人，不说话也吓人。有的村民看见，房子顶上还有机枪，枪口对着场院里的人。

这个会很长，说了很多日本人的好处。还说，如果家里有人在部队打仗，最好把他们劝回来。

然后，一个日军的小官开始在人群中挑选姑娘，说要带到据点去帮忙做事。后来知道，此人是进圭据点的情报班长。

站在人群里的曹黑毛眼睛一直盯着自己的脚尖不敢抬头，但这个日本兵还是在她面前停下了脚步。他伸出手，把她拉出人群，朝着离场院不远的一处房子走去。

曹黑毛不想走，又怕他翻脸杀了自己。

场院上的村民没有散开，他们也不清楚日本兵拉她去干什么？就连她的父母也纳闷，想着是不是拉去问什么话？

曹黑毛被吓得有些发懵，不知道该怎么办？进到房子里面，她的头还是不敢抬，两只眼睛依然盯着看自己的脚尖，两条腿直打哆嗦。那个日本兵用手抬起她的下巴，笑眯眯地对她比划手势，说着半生不熟的中国话，意思是脱掉裤子。

胆小的曹黑毛害怕得不得了，温顺地解开了自己裤腰上的带子，日本兵抱起她放到土炕上，把她“糟蹋”了。

一会儿，听见场院里有人吹哨子，日本兵赶紧起来穿好裤子，拉着曹黑毛走出来，把她交给一个汉奸，然后跑去集合。

汉奸告诉走过来问情况的曹黑毛父母，说是带她去进圭据点帮着日军干几天活就回来。曹黑毛没敢说出刚才发生的事，只是哭着不愿去。汉奸说，不去不行，太君生气会杀人的。

曹黑毛自小没有严格裹过小脚，脚板还算大，跟着汉奸走了很久才来到进圭。她被先锁在村子东边一个用石头垒造的洞子里。

院子不大，有三眼石洞，没有其他房子，就她一个人住在里面，也没人来叫她去干什么活。

情报班长几乎天天晚上都来找她，他的中国话基本能懂。有时睡到天亮，有时半夜就走了。白天，他一般不过来，让几个伪军看着曹黑毛，锁上门不让她随便出来走动。

曹黑毛有些疑惑，是不是自己成了这个日本兵的老婆？那可不行！曹黑毛小的时候，就被父母定了娃娃亲，打算过年嫁过去，没想到被抓来进圭。

就这样，秋天慢慢离开，冬天带着寒冷来到屋里，需要穿棉衣和棉裤了。情报班长带人去别的村子里，抢来布匹、棉花和针、线给曹黑毛，让她自已缝制衣裤。

其实在冬天，曹黑毛就隐隐约约觉得自已的身体有了一些变化，不来月经了，早上会干呕。她猜想是不是怀上了日本人的孩子？可是还没有结婚就怀了孩子，而且还是日本人的，回去村里该怎么办呢？爸爸妈妈和自己都没法见人不说，对象咋会同意，公公婆婆绝对不会允许自己进他们家的门！

她急得不想吃饭，整天躺在炕上不起来。

那个情报班长也发现了曹黑毛的变化，但什么也没有问。曹黑毛不敢说话，她不知道有孩子这种事，日本兵是准许不准许？要还是不要？

大概过了四五个月，她的肚子已经明显大了起来，那个班长也就彻底明白了，可他还是什么也不说。曹黑毛有些害怕，问他会不会杀了她？他摇摇头，还是什么也不说，只是对她笑了笑。

从那以后，他每次过来，也把外边发生的一些事情说给曹黑毛听。他已经会说一些当地话了。

好几次，他们又到千口村和附近扫荡，这个情报班长还去找到曹黑毛的父母亲，把家里吃的东西拿来一些给她。

情报班长的沉默，把曹黑毛搞得很糊涂，难道要她把这个孩子生下来？那么日本兵走了，自己和孩子该怎么办？总不能带着这个日本兵的后代在村子里过活吧？无论如何，这个孩子都不能生出来。想到这些，曹黑毛知道自己该做什么了。

她决定让这个孩子流产。

从前一年的秋天来到进圭村，已经大半年过去，院子里的柳树早就变绿，长出长长的叶子。天热了，曹黑毛给自己缝了两身宽大的单衣单裤。看她肚子大行动不便，日本人不像过去那样紧紧盯着她，可以出门到处去转转了。

她开始用自己听说过的一些“土”办法堕胎：跑步、手提重东西。每天，她在院子里偷偷跑上好几里路，用最大的力气搬几块大石头。这么弄了十天半月，小肚子总算开始疼了，越来越疼得厉害。

曹黑毛爬到炕上躺下，一会儿担心胎儿不能顺利掉下来，一会儿又害怕自己的小命保不住。那天夜里，她不停地在炕上翻滚，紧紧咬着牙，汗水打湿了全身。她一遍一遍喊着爹和娘，怕自己再也见不到他们了。到了第二天早上，她慢慢起身下炕，血和胚胎流了出来。肚子的疼痛，开始慢慢减缓。

情报班长可能以为这是一次意外的流产，没有表示怀疑。让曹黑毛休息了几天，又接着来找她。

离开家已经快一年了，曹黑毛跟情报班长说想回家，想见爹娘。情报班长还是笑笑，告诉她不可以。

后来她知道，在她被汉奸带走以后，爹娘和婆家凑了一些钱和几只羊，送到进圭据点求日本人放她回家，但是白费劲，日本人只收东西并不放人。

她成了情报班长留为自用的女人。

到了1943年，又是秋天。曹黑毛再次发现自己怀上了日本人的孩子。这次她更加焦急，整夜整夜睡不着。既不敢把孩子生下来，又不敢像上次那样堕胎。那一次给疼怕了，简直像死过好几回，不是人受的罪。

一天早上，情报班长从炕上爬起来，出门随队伍出发，不知道什么原因再没有回来。有人说是被调动到了西烟或是盂县城。

从此以后，别的日本人开始上门来找她，有的时候一晚来好几个人。怀着身孕的曹黑毛实在难以承受这样的糟蹋，下定决心逃跑。

她在进圭住了两年，日本人已经不太提防她。

她跑出来的那个夜晚没有月亮，天气也不是太寒冷。绕过岗哨的时候心里砰砰直跳。翻过一道山梁，顺着山沟往家的方向走。摸着黑走了好几十里河床路，直到天亮还没走到家。

太阳出来，道路上有了行人，她就不敢走大路了。绕到庄稼地里稍微歇一歇脚，爬起来接着走，直到中午才回到家里。

爹娘又惊又喜，自己闺女终于回来了。但是很快，娘就看出她怀孕了，气得坐在地上痛哭。

那一夜的奔波，肚里的孩子并没有颠下来。家是回来了，但怕被人看见不敢出门。这孩子不能生下来，还是得堕胎。

搬石头、挑水，娘帮着压肚子都没用，又怕太使劲弄出人命，只好等着足月生下来再做处理。

当地有风俗习惯，姑娘决不能在娘家生孩子。临产，娘把她带到村后没有人的山沟里，让她在那儿把孩子生了。

娘说，是个男娃。孩子哭了几下就没声了。她躺在破席子上，娘给她盖上一件破棉袄，抱着孩子走了。很长时间才转回来扶她回家，说孩子已经扔河里给水冲走了。

没有不透风的墙，村里传遍了这件事。自然，原来的婆家不再要她，曹黑毛哭了很久。她也见自己的娘经常抹眼泪。

再没人上门提亲了。过了好几年，蔡家坪一个年龄大找不到老婆的男人愿意招亲，上门来当了曹黑毛的丈夫。结婚好几年不会怀孕，曹黑毛才明白这辈子不会再生娃了。

夫妻俩从邻村抱回某家人多余的男孩，长到快十岁不幸病死。过了十多年，丈夫生病躺在炕上，家里和地里的活都得曹黑毛一个人干。没过多久，丈夫也去世了，留下她孤单一人。

有一天，村里的媒婆来问曹黑毛，愿不愿意当后妈？她说，看看人再说吧！

1971年，曹黑毛嫁来七东村。男人姓李，在供销社卖货。前妻病亡，有一个九岁的儿子。

这次婚姻给曹黑毛的命运带来了转机，夫妻感情很好，没有血缘的母子也越来越亲。

1975年，两口子又上离家五里路的庄里村抱回一个女孩儿，取名贵花。

贵花刚满六岁，养父患上胃癌去世。家里剩下没有血缘关系的三个亲人相依为命。十八岁的儿子，顶替父亲到供销社工作。成亲后住在不远的上细腰村，生了一个儿子和一个女儿。

母女俩每月领到十块钱的抚恤金，用来买面和买米。过了几年，涨到十二块。

大娘断断续续说着这些事，几年前记下“口述”的张双兵不停帮我补充。停住笔，面对眼前苍老的曹黑毛，我迅速趟过时间的河流，去寻找那个十九岁的姑娘。她一定皮肤白、脸色红、身材修长、眼神羞涩、脚勤手快。难道说，场院上那个日本兵在她面前站住，就注定了我和她此刻的相见？这之间已是漫长的七十三年，相信我听见的这一切仅仅是她生命粗略的框架，而那些细微之处的悲欢和不为人知的心思，只能随风逝去。

那一刻我还有一种从未有过的好奇，那个情报班长突然离开进圭的时候，已经知道曹黑毛怀着他的孩子，而且是第二个孩子。那么之后，如果他没有战死，回到了战前的生活，他会不会猜想这个孩子是男是女？这个女人是死是活？会不会知道，就因为他拉起她的手拖进某间民房，她的一生就开始背负痛苦、耻辱和不幸。

门帘掀动，贵花走了进来。她说："来了？"话里有浓厚的当地口音，刚从树上摘来一包香椿，要给张老师带回去。

贵花的形象，让我想起征婚广告上写的"体健貌端"。

见女儿来，曹大娘一反常态（也许是常态），对她招手说"过来，过来！"细长的眼睛，竟然有顽皮的神色。脸上，布满慈爱。

贵花挨着母亲坐下，大娘拍拍茁儿说："闺女。"又指指我说："娘。"大家笑起来，茁儿马上学着奶奶的声调喊我一声。

贵花今年四十岁，皮肤红润、开朗大方，剪着时尚的短发，身穿流行的紧身花裤子、黑色体恤、短款外套。她的儿子已经去兰州上大学，女儿在县城读高中。婆家就在村里，离大娘的窑洞只有几百米。男人有手艺，帮人盖房子，每个月收入三千多块钱。

母亲的生活全由贵花照顾，每天送三顿饭来，洗刷完又回去。晚上娘躺下，帮她盖好被子再回家。

贵花说这窑洞住了四十多年，爹爹去世后，娘吃了不少苦，干农活、挖菜地、砍柴禾，样样离不开她的手。再苦再穷娘都不生气，爱说爱笑，舍不得打骂孩子。母女俩什么事都聊，说不完的话。

娘手巧眼睛好，贵花出嫁前的衣服裤子都是她亲手缝的。去年还在做，今年看不见了，右手麻木拿不住针线。

贵花说着话，没想大娘又突然拉起茁儿的手说："你这般大，去进圭了。去了就有个孩子回来。"

贵花叫她："别说了，别说了！"

大娘还是接着说："哭了几声，给娘掐死了。"我大吃一惊，问贵花："真的吗？"

她点点头说："嗯，是的。"

两个新媳妇被日本兵从炕上抓走的消息让人极度震惊，传遍西烟东、南、西、北四个村子。很快他们就弄清楚，西村倒霉的小媳妇名字叫张先兔，是本村张银富家的闺女，和郭家的小子眜栓，腊月二十六刚完婚。

张先兔：婚床上掳走的新娘

光线从炕头的窗户纸透过，屋里慢慢亮了起来。突然，院子里传来骡子不安的叫声和人走动的杂乱脚步，惊醒了一对小夫妻甜蜜的酣睡。

不满十五岁的小媳妇和十三岁的小丈夫睁开眼睛，紧张地看着对方，耳朵辨认声响的来处。

脚步声越来越近，有人已经在拍打屋门和窗户。

小夫妻急忙找衣服往身上套。可是扣子还没有完全系好，屋门已经被狠劲踢开。几个穿着黄色军衣，手里端着大枪的日本兵走进屋来。他们站住打量这间小屋，嘴里叽里呱啦说了一阵。一个人走到炕边，伸手拖着小媳妇就要走。

小媳妇受到惊吓，大声发出哭喊，使劲挣扎不让拉走。又一个日本兵上来，举起枪托砸在她的背上。小丈夫爬过来，拉着他们苦苦求情。一把刺刀指着他，吓得他赶忙放手，蹲在地上簌簌发抖，再也不敢出声。

走出去一个日本兵，叫来隔壁的大哥张来栓，要他把这个“小脚脚”背上，送到七公里以外的河东据点。

张来栓背上的小媳妇尽管穿着新棉袄，还是冷得发抖。她家的骡子，驮着抢来的粮食和她炕上的新被子，跟着日军走出西烟西村，在刺骨的寒风中走走停停。

与此同时，另一组日军正在西烟北村集队，抢得粮食与年货，准备返回河东。在他们要牵走的一匹小毛驴背上，坐着另一个哭泣的小媳妇，她也刚结婚，丈夫生病躺在炕上。

这一天，是1942年的正月初二。

两个新媳妇被日本兵从炕上抓走的消息让人极度震惊，传遍西烟东、南、西、北四个村子。很快他们就弄清楚，西村倒霉的小媳妇名字叫张先兔，是本村张银富家的闺女，和郭家的小子昧栓，腊月二十六刚完婚。

北村的小媳妇，名叫尚春燕，从小就在村里长大。腊月十六结的婚，比张家闺女早十天。

在西烟上千户人家中，这两个默默无闻的家庭突然知名。从这个悲惨又狼狈的时刻开始，所有人的命运都发生了改变。

1981年，原来住在上文村的李贵明迁移到西烟西村。他当时二十六岁，跟大伙儿下地劳动，经常听年纪大的老人在田间地头讲故事、聊天。

有一天，一位老人突然说起，很多年前日本兵来过西烟，杀人、抢东西、糟蹋妇女。村里就有个新媳妇从炕上被拖走，家里东拼西凑几百块大洋送给鬼子才赎了回来。

年轻人听了很惊讶也很兴奋，马上追问谁呀？谁呀？

老人说，就是明顺和艾明的娘啊！说完又交待大家保密：“可不敢乱说。”

李贵明的家，离明顺和艾明家不到五百米，他的年纪和艾明一样大，没事会和两兄弟一块儿玩，从未听说这件事。可是，老人警告过，也不敢随便开口去问。

出于好奇，每次遇到张大娘他都仔细打量：个子不高，脚很小，走路不抬头，总是弯着腰。有的时候和村里大娘们凑在巷口聊天、晒太阳、做针线活儿，没啥特别的。

其实村里人，背后都在传张大娘被日本人抓的事，只是说说而已，没人敢去向她打听。

李贵明鼓足勇气，终于来到明顺家。

就大娘和老伴儿在，李贵明问起村里人说的那件事，大娘只说了一句：“过去的事，都忘了。不要提了。”就什么都不肯再说，坐在炕边低着头。郭大爷坐在柜子边的矮凳上也不说话，双手不停发抖。

村里人都知道郭大爷从小爱哆嗦，也不知道得的啥病?

怕两兄弟回来生气，李贵明没留多久赶紧出来了。

后来，李贵明到太原打工，在工程队帮人煮饭、和水泥，每天忙着，也就没管张大娘的事了。他住在姥姨万爱花家里，直到姥姨收到盂县小学教师张双兵的来信，让他一起去阳泉村准备打官司，李贵明才回到盂县。

在阳泉村，李贵明认识了张双兵。他把张先兔大娘的事说出来，张双兵鼓励他再去做大娘的思想工作。

李贵明回到西烟，再次来到张大娘的家里。

大娘刚患上肺气肿，呼吸比较困难，说话上气不接下气。李贵明看到郭大爷还是不停哆嗦，就问得的什么病? 大娘喘着气告诉他："日本人给害的。"这也是第一次听说，再问大娘，又不往下说了。

这一次，李贵明告诉张大娘，姥姨万爱花已经勇敢站出来，承认自己年轻时候两次被日军抓到进圭据点"欺负"，正在准备去日本打官司。还有一个外号叫"盖山西"的侯大娘，比姥姨还早站出来，也要一起去日本，张老师正在给她们办手续。

张大娘听完，说让她想想看。

过了几天李贵明再来，大娘说她也可以把过去那些事情讲出来，跟她们一块儿去日本打官司。

李贵明记得，大娘坐在炕上靠窗户的地方，给他讲的那些事。

张先兔属虎，生于1927年农历九月初一。三岁的时候，娘生病去世，爹爹就为她找了个后娘。从小就帮着后娘干活、做家务，还要伺候后奶奶。不到十岁，家里把她许给同村郭家的昧栓。先兔比昧栓大两岁，两人从小就合得来。两家长辈商量，等先兔十五岁，就让他们完婚。

没想到，新婚才六天，日本人就进村抢东西抢人，硬生生从床上拖走的新娘。

昧栓当时年纪小，看日本人又是枪托又是刺刀，害怕得浑身发抖。这病一落下就不会好，跟他一辈子，干什么都不利索了。

日本兵把邻居张来栓也拉出来，用刺刀架着他的肩膀，逼他把张先兔背上。家里耕地使唤的骡子他们也要，把屋子里的粮食连同炕上的被子一起让骡子驮着。婆婆公公吓得躲在屋里不敢出来，任凭日本兵翻箱倒柜，想拿什么就拿什么。

张来栓背着张先兔，走得满头大汗，路上歇了好几次。从西烟西村到河东据点，不下十几里地。如果走得慢赶不上他们的队伍，日本兵就会上来踢他几脚。等到他把张先兔背到河东的洋马山炮楼，已经累得一步都走不动了。

后来张先兔才知道，日本人连张来栓一起扣下，十多天以后家里拿钱来才放回去的。

留在炮楼里的张先兔又冷又饿，低着头淌眼泪。也许是过年，晚饭的时候，在据点帮厨的大爷送来了一碗饺子，往后就没有了，随便给点剩饭，填饱肚子就行。

那天晚上，有十多个日本兵进来关着她的那间小屋，她先是哭喊，后来就没劲了，只是咬着牙忍住疼。

从那天往后，每晚都要遭罪。送饭的大爷告诉她，在西边的一个院子里，也关着一个闺女，西烟北村的。给她送饭的时候，也说过这边关着西村的闺女。

每天都有多少不等的日本兵来欺负先兔，她一双小脚走不快，就是门口无人把守，也逃跑不了，只得一天天数着日子过。实在受不了反抗过几次，每次脸上都挨了臂斗（巴掌）。

好不容易熬过去二十多天，公公婆婆和爹爹凑了八十块大洋送来据点，又给日本人说了很多好话，才把先兔放出来。

是公公和爹爹送钱来的，两人轮换着背她回家。

进了家门，先兔发现昧栓反应迟钝，说话不像原来那么清楚，上牙下牙总是磕碰，双手一直在发抖，才明白自己被抢走那天昧栓吓傻了。

先兔的婆婆，其实也是昧栓的后娘，这时候心里有气，对花了一大笔钱才赎回来的儿媳不理不睬，怪她害了儿子。公公倒是没说什么，但也不像从前爱说话。只有昧栓高兴，自己的媳妇终于回来了。

从河东据点带回来的噩梦，在心里折磨着先兔，她的身体还带着难以说出口的病痛，让她不能正常跟昧栓过夫妻生活。她只有回到娘家，一边治病，一边躲着婆婆的脸色。

差不多住了两年，昧栓来找很多次，先兔才回到婆家。这两年，昧栓也在治病，他父亲找了好几个医生才让他慢慢好起来，不过他的手一直会发抖，连吃饭的碗都端不住，更不用说到地里劳动养活家庭了。

先兔回来，除了下地劳动，烧火做饭，还得凑钱给昧栓到处看病，把家里值钱的东西全卖掉了。

受不了儿子的惨状，公公气得卧病不起，不久离开人世。后妈带上几样东西另行改嫁，留下一对没有半点家产的小夫妻，在父亲和亲戚好友的接济下勉强生活。

1950年，先兔生下家里的大小子，取名郭明顺。

五年之后，二小子郭艾明出生。

四口之家的生活全靠先兔来支撑。昧栓经过长时间的治疗，勉强能做些轻便的家务，但是再也不能正常劳动和生活了。

1994年，一位名叫大森典子的日本律师来到北京，她见到来自盂县的受害妇女李秀梅、周喜香、刘面换和陈林桃，对她们的受害经过进行了详细的调查。带着女性的震惊和职业的判断回到日本，开始组建律师团，准备受理侵华日军性暴力受害者的案件。

1995年，日本正义人士自愿组成了7个律师团，就亚洲战争受害者问题收集材料准备起诉，其中两个团专门受理中国大陆案件，大森典子担任一个团的团长。9月，作为日方全权代表，她再次来到北京参加国际妇女大会，提出揭露慰安妇制度真相，追究犯罪者的责任并对被害者予以赔偿的要求。

会上，大森典子与担任中方代表的北京律师康健相遇，两人达成共识，共同为中国战争受害女性诉讼担任律师，给予法律援助。

1998年，李贵明整理好张先兔的受害经历和起诉书，交给日本律师团的川口和子律师，于10月30日在日本东京地方法院起诉日本政府，要求向受害者本人公开赔礼道歉并给予经济赔偿。

2001年2月，张先兔的案子在日本开庭审理，她作为证人第一次去日本。同去的受害者还有王改荷、尹玉林几位大娘。

办护照、申请签证、递交材料，所有前期工作都是李贵明在帮忙。一直到去日本之前，张大娘的两个儿子都不清楚她在忙些什么。

李贵明将张先兔送到北京首都机场。“当时她挺高兴，挺乐观的。”和另外九个大娘在一起，张大娘变得开朗了。只是她并不清楚，什么是慰安妇，只知道自己被日本人祸害过，“日子都给他们毁了！”

从日本回到北京，李贵明去机场接张先兔回村。“她说在那边很顺利，日本民间很多热心人士帮助她。”

但起诉的结果，依然是败诉。后来的2003年和2005年，东京地方法院和东京高等法院还是先后驳回诉讼。

2005年11月，日本高等法院作出决定，不予受理。

“败诉对这些老人的打击很大。”李贵明说，“她们背着恐惧和屈辱活了一辈子，晚年终于把隐藏最深的秘密说出来，像是一场赌博。但是十多年，她们付出了很大的努力，撕开了各种伤疤，有的老人还是带着遗憾离开了人世。活着的老人觉得，她们好像赌输了。”张先兔问过他，“贵明，到底值不值啊？官司没打赢，名誉也没了，过去的事儿村里都知道了。”

李贵明也深感困惑，明明证据确凿，证人活着，为什么就是打不赢官司？最后还“不予受理”。他说，“在先后参与诉讼的十六位老人中，张先兔是相对乐观的一个，她总觉得官司肯定能赢。现在，只有她一个人活在世上了。”

在太原奎支的病房里，李贵明打电话给郭明顺的媳妇，“云南有个作家，女的，要来西村看你娘，拍个照、签个字。她问什么，你们给说说。”

我们的车，向盂县城四十公里外的西烟镇驶去。

北方的土地辽阔、平坦，长着笔直的杨树和榆树。这个季节，老牛正拉着犁慢悠悠耙地，所见是我陌生而喜爱的风景。但那一刻，联想的是七十多年前那个小新娘，伏在乡亲的脊背走在这段路上，寒冷、惊慌、颤抖，被暴力降服。寒冷的风，冻干了她伤心的眼泪。

进入西村，跟着张老师走进一条三米宽的小巷，大约一百米左转进院子，见到一新一旧两栋瓦房。新房的面积约老屋的一倍，墙面贴着白色的瓷砖。老屋的门口支着真空管的太阳能热水器，墙脚是结实有力的厚重青砖，支撑着土坯墙、木柱和格子玻璃窗。

张老师拉开一扇漆成土黄色的木门，带我们走进屋里。

十五岁被掳走的小新娘张先兔已经八十七岁，丈夫郭昧栓在7年前去世。她圆脸、大脑门、头发挽在脑后，盘腿坐在窗前的土炕上，小脚穿着白底黑帮的布鞋，比曹黑毛大娘的脚小很多。她笑着，眼睛眯成一条细缝，开口打招呼就带着轻重不匀的喘息。

“肺气肿二十多年了，天越热，气越上不来，凉点还行。心脏病七、八年，可不能活了，受罪。年纪大了，活得可不行！”张大娘费力说着，右手拍拍炕，示意我坐下。

张老师介绍我和茁儿从云南来，是一对母女。大娘很开心，但说话时因为不停喘气把声音变得尖细和破碎，问我有几个孩子？我说就一个。她说她没有闺女，就两个小子。说着，郭明顺的媳妇赵变风走进来。张老师说她的丈夫刚刚生病去世，才六十四岁。

大娘听见张老师的话，又喘着气说："老的不死小的死，活不出来。可不敢活了，多活一天是罪。哎（叹气），最好死了。"

我看大娘难受，想岔开话题，就问她的小脚是什么时候裹的？"七岁裹的小脚，疼啊！罪大，三四年才裹得好。不裹不行。五十多年没裹了。"这双脚所受的苦和痛使天足变成三寸金莲，我对这种暴力一直心生惊恐。儿媳说娘手巧，小鞋子都是自己亲手做。

赵变风十八岁嫁来郭家，看起来婆媳关系很好。她和郭明顺生了两个娃子。"一个闺女，一个小子。"大娘补充，说闺女就嫁在村里，已经有两个重孙。

屋里的家具就一个大柜子，从顶上掀起盖子那种。大娘说，是杨木，用了七十多年，完婚时买的旧柜子。她又叹口气，说一辈子就用这个柜子，装衣服和所有的东西。她的电器除了电饭锅，还有一个带USB插口的收音机，是她香港的干女儿送来的，帮她下载了山西梆子和锣鼓杂戏。

我问大娘："日本人来抓的时候是不是这间屋子？"她说："是的，重新盖的。"我没有听懂，正想再问，大娘的小儿子郭艾明走进来了。他五十九岁，个子不高，皮肤黑，人很瘦，但热情开朗。他听完我的问题马上解释，1968年，他十三岁的时候，老房子倒了，盖了现在的房子，格局基本一样。也就是说，大娘被抓走的场景也就是这个样子。

这位大哥很爱说话，说娘的身体向来都不好，"开朗也有，不开朗也有。不开朗还多。生气骂我和我哥，从没打过。家里最穷的时候是五八年到六二年，玉米交了公粮，用玉米棒（bong音）子和大豆尖儿晒干磨成面来一起煮着吃。娘勤快，去供销社买布子（土布）给我们缝衣服裤子，做鞋。年轻的时候她养个猪、喂鸡儿，经常下地劳动。帮着我爹做家事，扫院子、擦灶台，炕收拾得整整齐齐。”

郭艾明三十年前结婚，分家出去盖了新房子，四年前又重新盖过。他家就在隔壁，说听见有人进了娘的院子，就过来瞅瞅。

想起先前听说几位被抓的大娘，家里交给日本人的赎金高达七百、五百、四百大洋不等。而李贵明告诉我，张大娘公公和父亲送去的是八十银元将她赎回，怕李贵明记错，就问大娘：“还记得不记得当年给日本人的赎金是多少？”

大娘抬起右手，用大拇指和食指比划出“八”字，说：“八十块大洋。公公钱不够，爹爹卖了地，还是凑不够，村里代交了一些。抓走好几十人，给的钱不一样。给钱才放人回家。”

原来，那天抓走的，远不止张先兔和张来栓。回家，都得用钱去找日军赎。日军通过这种暴力集资获得财富，使得很多老百姓失去房屋（出卖建材）和田地，并债台高筑。

一块圆而扁的银元，在当时可以买到二十至三十斤粮食，二百块可以买两头骡子和五匹马。

说起过去的事，张大娘又开始抹眼泪，一张口就喘气。她拉起我的手说：“闺女，咋活过来的俺也说不上，年纪大了，死了好，活着受罪。”

我把她瘦小的身体搂在怀里，不想再问她任何问题，仿佛自己紧紧抱着一团永远不能化解的悲伤，一种永远不能稀释的苦难，只能说：“大娘，好好活着，我每年都来看您！”

也许张大娘一辈子都不知道，她的父亲张银富为了还上村里的借款，接下了一份“丢脸”的工作——不断给日军收集关于八路军的情报，每条得到一块银元。

第七章

遥远的东宁

看苏智良先生给我的名单，以为“李凤云”是一位地道的东北大娘，她居住的黑龙江省东宁县，我是第一次听到。苏先生说，你从昆明去的话，非常远。而且，大娘生病躺在床上。

杭州的朋友李晓方说他见过李大娘，她的家不仅离哈尔滨很远、离牡丹江很远，就是离东宁县城，也还很远。那个小地方的名字，叫道河。他还说，从哈尔滨坐火车，十多个小时到绥芬河下车，转乘长途客车到东宁，再乘中巴车或是找车去道河，才可以见到李大娘。

我有些犹豫，这么远啊！

当在地图上找到东宁的时候，我惊讶地发现，著名的“海参崴”（弗拉迪沃斯托克）离它就一百五十七公里。那个远在中俄边境的小城究竟发生了什么？怎么会有日军的慰安妇？

即使到了山西，我还是两次问茁儿：“你说东宁，我们是去？还是不去？”她给我的回答其实都是“去”，但我还是没有让她订机票。

告别张先兔大娘的时候，她喘着气对我说：“闺女，没准下回你来，大娘就没了。”走出她家的院子，我抹去脸上的泪水，告诉茁儿：“订票吧，宝贝。我们去哈尔滨。”

唱过“我的家在东北松花江上……”想见到松花江；大学读萧红的《呼兰河传》，想去呼兰县；有电视剧了，看《夜幕下的哈尔滨》，想去哈尔滨；因为知识青年，想见到北大荒；最近的诱惑来自《闯关东》和《悬崖》，除了哈尔滨，我想去佳木斯与绥芬河。还有一种吸引，是因为曾经的“满洲”。

因为这些，很久以来我就在计划一次从容而漫长的东北旅行，想从辽宁到黑龙江，一定是坐火车，听它“呜呜”地叫着，穿过一望无际的黑色大地和神秘苍茫的林海雪原。

就是没有想过，突然飞往东北，竟会因为一个陌生的名字和她曾做过慰安妇的经历。

飞机降落，已是夜里十二点。从太平机场到火车站，大巴票价每人二十五元。

车窗外，是夜幕下的哈尔滨郊外，除了灯火通明的收费站和加油站，什么都看不到。偶尔会见路边灯光尚未完全熄灭的房屋，一晃又进入了黑暗。

车开进霓虹闪烁和楼房密集的城市，路边的公交车站已经有了俄罗斯的风格。有些楼房，很像莫斯科和彼得堡的造型。

是哈尔滨市区了。大巴在宽阔的火车站广场停下，车上的人匆忙下来，拿着自己的行李消失在浓重清冷的夜色里。

真的站在东北的土地上了，看着古老而朴实的火车站，陌生又亲切，突然觉得自己的家乡好远。大门的头顶是三角造型，镶嵌着巨大的钟盘，指针刚好抵达1点半。

火车站里面还有人走动，但售票的窗口已经关闭。广场上有人过来问，去哪儿？要车吗？有房间没？

我和茁儿一人拖着一只大箱子，走进广场边预订好的酒店。想休息几个小时就去乘火车。

电梯上到二十多层楼，来到一个没有窗户的房间。上网查看，去绥芬河的车票，已经卖到第二天下午二点三十分，还是慢车。

醒来六点半，起床收拾行李，想去看看有没有人临时退票？或者问问是否有别的方法可以去到东宁？

楼下就有火车的联网售票点，询问结果和网上查询的一样。我和茁儿走出酒店，打算去坐长途客车。

广场已经不是夜里的冷清和开阔，挤满车和人。几个人凑上来问去哪里？我们打听去东宁的车站在何处？一个瘦高的中年男人笑起来，抬手一指身后：“那不是，南岗车站。”

我和茁儿也笑了，走过去不到二百米远，就是一个大客运站。

过马路之前，两个头戴草帽的女人拦住我们问，上哪儿啊？我说东宁。她们诚恳地说东宁没有直达车，得先到牡丹江再转车，时间紧，排队长、购票难。可以帮我买电脑联网票，并送进站，每张票八十八元，多收我十元作为手续费。

见我犹豫，一个妇女说她留在我这儿，另一位帮着取票，五分钟就回来。

茁儿阻止我，我说相信这两位阿姨吧！

给她们二百元。果真五分钟就回来，说票买到了，帮我拉起箱子，过马路进站。我感动得说，剩下的几块钱也不用找了。

送进候车大厅，果然人多水泄不通。挤到进站口，她们把票递给我说，就在这儿。打开票一看，票价：七十元，车种：宇通，发车时间：九点四十，车次：二八七九，座号十和十一。当日当次有效，保持票面平整。

举目，两位女人已消失在茫茫人海。

上图：随着日军源源不断运来劳工，火车里也随之运来了女人，在东宁要塞附近不同区域十处开设了三十九家慰安所，有日籍和朝鲜籍慰安妇大约一千人。

下图：这块巨大的平台上，修建了广场、纪念碑和东宁要塞群遗址博物馆。广场旁一块稍低的平台上，停着几架苏联空军的歼击机，让人联想当年天上地下激烈的战斗。

我忐忑不安地把两张“黑龙江省汽车客票”递给穿着制服的检票员，等着向他陈述我上当受骗的尴尬经历。他在两张票上各盖了个红印，递回我手中，平淡地说了声：“往前走。”

放好行李坐下来，茧儿哈哈大笑。我问她，妈妈是愚蠢还是善良？她说都是，不过票是真的就行了。

车从喧闹拥挤的客运站出发，穿过我神往多年的哈尔滨，去牡丹江。

出城，车窗外是看不到边际的黑土地和白桦林，快速经过一个又一个房子低矮的村庄。暮春时节，景象稍显荒凉，我确认自己已在东北，正在穿越“满洲”大地和它千奇百怪的故事。

但是，那个计划中要玩遍的东北，似乎不是正在行走中的东北。尽管一路睁着眼睛看风景，脑子里总是想着那个形象不明的李大娘。晓方告诉我，她是朝鲜人，被骗来到东宁，战争结束嫁给了中国人。他说要了解详细的情况，就去找县里武装部的政委韩茂才。

车过亚布力，不知道是一个什么地方。司机停车让大家下去买午餐。

玉米，每个三元，锅盖上折成三角形的硬纸牌写着“等待中……”茶叶蛋倒是满满一大锅，两元一个。土豆丝、胡萝卜丝、大葱丝卷在一张薄薄的面饼里，折成口袋状递过来，也是三元。

我和茧儿吃得津津有味。

客车继续前进，把一个又一个村庄甩在身后，驶进了牡丹江。这个地名热闹而迷人，但眼前的城市，还是有些闲散和冷清。

我们下车的地方是光华客运站，看手机上的时间，一点五十八分。

钻过南方绝对看不到的几片厚重塑料门帘，进候车厅买票去东宁，售票窗口几乎不用排队，发车时间是下午两点半。

找椅子坐下，茧儿跑去接热水来给我吃药，并参观了车站的超市和餐厅。

检票进站，这次是“依维柯”。验票的妇女五十多岁，把我们的两只箱子使劲塞进车尾箱，问是不是去东宁打工？我和茁儿相视一笑，答应是。

上车，司机说去东宁还要三个小时。

早起和劳累带来困倦，上车没多久就睡着了。

睁开眼睛，已是绥芬河收费站。城镇见不到，电视剧里来绥芬河收售皮毛的商人当然也见不到，好像不是向往和想象中的那个样子。问司机东宁还有多远？他说快了，四十公里。

从绥芬河到东宁的路在山里走，路两边的树很好看但不认识。就坐在司机背后，知道我们从南方来很热心，不停介绍东宁的景区和特产，还有路边树木不同的名字：白桦、红松、果松、柞木、杨树、榆树和野杏花。

车到东宁，已是下午六点半。途中联系李大娘的义子高自祥，他让在县城外桥头下车，会在路边接我们。

下车，看见走过来一位矮胖的男子，大约六十岁，腿脚似乎不好。这位大哥确认我们后说，不用去道河了，大娘已经转来县城的敬老院，打个“的”几分钟就到。

靠里的那张床上坐着一位老人，是李凤云大娘。她的手里抱着一个六十公分长的塑胶光头娃娃，身穿一件大人剪去袖子的旧针织半高领衫，脖子上系着果绿色的围巾，贴身是一件小孩儿的紧身体恤，带着紫色和蓝色的横条。我猜，大概是大娘特别喜欢小小孩儿。

李凤云：花名“西多米”

在敬老院的铁门外卸下行李，高大哥带我们走进宽敞的院子，中央有一个水泥砌的花台，里面种着一棵我刚刚能够识别的榆树，边缘坐着三四位老人，病态、和善、孤单，对我们的到来充满好奇，问从哪儿来？我说，从云南来找李凤云大娘。他们拄着拐杖的手缓慢抬起，指指一扇打开的玻璃窗，说在那儿！

花台的后面，是院里仅有的一幢三层楼房，老人们的宿舍都在一楼，李凤云大娘和高大哥的房间在 “105”，门上钉有一个透明的小塑料袋，装着他们的名字。

这一层，还有厨房、餐厅和老人们公用的澡堂、卫生间。二楼有健身房、棋牌室和可以一起看电视的房间。三楼是院行政办公室。

高大哥敲敲门，迎出来一位模样端正、热情洋溢的老大姐，一口浓烈的东北腔招呼我们进来坐下。

房间的格局像酒店的标准间，两个单人床各挨着墙，中间有一小块地方可以活动。墙上几乎贴满了阳光宝宝的贴画，每一张都是孪生的婴儿，睁着圆溜溜的大眼睛，健康、活泼、可爱。

靠里的那张床上坐着一位老人，是李凤云大娘。她的手里抱着一个六十公分长的塑胶光头娃娃，身穿一件大人剪去袖子的旧针织半高领衫，脖子上系着果绿色的围巾，贴身是一件小孩儿的紧身体恤，带着紫色和蓝色的横条。

我猜，大概是大娘特别喜欢小小孩儿。

她身上穿着大红色的半高领羊毛衫，领口印着一圈深烟灰色和白色交织的装饰花纹。剪得很短的头发像冬天的白雪一样耀眼，额头的发际处，有一块蚕豆大的黑色老年斑。

我对她说：“大娘，您好！”茁儿也叫她：“奶奶！”

大娘偏过头来看着我们，又圆又大的眼里是疑惑的神色，却没有出声。

我感到不对劲，原以为大娘得了什么重病躺在床上，正在接受治疗或是在家里休养。

老大姐姓宋，是牡丹江退休的小学语文老师，应聘来给大娘当保姆。她走过去拍拍大娘的肩膀亲切地说：“这是瑞秋，从云南看您来了！这孩子是她的闺女。”

还是没有反应。会不会是老年痴呆？我赶紧问高大哥大娘怎么了？

他说：“傻了，神经分裂（精神分裂）。”

我愣住了，没想到大娘是这个病。

大娘依然看着我们，脸上的表情稍稍有点变化。突然，她笑了，发出的声音低沉厚实，略略带着几丝沙哑。这声音里还有一股不易察觉的力量，从胸腔带出她对外部世界想要表达的愿望。只是，几乎无人能懂。

大娘“啊、啊、啊！”叫了难解的几声，说出可以听懂的：“不容易。”宋姐解释，大娘是说你们来得远，不容易。

似乎清醒了，大娘又说，“坐车可辛苦了。”我赶忙说，“不累不累，大娘。”她“呵呵、呵呵”笑得很开心，说“你们两个人……”

又没下文了。

高大哥说起，最近几年大娘一直生重病，没少受罪。

“2008年她头疼，说不清是什么毛病，正好哈尔滨电视台咸明哲老师带人来采访发现情况，就帮联系去解放军二一一医院，结果是骨枕瘤，约好过几个月再去做伽马刀手术。出院带她去参观朝鲜民族艺术馆，她还能认好些鲜族字。原来在道河，做打糕的槽子什么的，她都会鲜族话。搬来这儿，老人一块儿看电视，有韩剧和鲜族，她会说，哎，朝鲜！伽马刀手术是2009年做的。2010年，她又得了慢性硬膜下血肿，还是咸老师帮忙去哈尔滨医科大学住的院，剃光头了，手术做得挺好。我娘在医院抽搐、喊叫，放电似的，嘴也歪了，天天吵着回家、回家！我只好提前去办出院手续。医院主任很负责，说还得治治，不让走，我签字画押才把她给带回来。2011年，她在家闹、走、跑，不老实。黑天不睡，白天也不睡。带她上牡丹江红旗医院检查，诊断是老年痴呆加神经分裂（精神分裂）。从那时候起，傻了。”

听着，我正想这么多的病折磨大娘，得受多少痛苦煎熬？突然，大娘又笑了起来，指指我脚上的靴子说：“皮鞋。”我说：“大娘，你喜欢吗？我给您买。”她“呵呵、呵呵”笑，又指着我说：“写字。”宋姐跟她说：“记下您的生活习惯，兴趣爱好什么的。”大娘“咯咯”笑起来。茁儿想试试她的记忆，叫她：“赫麽妮、赫麽妮！”大娘突然睁大眼睛，点头应声：“嗯，呵呵、呵呵……”笑着对宋姐说：“她可了不起。”我刚以为大娘有了清醒，马上又听她说：“那个丈夫……炮弹……”高大哥说：“娘，您又在胡说八道。”

那一刻我明白，自己已经不可能从李凤云大娘的嘴里听到任何她的往事了。不论她是愿意还是不愿意，都不会把我引领到那个曾经的世界，能够打开那扇门的钥匙，她永远丢失了。

现在的她，每天要早晚两次服用叫“富马酸喹硫平片（思瑞康）”的镇静药才能睡觉和不吵闹。这个药很昂贵，二百七十五元一盒，二十片，每次吃两片。大小便失禁，床下的一个纸箱里，放着宋姐洗干净叠好的尿片。夜里会惊叫，半夜睁着眼睛醒着，叫“日本人，去！”

我请高大哥拿来户口本，看看大娘的基本情况。

姓名：李凤云　出生地：朝鲜民主主义共和国　籍贯：朝鲜民主主义共和国　文化程度：小学　婚姻状况：丧偶　血型：不明　出生日期：

1922年4月3日　身高：158。

从这些信息看来，也许户籍登记的时候，大娘的汉语表达并不能说清楚自己的故乡。或许对于登记的警察，那个陌生遥远的国家哪里都一样，填个熟悉的国名拉倒。

我想了解关于李凤云的“朝鲜”和“丧偶”的“偶”，还有高大哥他怎么成了大娘的义子？

他说：“我娘的生日吧，是四月初三，我呢，是三月初四，这不缘分嘛！她嫁那老头不地道，天天喝大酒，打、骂，病了不给医，她都寻短见多少回了，没亲没故的。大队干部看她够可怜，让她离婚得了。她胆小、自卑，不愿离，就这么受着。一直到老头死了，才把她接到敬老院。”

“那是哪一年？大娘来到敬老院。”我问。

“我可说不上，比我来得早多了。反正她老头死的时候不到九零年，接着她就来敬老院了。我呢，1980年在生产队管仓库的时候出去办事伤了腿，算工伤。2005年我四十九岁，就让进了敬老院。我五月十号来，十二号‘母亲节’那天就看到这老人。她心眼儿好，用小炉子烧水，给所有人的保温瓶灌满。我没事，就帮她干点活。到周五，她来拖我去赶集，说我谢你呢，想吃什么我给你买。我很感动，一路帮她拎着包，说着话。她笑啊笑啊，买回来几盒‘哈尔滨烟’和几瓶果酒、葡萄酒。不管谁来，她都给人家抽烟、喝酒。女的给点心吃。从那以后，我经常去帮她搬个东西、说说话。她病了吧，我就给她收拾屋子，洗洗衣服什么的。她没孩子，可舍不得我了，就这么，我叫她娘了。2007年，我们上东宁县公证处公证了母子关系。我娘吧，特别温柔，善良。有人从她门口过，她都说来、来、来，让人家进屋坐。有人特坏，来了抽她烟喝她酒还骂她，她也不还嘴，还是给人家东西吃。后面有我了，我可不行了！谁敢欺负她，不答应！”

大娘似乎在听着，冲我笑，拍着她的洋娃娃，嘴里说：“亮亮、亮亮……”

宋姐说：“亮亮，她自己给取的名儿。经常问亮亮，妈妈嘞？妈妈嘞？”

高大哥佯装要抢走亮亮，大娘居然大叫：“抢人了……”她的义子给自己脸上几个耳光，嘴里说：“我该死！我该死！”大娘突然伸出手，示意他靠近自己，心疼地摸摸他的脸，眼里闪着泪光。宋姐和我赶紧安慰她，没事没事，逗您玩的。大娘笑了，低头抱着亮亮，轻轻拍着他的背，又回到那个我们无从知晓的世界。

我接着问：“大哥，大娘给您说过她来中国前的情况吗？还有，她是怎么来到东宁的？”

“知道。我娘是平壤的，给那二狗子骗来了。不是汉族二狗子，是鲜族二狗子。我娘说，要不是这二狗子，她一生没有这么惨。恨死他们了！她最先来阿城，后来才到的东宁。哈尔滨不远的阿城，你知道不？”

我摇摇头，说不知道。

“其实我也就能说个大概，详细的说法两个人最清楚。一个呢，是刚才说的咸老师，我给你他的电话号码你问他。另一个人，是俺们东宁老韩，韩茂才。可惜他死了！”

“死了？！”我惊叫起来。笔记本上还记着晓方给我的韩茂才的电话号码，计划来到东宁再联系他。

看我着急，高大哥说韩茂才的哥哥还活着，就住在他二哥家楼上，明天一早就亲自帮我去问情况。另外，再看看县里还有没有人清楚慰安妇的事。

宋姐也让我别着急，说先住下休息，都快九点了还没吃饭，饿坏了可不好，明天再工作，顺便去看看要塞。想起晓方说，一定要去看要塞，就问宋姐远不远？她说不远，日本人修的。又指指大娘说，这不，骗来给日本人安慰“那事儿”。

她倒来开水，高大哥拿来药片，让大娘服下好睡觉。两人像哄小孩一样让她张口、吃药。

我问除了药，大娘每天吃些什么？宋姐说："早上大米粥。中午吃老毛的奶粉，苏联的。晚饭吃三个鸡蛋糕。"大娘张嘴，好像说："这是他的……不愿意。"

我又问："大娘每个月有多少钱生活？"高大哥说："韩国人每月给五千多，寄这儿来，写她名字，我签字画押。"

"除了这些呢？"

"我们这儿，每月一百块高龄费，九十岁以上才有。领两年多了。原来呢，苏教授每年每月给一百块，后来给每月二百块，去年给了五千块。哦，还有一个每月五十五，是那啥？农村六十岁以上的困难补助。还有个低保，搁院里头使，不知道多少。"

"那您的收入呢？"

"我没收入啊！娘俩就花这点钱。不够啊！我得给她治病、买药、请保姆。"

他给我看一封信，是"韩国女性人权集团"负责人写来的，这个机构说他们的任务是每年支援"李凤云大人"健康治疗费用，并寄来医治关节炎的药和提高免疫力的红参口服液。

这样的关爱，让我得到某种宽慰。同时想起我所有见过的阿婆和大娘，她们大多住在偏僻而闭塞的乡间农村，家里贫困，每人每月的补助只有三百到五百元不等，看病吃药都得自己花钱，在病痛折磨和心灵苦痛中艰难度日，心里又止不住开始难过。

大娘躺下，我说："明天再来看您！"她没有任何反应，只是笑着，嘴里呜呜呜呜地不知说什么。

站起来想走，突然看见屋里的柜子上，放着一张装在镜框里的头像，好像是大娘？但又不是太像。

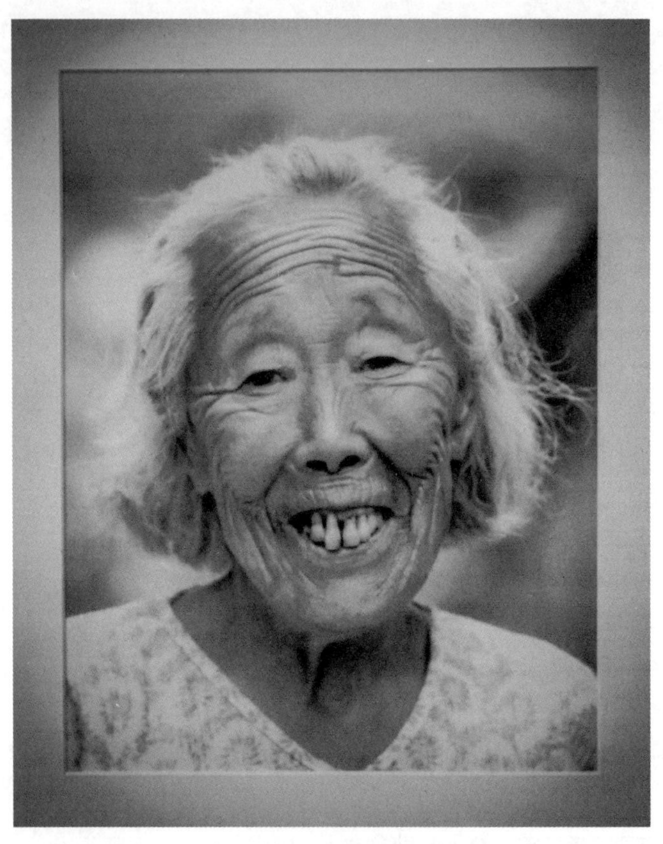

好几年前的李凤云大娘留在镜框里，和眼前的大娘判若两人，除了一样的白发，脸型、五官、神色毫不相干。（安世鸿 摄）

照片高调，却厚重耀眼。可以说，这是一幅人像的杰作，光影的运用无可挑剔，关键在于从时间损伤的女性脸上，捕捉到一种模糊而明晰的坚韧光芒，聚合了这样一些可以释读的涵义：隐忍、深情、清淡、无助、慈善、欢喜和突然之间忘掉的悲伤与烦恼。

照片上的大娘，白发长过耳垂一寸，自然卷曲。韩式长脸、但下巴圆润。眼睛细小，散发着温和的柔光。笑开的嘴巴露出几颗长短不齐的门牙，使得这一刻的笑容，难以掩饰心里的喜悦与从容。

我猜想，掌握镜头的人，得到了老人的信赖。快门，就在他认为最为完美的一瞬之间按下。

高大哥说："韩国人拍的。好几年了，那时候还没傻。"

好几年前的李凤云大娘留在镜框里，和眼前的大娘判若两人，除了一样的白发，脸型、五官、神色毫不相干。

我让茁儿翻拍了这张照片，也保留到自己的手机上。

告别大娘和宋姐，高大哥叫来出租车，把我们带进县城，在吃饭和住宿很集中的一块地方，找到一家不错的小酒店住下，约好第二天早上八点见面。

放下行李，赶快和茁儿出来，酒店对面还有开着门的小饭馆。几个二十多岁的小伙计正在吃饭，准备下班。分出两碗打卤面给我们，很快炒来两盘小菜。看着狼吞虎咽的茁儿，我心疼地向她道歉。她抬头说："妈妈您也一样饿着啊！倒是没有想到会这么辛苦，一会儿在中缅边境，一会儿又在中俄边境。"

回到房间，茁儿打开电脑整理照片。我拨通了哈尔滨咸明哲老师的电话。

听我说明情况，咸老师很热情，马上把李大娘的情况告诉了我。

她的原名叫李寿段，李凤云是"光复"（1945年8月15日日本投降）

以后进“政府改造人员学习班”老师给她取的名字。她认识的中国字，也就是那段时间的学习。

李寿段家里很穷，她还有一个妹妹。十五岁的时候妈妈把她嫁给一个小丈夫，十六岁生了女儿。不久，年轻的丈夫出门打工，长久不见回来，家里剩下一个小女孩带着另一个小女孩，生活一塌糊涂。

1941年，她十九岁，女儿生病死了。接着母亲病重，让她回家来照顾。有一天，一个男人来家里说，日本人正在朝鲜招募女青年到中国做工，可以先付四百八十元钱。为了给妈妈治病，她和村里四个姑娘跟着那个朝鲜男人坐上火车，来到中国哈尔滨的阿城县。

她们就住在阿城火车站附近，领班是个日本女人。阿城有很大一片关东军的营房，是军人和慰安妇的集散地。她们傻眼了，说是到“满洲国”挣钱的，没想到被送进军营，做的是“不要脸”的营生。她们想逃走，可是自己在哪儿都不明白，只得先呆着。那个时候，老板给她取了个新名字，叫做“西多咪”（ひとみ Hidomi）。

有姑娘逃出去又被抓回来，被打得半死。日本老板问李寿段，是想死呢？还是想跑？

这些姑娘很可怜，从来没有吃过一顿饱饭。一天只能吃两顿掺了糠麸的高粱米，菜就是大葱蘸盐面。有时候饿得受不了，就到附近农户的菜窖偷熬白糖的萝卜来吃。但如果被老板发现，就会挨一顿狠打。

挨打之后，就是想哭。也不敢哭出声，拉被褥蒙着头偷偷哭。

碰上心好的士兵，见她们很饿，就会悄悄盛着一小碗饭带来。

李寿段和几个姑娘在阿城熬了两年，早就还清了四百八十元预付款。她挂念着生病的妈妈，终于跑出来爬上火车，几天几夜之后回到了平壤。

让她意外的是，家人似乎对她艰难的归来并未欣喜若狂。妹妹告诉她，母亲知道她为了给自己医病卖进日本人的窑子，已经气绝身亡。父亲另外娶了继母，刚生了一个小弟弟，对她没有什么好脸色。村里人也看不起她，背后风言风语。

李寿段很伤心又没办法，留在家里憋屈难受，只好出来找工作。

这回，是遇到一个女人问她去不去中国？她想，上回被骗，难道回回被骗吗？她带着侥幸的心理，又登上了来中国的火车。

还是漫长的行程，一起来的姑娘有三十多个。

不同的是，这次没在阿城停留，就和十多个姑娘转上了去绥芬河的火车。

火车拉响汽笛，奔跑在“满洲”广阔的土地上，这些姑娘不知道还要去什么地方？十多个小时的摇晃以后，终于到达目的地绥芬河。

出站口，日本人的军用卡车等着她们。李寿段明白了，只不过换了一个军营而已，还得再当日本兵的慰安妇。

四十公里的路程不长，很快就来到东宁大肚川镇的石门子村，这里有日军的兵营，外围已经有4家慰安所。李寿段被送进叫“苏苏浪”的那一家，老板是朝鲜人。

她们的小房间要贴上自己的花名，李寿段还是作为“西多咪”为日军服务。只是她没有想到，自己将要永远留在这个陌生的地方，度过漫长的一生。

对慰安妇，“苏苏浪”有一套严格的规章制度，不可以违反，否则会受到重罚。但时间长了，女人们也可以在饭后走出兵营，到集市上买点生活用品，或者在兵营里跟日军官兵看场电影。

客人全是日本兵，进来的时候，穿着和服的慰安妇要向他们行礼。每次“慰安”，女人会得到一张“慰安券”，慰安所的老板规定，每天必须上交十五张，少一张都要挨打。如果谁忘记收票，也会受到惩罚。这份收入慰安所老板收去60%，女人们只拿40%，每个月折现一次。那40% 一般都拿去买衣服和化妆品。老板给她们的钱并不是真正的钱，是军票，只能在被日军占领的地方使用。如果想寄一些回家，就得跟人兑换。

战争越长，粮食越紧张，每天能吃的红高粱米越来越少，几乎没有吃饱过，但“慰安”并未因此减少。在早上，普通士兵进来。下午，高等兵进来。晚上，军官进来，可以留下到第二天早上。

那个时候是无法逃走的，慰安所里的朝鲜姑娘甚至日本姑娘，普遍的解脱方式是出门来到附近找棵树抱着哭，哭完再回去继续工作。最让她伤心的事，是妹妹写信来说，挣钱也不要往回邮了。

每次，李寿段哭完回到慰安所，老板会问她：“怎么，又哭去了？”

她都回答：“没有。”

1945年8月的某天下午，几个日本兵跑来“苏苏浪”，说苏联人要打过来了。第二天果真听到密集的枪炮声，日本兵的营房变空了。

看势头不对，几家慰安所的朝鲜老板带着李寿段和姑娘们，向老黑山方向逃跑。

来到太平川的时候天刚亮，听当地人说，老黑山铁路已被苏联红军炸断，从那里到吉林是不可能了。她们只好从山上下来，走进山下的村庄，分散住进几户农家。

后来，她们又回到大肚川镇，老板找到一辆卡车，说先装大家的行李，人第二天再走。车开走了再也没有回来，李寿段和几个姑娘被遗弃在兵荒马乱的小镇上。

一个曾经在日本人的酒馆里工作过的男人说见过她，邀请她一起生活。这个男人名叫李跃星，把她带到道河，结了婚。

她究竟接待过多少日本官兵，连自己也说不清了。每天至少四五个，多则十多个。她曾经记得一些官兵的名字，后来慢慢忘记了。

谢过咸老师放下电话，我的脑子里一会儿是李凤云，一会儿是李寿段。茁儿看我还在想事，就轻声道个“晚安”钻进被子，很快发出均匀的呼吸。

身处遥远的东宁，得到这样一个朝鲜姑娘的悲惨故事，让我完全失去睡意。

我总结她的经历，几乎是以“失去”为主题：从十六岁开始，她失去孩子；十九岁被骗，失去贞操、名节和尊严；也许是二十岁，失去母亲；二十一岁，失去亲人和故园；二十三岁，失去回祖国的机会；二十四岁结婚，失去自我和欢笑；六十五岁，失去那个对她经常施暴的丈夫；八十九岁，失去正常的思维；九十一岁，失去大部分记忆。

而除了这些时间准确的刻度，她还逐渐失去了活泼、美丽、健康、人权、生育能力，甚至冲动、勇气和梦想。只有一种生命的元素从未丧失，反而越来越得到苦难的强化，那就是我们称之为忍耐这种东西。

那一刻我相信，就是关于李寿段到李凤云，我所知道的依然不多，仅仅是一个粗略的框架，并不能潜进她生命的深处，看清那些是祸是福的幽微细处真正的要义。

而现在，她正在失去此生最后的时日，一天一天，一秒一秒……

我也在想，如果没有这场战争，没有无耻下流的“慰安妇制度”，李大娘命运中的那些有关“失去”的刻度会变成什么呢？如果成为“得到”？会得到什么？

不知何时，我也关闭了思考的天窗，沉入东宁暮春寒冷的深夜。

洞里错综复杂，随时像要迷路，阴冷潮湿令人胆寒，但工事依然完好，看得出日军修建时采用了当时最先进的技术来构造，隐秘而精细。

东宁：要塞和“要塞慰安妇”

早上八点钟，高大哥如约来到酒店的大堂，他说已经找过韩政委的哥哥，要来了“要塞专家”王宗仁的电话号码，让我跟他联系。我把电话拨过去，王老师说上午有接待任务，下午可以见我。他推荐了县文物管理所王贵明所长。

高大哥说不远，走过去十多分钟。

东宁的正街很宽阔，马路两边种着粗大的柳树，刚刚吐出嫩绿色的叶舌，朦胧的生机令人兴奋。不知从哪里吹来的风很冷，像小虫轻轻咬着脸上和手上的皮肤。茁儿拉起她棉毛衫上的帽子，我从包里扯出围巾赶快系上。难怪高大哥穿着夹克带着帽子。

走在这样的街道，心情会莫名其妙的荒凉，十多分钟没有碰上一个人。说明来意，王所长说先介绍一下李凤云这样的朝鲜姑娘为什么会来到东宁。我们从临街的门洞上楼。

1935年秋天，日军开始入侵东宁。当时东宁很小，只有三点五万人，却陆续进驻了十万人以上的部队，有步兵、炮兵、骑兵、工兵、坦克兵、通讯兵、汽车兵、航空兵。中将就来了三人，少将十一人。修了两座兵工厂，四百三十四个各类军用仓库，十个军用机场，四所陆军医院，三所军马医院，四百公里准军事设施铁路，一千九百七十五公里军用公路和警备道路。

1998年夏天，县人武部在清理“光复”时接管至今还在使用的日军仓库时，发现了三十一幅半日军当年使用的军事地图，经过长时间的联合调

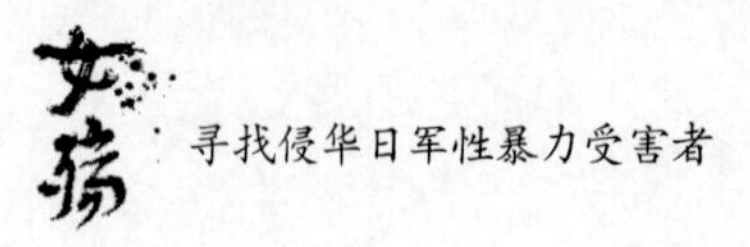

查才知道，日军从东北三省、华北和本地抓、骗了十七万劳工加上战俘，在东宁修筑了亚洲最大的要塞群。

做这一切的目的，是想迅速突破苏军东部防线，控制海参崴军港，摧毁滨港地区的战略空军基地，解除对日本本土的空袭能力，进而占领远东，再向西推进，与德国平分欧亚大陆。

西攻东守，东宁的十多万日军，就成了隐蔽作战的重要棋子。一旦发动总攻，关东军只要开出东宁这个大兵营，就可以最近距离攻击苏联了。为了不暴露目标，他们甚至准备了大量木炭，在部队通过林区的时候野炊。

随着日军源源不断运来劳工，火车里也随之运来了女人，在要塞附近不同区域十处开设了三十九家慰安所，有日籍和朝鲜籍慰安妇大约一千人。

慰安所的经营方式有两种，一种由军队集中经营，另一种由日本或者朝鲜皮肉商人经营。除此之外，军队或民间还经营流动式慰安所，一般设在军用卡车上，慰安妇的吃、喝、睡都在车里，管理者通常用卡车将她们运到部队驻地，用木桩和毛毯围起简易棚子，做临时慰安所，士兵排着队进去接受“慰安”。

日军还指使伪政权让中国的娼业老板也在城镇开设慰安所。东宁老百姓流传着这样的话：“哪里有大营，哪里就有窑子。”

就说李凤云所在的石门子，离东宁勋山要塞只有四公里，属于日军第一国境守备队第一地区，也就是胜哄山主阵地的二道防线。驻军有三个部队大约二千多人，分东、西两个大营。在大营西边有4个慰安所，日本妇女的慰安所叫“一松”和“寇涛布吉”。朝鲜妇女的慰安所叫“爱简所”和“苏苏浪”。

这四个慰安所的女人加起来不到一百个，要应付二千多日军官兵，没人受得了，有的女人寻了短见。逃跑的，人生地不熟，喂了老虎大熊都不知道。活下来的日子也不好过，李凤云算是命大。

王所长提议，还是带我们去看看开发出来的勋山要塞，才能对这个背景有充分的认识。

开着他的面包车，王所长拉上高大哥和我们母女，经过东宁古老的县城三岔口，很快来到了勋山要塞。

勋山顶部很平坦，像一个大盆底。站在边沿向东眺望，是广阔的田野和森林构成的北国风光。隆起的山峦和山下的河流，已在一百多年前从某份不平等条约上划给了俄国。

西面的盆边突然陡峭起来，山崖上樱花正在盛开，满眼是春天的气息。

这块巨大的平台上，修建了广场、纪念碑和东宁要塞群遗址博物馆。广场旁一块稍低的平台上，停着几架苏联空军的歼击机，让人联想当年天上地下激烈的战斗。

这里就是来东宁的路上司机向我推荐的著名景点。

广场上有一座苏联红军费尔索夫英俊的铜雕半身像。他的事迹近似我们的英雄黄继光。1945年8月11日，这位刚满二十岁的下士机枪手参加了攻击要塞的战斗，第一个突入日军的永备火力点，并在弹尽时用自己的胸膛堵住敌人的枪眼壮烈牺牲。

正看着，一大群俄罗斯中小学生和电视台记者簇拥着一位八十多岁的老军人走了过来。中国的导游姑娘告诉我们，这位老人是当年在东宁打过仗的苏联红军，想在有生之年来看看自己的部下费尔索夫牺牲的地方。当时，他是一名上校。

老军人身穿二次世界大战时式样的军服，肩章是两道杠三颗星，左右胸前挂着二十六块奖章。在他的小兵费尔索夫塑像前，摘下自己的军帽行礼，满头白发被山风吹乱。

中小学生代表开始对着费尔索夫朗诵准备好的颂词，老上校美丽的妻子扶着他慢慢离开。转身戴帽看见我，点头微笑。我颔首致敬，不由得感慨时光流逝七十年，暗自庆幸他能死里逃生。

我和茁儿顺着修好的一条石阶，很费力爬到了洞口，跟着王所长钻进“要塞”。

原来，日军让劳工掏空了山的肚子，在里面配备新的“五脏六腑”，修筑作战室、宿舍、弹药室、医疗室、电机室、储水池、厨房、炮位移动轨道、隐蔽通风口，洞室都是混凝土覆被的，看上去结构合理、经久耐用。

里面有一条供人游览的水泥路，估计是由原来的道路整修，两侧和顶部都是玄武岩岩壁，有的地方还嵌着一个又一个的铁钩，不知道其用途。王所长解释，是用来固定电缆和暖气的管道。

洞里错综复杂，随时像要迷路，阴冷潮湿令人胆寒，但工事依然完好，看得出日军修建时采用了当时最先进的技术来构造，隐秘而精细。

出洞来继续爬到山顶，王所长介绍葱茏的树木是风桦、白桦、榆树和樱花。若不是他指点，很难发现日军要塞还有隐蔽的堡垒和疏散口。

这里仅仅是要塞群的一部分，但是比较重要。整个要塞群南起大肚川镇的甘河子，北至南天门的十八盘，正面宽九十多公里，纵深约五十公里。主要由胜哄山、庙沟和北天山三个要塞群组成。我们的所在就是胜哄山的勋山要塞。

王所长是细心人，他说附近还有修要塞死去的“劳工坟”，天气不太好，就不带我们去看了。

高大哥腿脚不好，在停车场的树荫下等着。见我们回来，大声问：“瘆人不瘆人？”

下山的时候，王所长专门找到一处离瑚布图河最近的地方停车，让我和茁儿拍照，说身后一百米就是原来的苏联。

王所长的车再次经过三岔口，这里有几个朝鲜族的村落，他说光绪七年（1881年），清朝在这里设置招垦局的时候，固定居民只有九十五人，据说只有三个女人。

东宁是1933年1月10日沦陷的，乐宁人当了十二年零八个月的亡国奴。日本投降时，东宁的移民已经有三十二万人。县城从这里迁到小城子，也就是现在的东宁镇。

由于离胜哄山很近，日军在这里也有两家慰安所，由日本皮肉商人经营，一家在街里，另一家在西山大庙跟前，共有十多个“背小包”（指腰带）的日本妇女。原址已经没有了。

回到东宁县城，王宗仁老师也忙完了。两位东北大哥找出一些与慰安妇相关的资料，说战后留在东宁县的原日军慰安妇找到4位。

还是先说到李凤云大娘。

在朝鲜时李寿段念过日本人办的学校，老师让她改姓“松春”。招工的人骗她说到中国去唱歌跳舞，能挣到很多钱。她从中国回到家里，生活十分艰苦，每天只能用泡豆饼的水来充饥。实在是受不了，才又把自己卖给了“招工”的，来到东宁县石门子。

“光复”以后，她留在东宁大肚川，嫁给李跃星。一年后去道河的小地营生活。不幸的是，不管她多么勤劳和贤惠，男人还是经常打她骂她。到生产队里去干活，回家连口热饭都吃不上，下雨天还要上山去捡木耳。

他们说，还有一位大娘叫金淑兰，年龄和李凤云差不多，也是从朝鲜平壤来的，2006年回韩国生活去了。在中国的时候，名字叫金顺玉。

她“很有故事”，从十五岁开始来到东宁，一共被卖了五次。

她家里兄弟姐妹六个，穷得揭不开锅，经常嚼豆子喝凉水来胀肚子。七八岁的时候，父亲就被地主打死了。家里没法生活，能卖的孩子都卖出去，她被卖到一家小旅馆做工。

十五岁，家里把她卖到新义州，给人家看孩子，洗衣服，做佣人。

后来想家了，就辞工回到平壤。在家呆了十来天，因为实在太穷没有办法，家里又把她卖到奉天（沈阳），在一个饭店当服务员，干杂活、洗洗涮涮。因为不会说汉话，生活和工作都不方便，遭了很多罪。

在奉天呆了一年多，回到平壤。家里正欠着地主的钱还不上，又把她拿去抵债。这地主转手把她卖到一个酒家当服务员，在那里干了几个月，这个老板以三百元的价格，把她卖到了东宁。

那年，她才十九岁。

金淑兰长得比较标致，从石门子下来的一个日军上尉看上她，经常来找，两人关系不错。有一天，上尉说县城太远，让跟他去石门子，会比在这儿好些，金淑兰就跟着他去了。

去了也没有什么改观，每天一样接待十多个日本兵。要是休息天，恐怕得二十个。有时候累得休克为止。那时候她们整天想跑跑不了，抓回来就挨打。心里再难受也得涂脂抹粉，打扮得漂亮点。不化妆也要挨打。来东宁三年，落下了腰腿病、心脏病。

1945年“光复”，姐妹们多数都跑了，是死是活很难说清楚。

她自己，还不到五十岁，整个胯骨痛得睡不着觉，两条腿也不好使。整年的吃药，花不少钱。

金淑兰二十五岁的时候嫁给大肚川一个姓郭的农民，十三年都没有生孩子，被这个男人强烈要求离婚。三十五岁又再嫁，才生了个闺女。这闺女后来在牡丹江工作，父亲去世后，跟着母亲到韩国去了。

2000年，一位叫仓桥绫子的女士从日本来东宁。她的父亲叫大泽雄吉，是当年驻防东宁的宪兵，患癌症去世前给了她一张字条，要她帮着刻到墓碑上。

五十多岁的仓桥绫子拿着父亲年轻时候穿军装的旧照片挨个找几位大娘辨认，有人猜测，没准儿大泽吉雄就是带金淑兰去石门子的那个上尉？但是金大娘仔细看了照片，还是摇头说不认识。又问了另外几位大娘，都说照片上的人没印象。尽管这样，仓桥绫子还是代父亲给大娘们赔罪认错。

王宗仁老师从一本资料中翻出大泽吉雄的遗言，是这样写的："在旧日本军队勤务了十二年八个月。这期间有十年作为陆军下级干部（原宪兵准尉）在中国的天津、北平、山西省的临汾、运城，旧满洲的东宁等宪兵队做勤务，参加了侵略中国战争。对中国人民做出的行为不容辩解，真诚地道歉！"

这故事让我有些惊讶，来不及深究。他们又说金淑兰还有个同伴叫李光子，家住三岔口镇高安村，2002年去世了。

李光子是韩国釜山人，但出生在日本东京。1942年被骗到东宁石门子的"爱简所"当慰安妇，她才十六岁。

她的父亲在一家日本的株式会社工作，突然生病去世，留下年轻的母亲和幼小的姐妹，生活变得非常艰苦。

母亲得病带信回韩国，叔叔赶来日本把娘仨接回了釜山。

回到釜山的李光子才七八岁，为了生活，妈妈把她送到旅馆帮人干杂活，洗菜、洗衣服，什么活都干。没有工钱，只是管饭。一直到十五岁，妹妹才来把她叫回家。叔叔把她介绍到工厂去学织布。

和所有被骗来到中国的朝鲜姑娘一样，她们的生命都有黑色的"那一天"。

家里来了一个韩国女人，听说是某个酒店的老板。这个女人说，中国有个纺织厂挺大的，到那儿能挣着钱，还能吃大米饭，何必在这里受苦。问李光子愿不愿意去？

妈妈和光子都没有答应。

第二天，这个女人又来织布厂找到光子。她说，看你在这里挺遭罪，去吧！听我的，中国大米有的是，工厂也多，还能挣钱。

光子有点动心，妈妈有病又没钱治。她试探着说，你给我妈妈点钱我就去。那个老板答应了她的要求，但给了妈妈多少钱光子并不清楚。

收了人家的钱，三天之内必须走。光子没有一件像样的衣服，妈妈只好把自己的改小给她穿上。女老板只领着光子一个人从釜山坐火车，从图们这条线到了牡丹江。在牡丹江办了入境手续，又坐火车到绥芬河站。一下火车，就看见有三辆带蓬的军用卡车在那里停着，车上有日本军人，还带着枪，老板带着光子爬了上去，光子以为是搭军车去工厂。

来到石门子，下了车已经半夜，光子被送进一个小破屋睡觉。

第二天早晨起来一看，到处都是日本军人，还有很多妇女。疑惑不解的光子去询问，女老板懒洋洋地说，这里不是工厂，你今天也看明白了，就在这地方哭也没用。

这个女人，原来是石门子"爱简所"的女主人。

光子如梦初醒，吓得大哭，她请老板不要让她接客，说扫地、洗衣服干什么都行。但是，没人理她。

在惊恐和悲愤的哭喊声中，她成了日军的慰安妇。没有节假日，没有星期日，来了月经也不准休息。那时候也取了花名，好像是叫"白子"（しろこ）。

"光复"那年，苏联红军打了过来，飞机子弹往地下扫射。石门子四家慰安所的老板带着四十多个朝鲜和日本姑娘奔向太平川。在那个地方碰到朝鲜族人，姐妹们分到各家去住。光子住进的那一家已经先来了个叫卢其汉的小伙子和他妈妈，也是来避难。

在一起住了四十多天，有人给卢汉其的妈妈推荐光子做儿媳妇，说她只是在"那里"（慰安所）擦擦地什么的，当服务员，没干别的。卢妈妈同意了。

后来，这群姑娘分散了，有二十多人又回到了石门子，其他人到了大

上图：1998年夏天，县人武部在清理“光复”时接管至今还在使用的日军仓库时，发现了三十一幅半日军当年使用的军事地图，经过长时间的联合调查才知道，日军从东北三省、华北和本地抓、骗了十七万劳工加上战俘，在东宁修筑了亚洲最大的要塞群。

下图：原来，日军让劳工掏空了山的肚子，在里面配备新的“五脏六腑”，修筑作战室、宿舍、弹药室、医疗室、电机室、储水池、厨房、炮位移动轨道、隐蔽通风口，洞室都是混凝土覆被的，看上去结构合理、经久耐用。

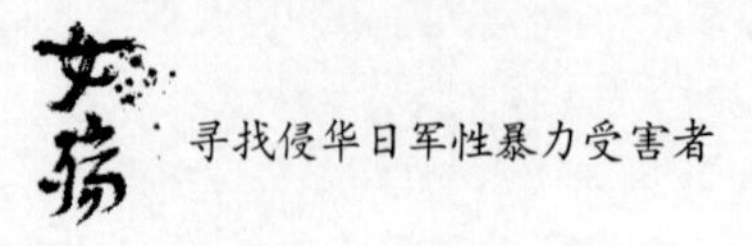

肚川一带，光子和卢其汉到三岔口住了下来。

1950年，卢其汉参加抗美援朝，再也没有回来。

十三年后，李光子再嫁鲜族人金再石，生了一个儿子。老伴在1994年去世。儿子现在家种地，生活过得不宽裕。

从离开朝鲜到去世，李光子从未联系上家里的任何亲人。

和李光子一样来自釜山的，还有池桂兰。

池桂兰算得上有文化，念过初中二年级。

十八岁的时候跟同村一个男青年结婚，一起到日本居住，曾在一家日本学校学习日语。

二十二岁那年，丈夫被强行征兵，池桂兰只得出去打工维持生活。有一天，她在报纸上看到一条去中国东北做工的广告，报酬不错，就跟着招工老板来到了中国。

1945年3月，坐火车后又坐火车，最后被军用汽车拉到石门子，才知道自己被骗了。

池桂兰性格倔强，她拼命反抗，不吃饭、不梳头、不洗脸，反复说：“我要回家。”但是，这样的反抗只能招致一次又一次毒打，她的听力几乎完全丧失。

1945年8月，苏联红军打到了东宁，她和姐妹们跑出石门子，在迷茫的大山中寻找回家之路。可是转了几天，又回到了大肚川。在好心人的劝说下，她嫁给当地做木工活的汉族农民。

但她还是想回釜山，不知道丈夫还活着没有？会不会回去找她？最初几年，她总是把自己的衣服单独包一个小包，随时准备回家。

但是，时间过去一年又一年，并没有等来任何可以回家的机会，自己已经成了两个孩子的妈妈。

丈夫一家宽厚善良，待她不错，生活也就慢慢安定下来了。

1996年，比她大八岁的老伴去世后，儿女和她一起生活。儿子在家务农，女儿在县城住着做生意。

中国和韩国建交后，迟桂兰通过红十字会查找到韩国几个弟弟的地址，写信给他们打听回韩国的办法，但没有人可以帮助她。直到2000年秋天，池桂兰才得到一个民间社会福利院的接纳，回到了她日思夜想的韩国。在“分享之家”住下之后，她恢复了自己已经多年不用的名字：池石伊。

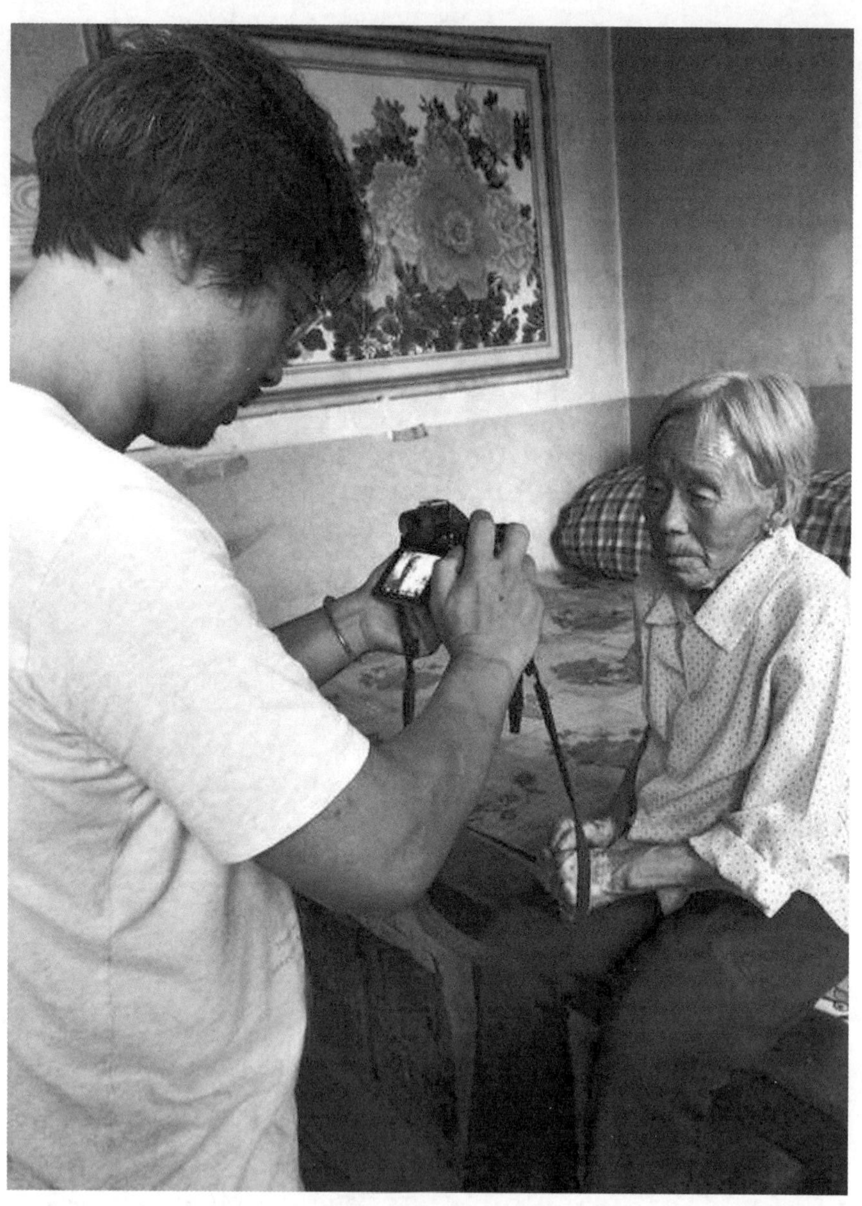

2001年，安世鸿知道还有幸存者留在中国，战争结束后她们还是无法回家。他背着四个相机来到中国，寻找受害者，用胶片记录她们的生活。山西之行，是他第二十次踏上中国的土地。

两则插曲：韩国摄影家和朝鲜服装

离开东宁不久，我再次来到山西继续采访。

张双兵老师建议我和同时到来的韩国摄影家合租一辆车，方便行动。就这样，我见到了安世鸿先生和翻译朴孝晋小姐。

几天的行程，我知道安世鸿拍摄慰安妇主题的照片已经十八年，仅去年就在日本、韩国和美国做了十次影展。

听说安世鸿去过东宁，我马上打开手机上保存的李凤云大娘头像给他看。果然，是他拍的。

安世鸿第一次接触到慰安妇是1996年，当时他是一本社会评论杂志《路》的摄影师。他来到首尔附近的“分享之家”见到了生活在那里的战争幸存者，看上去她们和韩国乡间普通老人没有多大区别。他并没有拿出相机，而是成为这里的义工，每周一次来跟大娘们生活和聊天。让他吃惊的是，听见的每一个字都饱含了过去八十年的痛与苦。差不多过去三年，他才打开相机的镜头。从那以后，他在韩国见到了更多的幸存者，拍摄了大量表现她们内心痛苦的照片。

2001年，他知道还有幸存者留在中国，战争结束后她们还是无法回家。他背着四个相机来到中国，寻找受害者，用胶片记录她们的生活。山西之行，是他第二十次踏上中国的土地。

之前，我们共同见过的受害者有两位：武汉的毛银梅和东宁的李凤云。想起毛大娘的原名，我拿出笔记本上的“朴娥姬”给他和朴孝晋看，问毛银梅的朝鲜名字是不是这个读音？也提起记下的拼音。他们说姓朴对的，但娥姬的发音差很远，笔记本上记下的拼音很接近。

韩语表音，没有和中文固定对应的文字。安世鸿和朴孝晋给我写出来准确的韩文和读音，一遍一遍读着“박차순”（Park cha soon）让我选择相应的汉字写出来，再读给他们听。我写下“朴朝顺”“朴查顺”“朴次顺”。他们说，“朴次顺”最接近。

媒体流传的“朴娥姬”，这个朝鲜味和女人味十足的名字，大概是某位记者愿意毛银梅拥有这样一个动听的名字而选择了这三个字给她。

去年，安世鸿带人从韩国来，帮毛大娘装修了她的小屋。粉刷墙壁，铺上韩国垫棉被褥，在墙上挂好朝鲜半岛地图。

李凤云大娘的朝鲜名字이수단（ Lee soo dan），他们说翻译成“李寿段”不错，很接近。

我告诉安世鸿，很想知道作为同胞，他是否在采访时得到了关于李凤云大娘特别的信息。比如，她从不愿对人提及的往事、不足挂齿的个人喜好、记忆难忘的某些瞬间，甚至是爱吃的食物和喜欢的颜色。因为，她已经不能给我答案。

安世鸿说：“（朴孝晋翻译）当然当然。在东宁，除了李寿段，我还见到了金淑兰。她们对我哭泣流泪，说我还没有忘记她们，而且从韩国远道而来。我想，这是感激的眼泪，也是因为无法回到故乡悲伤的眼泪。她们的心里有很大的压力，过去的伤痕已经刻在身上。她们在陌生的土地上承受了虐待，还得接受陌生和苦涩的生活。

被骗离开自己的祖国，在慰安所被迫使用日本名字和说日语。在被军队丢弃之后，为生存再学中文。 因为无法承受独自生活的艰难，她们结婚了。但过去的伤痛让她们无法生育，面临着老了以后再次回到一个人的生活。慢慢失去劳动能力，身患多种疾病，各种困境使她们无法得到治疗。她们不知道亚洲今天的情势，或是日本政府的立场，始终沉浸在日军付诸于她们的痛苦和对少女时期就离开了的家乡以及亲人的想念之中。

她们最想要的就只是回家，这个愿望经历多少岁月都不会减退，不论是活着，还是死去。

我曾经用她们记忆中的地址和她们父母、兄弟姐妹的名字去寻找在韩国的亲人，但是因为记录没有完好的保存，还有一些家人已经离开了以前居住的地方，所以未能如愿。但是，没有亲人的欢迎，对她们来说，家也是不存在的。她们还是注定要在中国的土地上，带着深深的绝望度过余生。”

我又问他：“两位大娘能听懂你说话吗？”

安世鸿摇摇头说：“李寿段基本不能，金淑兰奶奶的朝鲜话记得多一些，可以打招呼和告诉我她身体哪些地方疼痛。我说话的时候，她们听懂的词语会有反应，会很高兴抬起头，眼睛发出兴奋的光。李寿段奶奶不好意思地对我说，现在我不能流利的说中国话，也不能流利的说朝鲜话，原来日语说得很好，也忘记了。忘了朝鲜话真是很难过啊！而我觉得，让她更心痛的是，她必须用中文对一个韩国同胞讲诉自己的故事。她叹着气，默默流眼泪。”

在山西采访当地受害者，不时会插进几位朝鲜大娘的故事，尽管国籍不同素不相识，她们同样遭受了性暴力的摧残，命运都被战争彻底改写。

过去的生活，李寿段对安世鸿说了很多，比方慰安所老板经常威胁她们不能怀孕，如果生了女孩，他会逼良为娼，就像对待她们一样。

李寿段曾经染上严重的性病，最后必须在东宁一个大医院进行手术。她以为自己会就此死掉，觉得死了也好。在医院呆了十天，老板让她自己向医院交付昂贵的住院费和医药费。她无力承担，只好回到慰安所。之后两个月，老板在她的门上挂了牌子，禁止日本军人进入。

尽管李凤云离开道河敬老院已经快十年，我还是想从安世鸿的记忆中了解大娘的那段生活。

“住在养老院的李寿段虽然没有亲人，但什么也不用担心，很轻松。她好像在暗示她感谢年龄的增长，因为再也没有人在她身边让她难过了。

她每周会去村里的教堂礼拜两次，不全是因为宗教信仰，更多是因为想融入村里的人们。她和养老院里的其他院友一起去，这让去教堂的日子更加有意思。

她喜欢花。在她的桌子上放着几个旧瓶子和罐子，里面插着她采来的野花，墙上有一个骑马用的马镫，也插着干了的果实。

道河的白天很短，她每天只吃两顿饭。早晨，她一般会喝白米和高粱煮的粥。下午吃饭和汤。她房里有一个小桌子和保温壶，桌子的抽屉里放了各种小咸菜。

烟是她唯一的奢侈品。她在一片报纸上放一些烟叶，卷起来，用口水把边粘上，点燃纸卷，然后深深地吸了一口。

道河养老院的附近有一条河，走十多分钟就到了。李寿段每天都要到河边去，想家的时候就点支烟，默默看着河面。这条河很宽，水流急，很像她家乡平壤附近的那条河。她还是想回家，但她知道那里已经没有欢迎她的人了。

在七十年代初，她和在朝鲜的家人会经常书信来往，互换照片，但是在1973年，她的一封信因为无人接收被退了回来。从那以后，再没有联系了。她有一张妹妹给她寄来的全家福，她说那是她最重要的东西。”安世鸿说。

在东宁，我没有看到这张对李凤云至关重要的照片。但在一份十年前她清醒时留下的口述中有这样几句话令我难忘：“（我）写一封信，邮票贴了两张，可是贴少了，出国嘛。我又贴了五张，到了。找了一圈没找着，信封上贴了一张那边的（邮票）寄回来。这回（我）给贴上十个，又贴五个，还是没找着，又给返回来了。（我）不死心，又写一封，邮票贴满，在信封上写了我的名字。这回，俺姑父看见中国来的，我的名字，说是咱老婆的侄女。这么的，找到了，就那么通的信。”

李凤云是用简单的中文写的信。家里寄过来的信是朝鲜文她看不懂，请镇上中学的朝鲜族老师翻译，她知道后妈生了两个弟弟，两个妹妹。这个时间应该是1970年。

没几年，也就是安世鸿记下的1973年，李凤云再次和家人失去了联系。那份口述也有提到，她说：“他（弟弟）那个来信不懂得，朝鲜话。那个朝鲜话我就不会写了，就那么的断了信了。眼睛也快瞎了，好哭，一干啥就哭。”

我打电话去问高大哥，那张“全家福”在哪里？他说不知道，没见过。

有一个问题我突然想到，李凤云大娘为什么没有像金淑兰大娘去韩国的“分享之家”？

安世鸿说，李大娘的老家在平壤，韩国没有一个亲戚，也不懂韩国语，所以她就没有去了。

他还告诉我，金淑兰大娘仍生活在韩国“分享之家”，池石伊大娘已经去世。

金淑兰年轻时长得很漂亮，日本名字叫“かょこ”，中文大概是叫“佳代子”。在石门子慰安所时，和日军军官有了孩子，生下后送给中国人，五个月后还是死了。她三十五岁嫁的丈夫是粮站的仓库管理员，性格多疑，不愿她提起过去的事。

再说一套朝鲜民族服装。

回到昆明，打电话到哈尔滨找咸明哲老师核实一个数字，咸老师想起他忘记告诉我，2008年李凤云大娘去哈尔滨看病，带她去朝鲜民族艺术馆参观，馆里专门开会商量，决定送她一套朝鲜族民族服装。老太太摸着那套裙子，激动得淌眼泪，说等她离开人世，一定要穿上这套衣服下葬。

在东宁，我问过高大哥，大娘喜欢什么颜色的衣服？他说黑的，蓝的。不喜欢红的、花的。

想起自己小时候在学校宣传队跳舞，领舞的四个小姑娘分别穿着维族、藏族、苗族和朝鲜族的服装。一件洁白的小上衣滚着粉红色的领边和飘带，下身是一条果绿色的长裙子，这是我的演出服装。发型，是老师帮我编的一根又粗又长的独辫。

由此，我想象了李大娘得到的那套珍贵的民族服装。白色还是淡黄色的上衣？紫红色还是粉红色的飘带？裙子的颜色是深还是浅？实在想不出来，又充满好奇。

我拨出高大哥的电话，这套衣服他一定收着，说不定还经常翻出来给大娘看看？

高大哥说："是是是，有这么回事。那艺术馆送给她的。啥颜色？说不上。那衣服太大了，没法穿，我早给人了。"我大吃一惊，赶紧问："你给谁了？"

"给院里的出纳呗，搁着浪费。"

"可是、可是，"我突然结结巴巴，"可是大娘她有个心愿，她走的时候，要穿上这身衣服。你给人了，她怎么办？"

"她没这个心愿、没这个心愿。"电话那头的高大哥，还是他开朗活泼的声音。

可是，从那一刻开始，我就没心思做任何事。我在家里游来荡去，摸摸这、摸摸那，好多次想打电话给咸老师。

不知道该怎么办？想到大娘最后的心愿就要落空，一阵一阵心疼。她的一生，已经有太多的"失去"，如果最后表达的心愿还不能实现，那么……

身为女性，我知道衣服有多么重要。尤其是民族的服装，不仅仅是一件衣服，而是世世代代传递的美学密码和民族图腾。对于一个失去故乡的女性来说，穿上这套衣服等于回到了祖先的怀抱。

我倒在床上，辗转反侧难以入眠。

上图：在七十年代初，李寿段和在朝鲜的家人会经常书信来往，互换照片，但是在1973年，她的一封信因为无人接收被退了回来。从那以后，再没有联系了。她有一张妹妹给她寄来的全家福，她说那是她最重要的东西。

下图：我用想象改变这张照片——春天，山上百花盛开，两个十八岁的朝鲜姑娘，穿着洁白的短衣长裙，胸前粉红的飘带被风扬起，脑后的发辫随着身体的奔跑而摆动。她们拉着手，正被身后赶来的小伙子追逐，跑向村里同伴的婚礼现场。似乎可以听见，她们洒在路上的欢笑声。

第二天睁开眼睛，还是这件事。我想，如果这套衣服不重要，咸老师不会专门提起。如果大娘没说过这句话，他有什么必要去杜撰？已经过去六年，牢记着大娘这句话，说明他看重这位不幸老人的终极愿望。现在衣服送人了，得用什么办法才能弥补？

我又想起已经痴呆和发疯的李大娘，她木然地看着眼前的世界，不知道人们在做些什么、说些什么，也管不了谁在做些什么、说些什么。所有经历的苦难和内心的酸楚她已经忘怀，可是一定会有某种我们无从知晓的东西，某种与生命之源不可分割的东西不会离开她。

我又想起走路有些费力的高大哥，他开朗、热情，说着有趣的东北话。在我离开东宁的那个早晨，他抱着一个装着木耳的铁罐站在大堂等着和我们告别，告诉我他放了好几年都没吃，让我带回云南。

我不认为他有那么冷酷，就想，没准大娘在跟咸老师表达自己心愿的时候，他走神了？去洗手间了？或许正被艺术馆里的某件展品深深吸引？都有可能，就是恰巧没有听见娘这句关于辞别这个世界的重要安排。

想来想去，我还是拨打了咸老师的电话。

“什么？送人了！他、他怎么干出这种事！我跟你说啊，这衣服非得追回来。你等着，我去找他。”

很快，咸老师的电话拨回来：“瑞秋，我跟小高说了，让他无论如何要把衣服给追回来，如果需要经费，马上跟我说。有什么困难如实讲。老太太说不定啥时候会走，我们如果让这样一位不幸的人希望落空，那还说得上有人性吗？幸好他还诚实，没编造谎言，我这也有个应对的办法，实在不行，还得赶紧给老太太重新准备一套。”听到这个补救方案，我放下心来。

过了两天，没有任何消息，我忍不住给高大哥去电话询问衣服找到没有，也不知他会不会怪我？

电话里的声音有气无力：“找到了，在床底下呢！我给记成送人了。”

“当时您是不是没听见大娘说这句话？”

“没有啊！我没听见。回家老太太也没说啊！我心脏病、高血压犯了，住院呢。”

我赶紧问他因为什么事这么着急？是不是衣服？千万别伤了身体。他说上火的事跟那套衣服无关，现在说也没有用，他住院十二天了。我让他好好歇息，心放宽些。他说：“我这人吧，心眼狭窄，遇事不冷静，没办法。”

又问了大娘的情况，高大哥说：“还行，老样子。”

我想起安世鸿书里的一张照片：苍老的李寿段和金淑兰，各自身上穿着一套西装，估计是她们最好的衣服。金淑兰右手拄着拐杖，左手拉着李寿段的右手，她们走在广阔的秋野，孤单、萧瑟，病态，和环境的荒凉浑然一体。

这里就是石门子，留在这里的青春充满痛苦。时光里的记忆，最多的还是眼泪。

我知道，她们出生在1922年，都是从朝鲜的平壤被骗来充当日军的慰安妇，都被遗弃在东宁嫁为中国人之妇。她们一同深藏苦涩和羞耻，一样望断归家的长路，一起老成照片上疲惫苍凉的身影。

我用想象改变这张照片：春天，山上百花盛开，两个十八岁的朝鲜姑娘，穿着洁白的短衣长裙，胸前粉红的飘带被风扬起，脑后的发辫随着身体的奔跑而摆动。她们拉着手，正被身后赶来的小伙子追逐，跑向村里同伴的婚礼现场。

似乎可以听见，她们洒在路上的欢笑声……

第八章

飞向海南

起飞，才早上八点。从北国的哈尔滨到南国的海口，距离四千公里，飞行时间七小时。

高空飞行漫长单调，自然会想起偏僻、冷清的小城东宁，更难忘李寿段、金淑兰、池石伊、李光子。因为这几个朝鲜姑娘，联想到远在海南岛上的朴来顺。

二十五岁的朴来顺并不知道中国有多大？但有一个她想念的人在那里打仗。她想，如果参加“战地后勤服务队”去中国，每天帮士兵洗衣服、做饭，照顾战场上下来的伤员，没准会和他遇上。

1940年3月，父母的阻拦完全失效，她和三十多个十六岁到三十岁的年轻女子，跟随姓李的朝鲜男人上了火车。

路上，朴来顺很高兴，姐妹中有四个人也姓朴，马上亲如一家人，胆子也就大了起来。

在火车上度过几个白天和夜晚。

下车的地方，是中国东北的抚顺。姓李的男人让她们快点爬上接人的军用卡车，挤成一团驶向日军的兵营。

卡车并没有去兵营，而是在附近一所大院子的门外停下。朝鲜男人忙着下车吆喝，清点人数后带队进了院子。

朴来顺很惊讶，这个院子好大，已经来了不少姐妹，应该不下二百人。

两天后，这些姑娘进行编队。朴来顺所在的队伍大约五十人，除了朝鲜来的，居然还有日本姑娘。

这个队的管事姓崔，也是朝鲜男人，给她们分发颜色和款式相同的服装，叫洗澡后换上进行体格检查，并提醒记住衣服上的编号。

换好衣服排成队，大厅里走进来一个穿着白大褂的中年日本女人。她的身后，尾随着五六个日本男人。

姑娘们不知道这是干什么，就小声议论起来。崔管事大声叫，安静！日本女人说话了。

她说体格检查是为大东亚圣战，为皇军的生活服务，你们要有牺牲精神。接着，她叫姑娘们把衣服脱光。

这要求让人又惊又羞，没有任何人动手。

白大褂女人伸手指着前排一个小姑娘，叫她出列脱衣服。这姑娘站着不动，两个男人走上来，强行扯开她的衣裤，当众强奸。很多姑娘吓得闭上眼睛，听着小姑娘又哭又喊。渐渐地，没有声音了，只见她绝望地躺在地板上，眼泪不停流出来。

朴来顺害怕得哭了，许多姐妹也在哭，但不再敢反抗，赤身裸体接受了白大褂女人的检查。

朴来顺和姑娘们纳闷，不就洗衣服、做饭、照顾伤员，犯得着这么耻辱的体检吗？

答案，就在当天晚上。

并没有谁需要她们洗衣做饭。三支队伍的姑娘们收拾东西陆续离开，

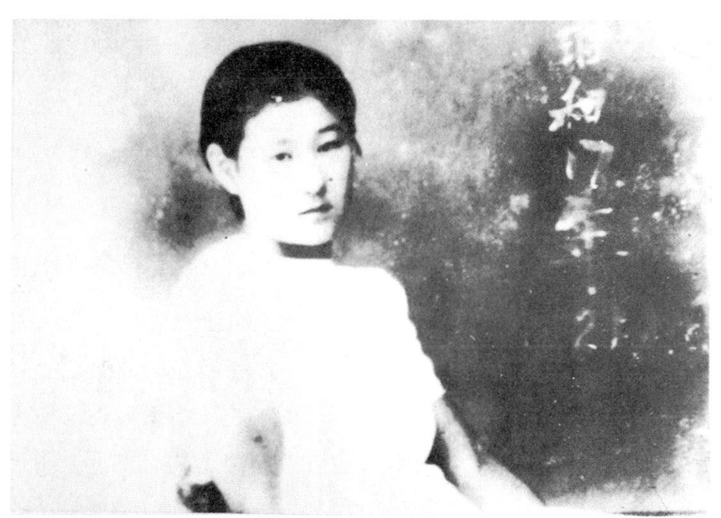

上图：在海上差不多一个月的时间，军舰才在海南岛的海口港靠岸。朴来顺和姑娘们被日军带下船来，送进中山路上的慰安所，附近就是日军的司令部。第二天，朴来顺来到街上一家日本人开的照相馆，照了一张半身像。以后的她，再也没有进过照相馆。

下图：2013年12月12日上午十点，我在海南保亭县毛弄公路养护段后面的小山上，找到一座荒凉寂寞的坟墓，被杂草和藤蔓包围的石碑上，刻着朴来顺的名字。

朴来顺这一支留下来。

天还没有完全黑定，崔管事就开始在门口给进门来的日军士兵卖票，两日元一张。一个得到“突击一号”（安全套）的士兵走进朴来顺的房间，从此她成为慰安妇。

痛苦自不必说，恋人的身影和面孔越来越遥远。

1942年，朴来顺和另外二十七个姐妹接到离开抚顺的通知，一起乘日本军舰南下。没说去什么地方，只告诉路途很远。

军舰上，二十八个姑娘被迫工作，船舱成了慰安所。

在海上差不多一个月的时间，军舰才在海南岛的海口港靠岸。朴来顺和姑娘们被日军带下船来，送进中山路上的慰安所，附近就是日军的司令部。

第二天，朴来顺来到街上一家日本人开的照相馆，照了一张半身像。以后的她，再也没有进过照相馆。

1943年1月，朴来顺和几个台湾、菲律宾姑娘被装上军用卡车拉到三亚市红沙墟旁边的欧家园慰安所。在那里，她终于得到了关于恋人的消息。

慰安所新调来的金管事是日军士兵，说起来和朴来顺的恋人小崔曾经同在一个部队，从朝鲜一起被征召来到华北跟中国军队打仗。不到三个月，小崔就阵亡了。

朴来顺哭了几天几夜，终于病倒在床上。身体还未完全康复，日军士兵已被允许走进她的房间。

2013年12月12日上午十点，我在海南保亭县毛弄公路养护段后面的小山上，找到一座荒凉寂寞的坟墓，被杂草和藤蔓包围的石碑上，刻着朴来顺的名字。

台风刚刚袭击过这片山坡，坟边有一只锈迹厚重的铁箱子已朽烂，里面倒出来的深蓝色长裤、棉毛内衣、碎花衬衫和一只“解放牌”胶鞋散乱在泥土和杂草上，早已经脱色和腐朽。

海南红十字会志愿者陈厚志告诉我，1945年8月日军战败投降，忙着撤离海南岛，抛弃了这些跟随他们南北征战的慰安妇。在混乱急促的奔逃中，朴来顺遇到原先就认识的朝鲜青年石建顺，两人找了个地方先住下来。1948年他们正式结婚，定居在崖县荔枝沟，婚后七年并未生育。1955年，石建顺生病去世。朴来顺领到“外国人居住证”，被安排到保亭公路工区当养路工。

1994年，朴来顺在保亭县医院永远闭上了眼睛。至此，她在中国生活了整整五十三年。

站在她的坟前，我想起山崎朋子笔下的南洋姐，细看朴来顺的坟头朝东，并没有朝着故乡朝鲜。

她早已入土，无人扫墓和祭拜。如果还要琢磨她活着的心境，一定也如我的眼前，破败、寂寞、荒凉。

从抚顺来到海南岛上，朴来顺发现自己和姐妹们并不能满足众多日军性欲的需要，大批黎族和苗族少女也被抓来慰安所一同接客。

有人不甘承受这份痛苦，或是逃跑被抓回痛打，或是干脆吊死在院子里的大树上。

差不多十年前，浙江日报摄影记者陈庆港背着照相机来到海南岛上，在烈日灼人的天空下行走，找到将近二十位当年被侵华日军强抓和哄骗到慰安所的阿婆，拍下了她们暮年生活的艰难和刻在面容躯体上的痛苦。

在海南省文史馆，他见到朴来顺唯一的照片，把它翻拍下来。

今年三月在杭州见到庆港，我告诉他，那些在他镜头里定格了某个生命瞬间的阿婆，大部分人已经离开了这个世界。

2014年4月29日下午三点，飞机准时降落海口美兰国际机场。我和苗儿拖着行李只要走七百米，就可以乘动车去陵水，再转车去保亭。

去年十二月见到陈亚扁阿婆，告别时她紧紧拉着我的手不放，说下次来见不到阿婆了。我向她保证，很快就会回来看她。

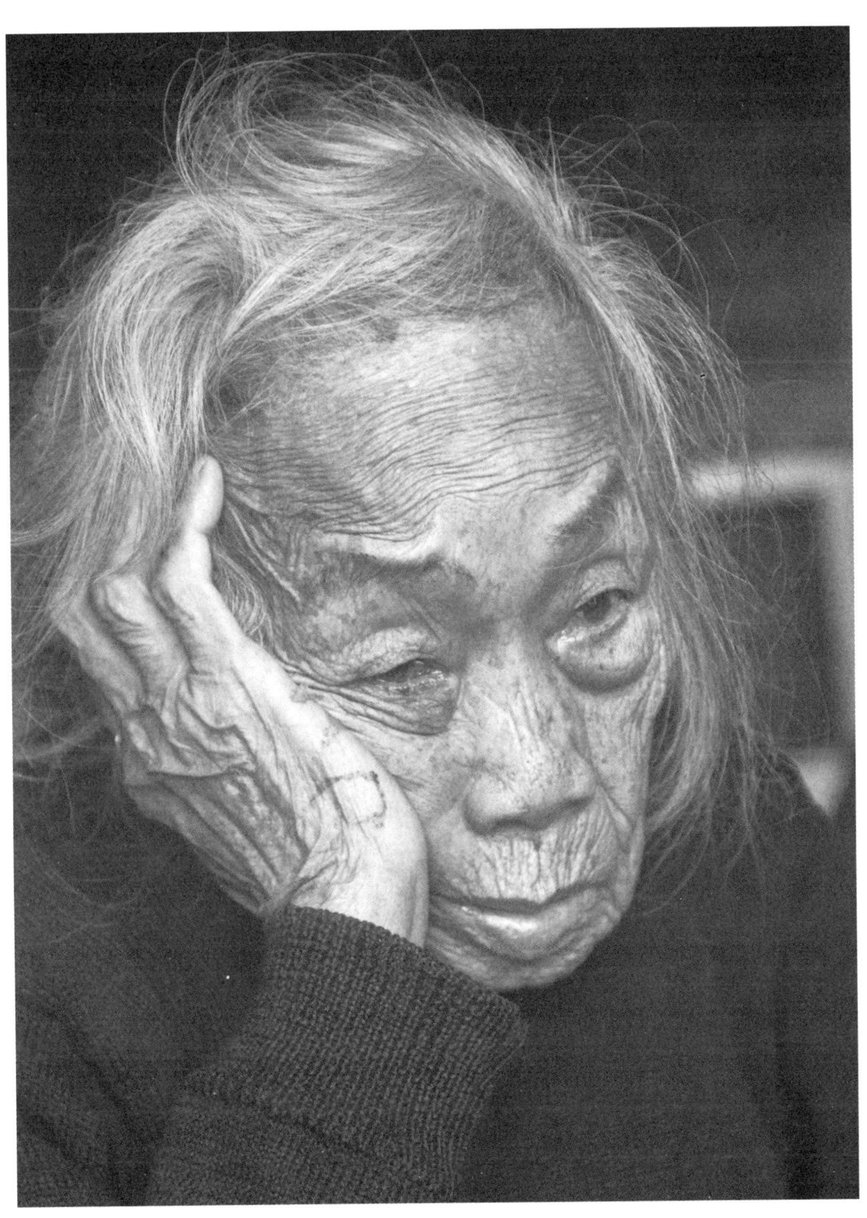

从不满十五岁开始，到十八岁，阿扁被关在藤桥慰安所和砧板营军营三年多。她从来没有吃过饱饭，几乎没有见过什么菜。直到1945年8月日本人投降从海南岛撤走，她才回到家里。

陈亚扁：黎族少女“日本娘”

从慰安所逃回来的阿扁再也嫁不掉了，村里人叫她“日本娘”。这个“娘”的意思，是海南普通话的“妓女”。

阿扁不是妓女。

她在家里织着黎锦，三个日本兵闯了进来，把她拖出家门推上军用卡车，拉到了三亚的日军慰安所。

第一次去保亭，厚志帮我租用了一辆面包车。

来到陵水县味号镇祖孝村，刘师傅在一片椰子树林里停下车，厚志带我走进路边的一个小院。院子由南北走向的厨房和东西走向的3间正房围合，四面全是高大的椰子树和槟榔树。

院子中央放着一个木头方凳，上面的搪瓷托盘装着水果刀和切开的槟榔，还有不多的几片蒌叶和一罐兑水调好的螺壳灰石膏。

厚志也是保亭黎族，他用黎语高声呼喊：“阿ze(婆)！阿ze！”

屋里传出让我吃惊的声音，不知道说的是什么？

这声音尤其沙哑，但音高不低，连续不停，没有丝毫性别特征。人，却很长时间没露面。

终于，一支枯瘦的手先伸出来抓住门框，仿佛那支手使劲拖出了白发苍苍的陈阿婆。

她的脸冷峻瘦削，眼角正在发炎，身上穿着紫色的高领毛衣和深蓝色长裤，塑料拖鞋里的双脚上套着黑色的尼龙袜。

她刚从医院做完白内障手术出院，回来躺在床上。听见厚志叫她，慢慢起床走出来。看上去她和厚志感情好，形同母子。

陈阿婆不会说海南普通话，更不会汉语，长相和言语都是原汁原味的黎族。她的两片嘴唇血红，像涂着劣质口红，与苍白的脸色和雪白的头发对比强烈，让我印象深刻，一眼难忘。

直到她拉我坐下来，指指院子叫厚志把槟榔端过来给我吃，才知道她的嘴唇，是留着槟榔、石灰膏和蒌叶中和后的化学反应。

之前在台湾尝试过，脸热心慌头晕赶快吐掉。

我谢过阿婆并说出这种感觉，厚志大笑着告诉她。她说那不是槟榔，她嚼了一辈子不是好好的吗？

阿婆腿脚风湿严重，说话不停用手捶着两条腿。我打开带来的祛风除湿精油和药膏，帮她涂抹。

贴好药膏她站起来，要锁上睡房的门带我出去。我问厚志阿婆要带我去什么地方？

原来阿婆要给我喝椰子水，可是她的外孙女阿流不在家，没人爬树砍椰子，就带我去村里亲戚家拿几个。我赶紧摇头摆手说不需要，请阿婆坐下来回答几个我的问题。

厚志翻译——

1942年春天，海南岛的天气已经接近三十度，包围在椰子树和槟榔树中的乌牙峒村暂时处于安静，村里的黎民人家照常生火做饭，并没有意识到灾难即将来临。

吃过午饭，未满十五岁的阿扁正在家中的堂屋里织着黎锦，准备做筒裙。嫂子和姐姐在一边和她说笑，手里舂着米。突然，端着枪的三个日本兵走进屋来，嫂子和姐姐吓得扔下手中的木杵，尖叫着拼命跑了出去。阿扁吓得呆坐着，她腰上系着织布的缠带。

一个曹长，两个士兵。

曹长和士兵不知道说了什么，士兵用匕首割断阿扁系在腰上的缠带，把她拖起来往门外走。未满十五岁的阿扁吓得大哭大喊，父母从厨房跑出来站在门前，吓得簌簌发抖，不敢上前来制止，眼睁睁看着她被拖出门去，上了停在村口的汽车。

汽车开到两公里外的砧板营军部，阿扁被关进一间简易的木房子，隔壁还有几间，里面都有姑娘。

当晚，曹长来到她的房间，要她脱下上衣和筒裙。阿扁不动，曹长伸手来扯她的衣服。她推开曹长跑到墙角，曹长追过来给了她两个耳光。阿扁脸上剧痛，头晕耳鸣，被曹长拖到床上。

这种汉语叫“强奸”的情形，黎语发音“genmudao”，描述的是按倒在地。陈阿婆多次发出这几个音节，哭了起来。

她说那个曹长大概三十岁，高个子，脸上一半黑一半白。黑的一大块是胎记，很难看。

从那天以后，她天天被“genmudao”，还经常被“meiya”(打耳光)。

厚志说我发“meiya”这个音的前半段始终不到位，听起来像黎语“扁担”，我才感觉黎语非常难说，很多细微的音素汉语没有。而每说一遍，我就感受一回阿扁脸上的疼痛和心里的屈辱。

陈阿婆语速快，摸着头说那几年被日本兵打了很多耳光，终身落下病根，经常晕头晕脑。不停的哭啊哭，眼睛哭坏了，看什么都不清楚。刚好有个扶贫工程免费做“白内障”手术，但吃药、打针得自己出钱。这次住院花了两千多块。

被“meiya”是因为不停地抗拒“genmudao”，但是这样的抗拒并不是因为勇敢，而是因为身体和内心实在承受不了。

阿扁年龄小，还没有来月经，每天不停有日军来到她的房间。她实在疼得不行才又哭又叫着推开日本兵，因此挨打。

木房子有日军士兵日夜轮班看守，姑娘们无法逃跑。

每天白天她们要到厨房帮日军砍柴、做饭，洗衣服，打扫房间，晚上回到小木屋还要挑水帮日军官兵冲凉，再忍受他们的性虐待。每个姑娘每晚至少被两三个日军“genmudao”，多时有四五个不等。

三个月后，日军打开门放她出来，但不是让她回家，而是带去三亚的藤桥慰安所。

1939年日军在海南岛登陆后，逐渐占领了大部分县城和乡镇，并在交通要道和重要村庄建立了军事营地和重要据点。到1941年，全岛共有日军据点三百六十多处。往后日军的数量不断加强，据点也就随之增多。这些营地和据点，大多配备慰安妇，取名“战地后勤服务队”。慰安妇的多少，根据兵员多寡来配备。

正是这样，阿扁被调到三亚的藤桥慰安所。这里人多，有慰安妇二十人。

阿扁受不了更多日军的摧残，她整天哭，求日军放她回家。但谁都不理她，哭得厉害，就给她几个耳光。

一年以后，父亲通过在砧板营当日伪自警团长的亲戚陈仕连担保，才把她从藤桥慰安所调换回到离家近些的砧板营兵营。

阿扁以为回到砧板营日军可能会放她回家，就能经常看到家里人了。但是，来到砧板营，日军又把她关进军部的一间房子里，还是不停有士兵来“genmudao”，还是不停“meiya”。

春去冬来，衣裙破了要添换，母亲给阿扁送衣服来，也不许见面，只能通过看守递进来。

从不满十五岁开始，到十八岁，阿扁被关在藤桥慰安所和砧板营军营三年多。她从来没有吃过饱饭，几乎没有见过什么菜。直到1945年8月日本人投降从海南岛撤走，她才回到家里。

阿扁的下体，带着严重的炎症，肿得快要溃烂。妈妈心疼得放声大哭。

从此以后，尽管窈窕美丽，阿扁却像村里的一块病斑人人回避，没有任何男人想要她当老婆。

很快她听见，村里人悄悄叫她“日本娘”。如果发生一点不愉快，他们就像恨日本人一样恨她、大声骂她。

她只好躲进山里。父亲虽然是村里的甲长，对女儿的遭遇也没办法，只好帮她盖了一个窝棚住下，妈妈和姐姐经常送点吃的来给她。没人来的时候，她只好吃野果，自己开荒种地，过着野人一样的生活。

解放后，政府听说陈家发生的事，询问了阿扁的去向，派人和陈家一起进山，把阿扁找了回来，还分了一块土地给她。

但还是没有人想要她。

直到1957年，一个长得又黑又丑的原国民党士兵因为一直娶不到媳妇，才要了阿扁。那一年，她已经三十岁。

结婚仅一年，这个名字叫卓亚黑的男人就去世了。三年后，阿扁又和退役老兵卓开春结了婚。

问起“陈亚扁”这个名字的黎语意思，阿婆说没什么意思，就是土地改革的时候要登记汉语名字，根据黎族“阿扁”的发音写出来的。她抬起右手拍拍后脑勺，说因为出生时脑袋太扁，父母就叫她“阿扁”。

陈亚扁前后怀过几个孩子，但因为在慰安所几年身体遭到伤害患上久治难愈的妇科病，有的孩子死在腹中，有的流产，有的早产，没有一个能活下来。

为了能生孩子，陈亚扁和丈夫四处寻医求药，几乎跑遍了整个海南岛。经过多年治疗，1964年终于生下一个女儿，取名卓梅英。

阿婆期待回家来爬树砍椰子的阿流，大名叫胡阳流，是卓梅英最小的女儿，今年二十岁，在海口打工。阿流还有两个姐姐，已经出嫁。

陈阿婆回忆，因为受不了更多日军的摧残，她整天哭，求日军放她回家。但谁都不理她，哭得厉害，就给她几个耳光。

卓梅英对妈妈很孝顺。妈妈眼睛有白内障，女儿为她做饭、洗衣服，经常骑着摩托车带她去医院打针。

说起卓梅英，阿婆说她蛮好。这个家，就是卓梅英在1985年帮父亲和母亲盖的。

陈亚扁的第二任丈夫卓开春在1996年生病去世。阿婆一直自己生活，卓梅英和孩子每天都来看她。

知道她两次穿着自己织的黎族筒裙和黑色斜襟上衣，包着头帕，代表“中国海南黎族妇女受害者”去日本打官司败诉，我想她的心情一定很难过，看她倔强的性格，就问她现在还想不想去？阿婆说：“我老了，走不动，去不了了。只要有人知道日本人害过我们就行了。”

这个“害”字很可怕，让她的身体和心灵承受了多重的损伤，除了可以说出来和可以治疗的疼痛，还有永远说不出口的苦涩与羞耻。

她的生活寂寞清贫，大部分时间都是在跟病痛作斗争。

虽说亲人待她很好，但是家，就她一个人住。她的堂屋打扫得一尘不染，一张简单的木头床靠着右边的墙壁，上面铺着凉席，挂着一笼蚊帐，没有被子。墙上贴着一张毛主席的像。左边靠墙还有一个小柜子，上面放着台式水机，可以烧水喝和吃药。正中的房梁上挂着一个石英钟，地上有几个大红色的塑料矮凳。

阿婆说，如果我留下来，可以睡在这里。

她自己的房间从左边这堵墙开门，里面光线阴暗，也是一张简单的木头床，和堂屋这张几乎一样，也一样挂着蚊帐，不同的是，被子上面堆着几件衣服裤子。靠墙还有几个瓦缸和一个柜子。门上挂着一把黑色的铁锁，钥匙插在锁孔里，尾巴上拴着一根塑料包装带编出的细绳。

阿婆出门，都要锁上这道门。

走之前，她让我说说云南在哪里？坐飞机来还是坐汽车来？天气冷还是热？又问我住不住在她家，说阿流可以翻译我们的话。

我保证，很快就会来看她……

动车在陵水有站，下车后得转车去保亭找到厚志，每次都得他带我去每位阿婆的家为我翻译。

见面才知道，陈阿婆已经离开祖孝村的家，住进陵水哧号镇的敬老院。

第二天，厚志忙着参加县里的学习大会，为我找来出租车司机阿福，送我和茁儿去哧号看陈阿婆。

虽然哧号离保亭县城不远，但敬老院并不是想象中那么好找。我们在镇上问了好几个人，奇怪每人指的方向都不一样。我只好再打电话给厚志，他说别急，让阿流来带路。

我打通阿流电话，她指挥着阿福的方向盘，很快就来到敬老院。

敬老院在一片广阔的稻田边，围墙开着一道小门，可以走到田埂上直到远处山边的椰子树林。院子很大，种着几十棵高大的椰子树。一幢似乎是新盖的两层楼房，墙头挂着《哧号镇敬老院管理制度》和《哧号敬老院管理人员工作职责》。

在一楼第三个房间的门口，我看见了陈阿婆。

房间大约十二平米，摆着床已经没有多少地方，床前放着两把椅子。阿婆穿着深蓝碎花短袖背心，还是上次我见过的那条深蓝色长裤，雪白的头发散乱披在肩上，院里一个稍微年轻的阿婆和她坐在床上聊天。

走进来站在阿婆面前喊她，她一时没认出我来。她抬头看着我，嘴皮依然血红，我马上发现她床头的小矮柜上，放着槟榔、蒌叶和螺壳烧的白灰膏。她伸出双手，把我拉到面前坐下来，眼睛更加不好，眼角有大块的云翳。她终于看清了我，想起来我帮她擦过药。我把带来的云南白药酊、贴膏和喷雾剂给她，一边给她念说明书，一边撕开膏药帮她贴在肿痛的膝盖上。我每念一段，阿婆就用汉语说：“我懂、我懂！”

茁儿上前喊她阿婆，她问阿流这是谁？阿流说是我的女儿，阿婆说她以为是阿流带来玩的朋友，两个人差不多大。

旁边的阿婆问，能不能给她一片膏药，我看看陈阿婆，阿婆扬起下巴示意，说出汉语：“嗯，给！”

我问，过年前寄来的那箱衣服和药收到没有？阿婆说没有。阿流问寄给谁了，我说寄给你的父亲。她说快递公司打过电话让来取，他们想不认识昆明的人，以为通知错了，一直没来。

我哭笑不得。阿流说她去快递公司问问，看还找不找得到？

阿婆住在这里，每月交二百元钱给院里，吃住不再要钱。去医院看病开药、打针自己出钱。

我拿出准备好的一个信封递给阿婆，她明白里面装着钱，马上放到枕头下面。对我说，打针。

我很惊讶，来这里才几个月，阿婆已经会说几句简单的汉语，还交了新的朋友。

但我问她是否习惯这里的生活，她还是听不懂，要阿流给她翻译。

阿流剪着短发，个子小，像我们形容的“假小子”。她没去海口打工了，每天骑着电动摩托车来敬老院接送阿婆去医院打针。

阿流告诉我，阿婆说她不喜欢这里，想回家。但是回家又没有办法，不好吃饭，不好打针。

阿婆把腿盘起来坐到床上，抬起瘦得耷拉着皮的两条手臂，把自己的白头发盘在头顶，人的面貌马上焕然一新，精神很多。

我问她住在这里需不需要什么东西？她说不要什么，人老了，等着死了。

这次我要走，阿婆不像上次紧紧攥着我的手不放，只是说有时间就经常来。

我站起来，阿婆突然拉起我的左手，在手背上给了一个吻。我俯下身，在她的脸上亲了一下，才跟她说再见。

第二天，在去田仔乡黄有良阿婆家的路上，阿流给我打来电话，说寄来的那箱东西找到了，还在快递公司的库房搁着。

一路上，总觉得自己忘了什么，最后想起来，从未见陈压扁阿婆笑过，即使厚志跟她说笑话，也是冷静的听着，偶尔应答。那一刻我很好奇，如果她笑，是什么样子？

1942年4月，有一天，“九壮”和几个日本兵开着军车来到阿良家，把她带上车，一起来到藤桥军部。

黄有良：唯有“一死了之”

从保亭来陵水乙堆村，租来厚志小兄弟“花生”的面包车，车上座椅的后背布袋里，装着他闲暇时写就的素描，风景和人像还有几分味道。问他这一路有多远？他说五十多公里，再送我们去万宁找陈林村阿婆，还得再走一个五十多公里，六百块租金。我说五百行不行？他同意了。

路上错了两个路口，转了一个大弯才找到乙堆村。

“花生”停好车，厚志带我们来到椰子树环抱的一栋新房子前面，说这是黄阿婆小儿子胡亚前的“别墅”。

两层楼，塑钢玻璃窗。大门口有一块十多平米的平台，竖着两根漆成墨绿的罗马柱，顶端描着金色的装饰花纹。地面用瓷砖拼出图案，上面放着家里人各式各样的鞋子。

厚志喊：“阿胡！”

胡亚前从大门走出来，他个子不高，五官端正，要我们进去坐，说妈妈这十多天脚手风湿肿，经常大声叫“痛！”打了几天消炎针，勉强可以走动，刚从山上采草药回来。

“别墅”的左边是红砖盖的两间平房，水泥勾出一指宽的接缝，似乎建盖时间不久。隔壁是一间大厨房。

厚志说，黄阿婆住在平房里。

门开着，听见说话，坐在木凳子上的老人直起身，手里握着一把砍刀默默看着我们。她面前的水泥地上，有一小堆被剁碎的绿色碎末，旁边还放着两片像榕树样的叶子，屋里飘着新鲜植物的清香。

厚志叫她“阿ze!”接着用黎语介绍我们。

黄阿婆笑笑，说了几句听不懂的黎语和一个汉字：“坐。”

她的个子很小，身穿黑色的斜襟上衣和短裙，头上戴着有沿的黑丝绒礼帽，个性十足。有几丝奇异的时尚感，却与时尚无关。她把手里的刀放到地上，木头手柄已经断了半截。

注意黄阿婆露在外面的两条小腿，长满青黑色的瘀斑。她跟厚志说了几句话，原来地上的叶子黎语叫“beibai”，可以消炎止痛，黄阿婆就是靠这个给自己医病。

屋里只有一个小窗，大部分光线通过门框进来。阿婆的小木床漆成土红，床板上铺着蒲草席子，拼合紫红与本色的方块。枕头的棉布印着一只顽皮的小狗，薄被折成一个小卷放在枕头边上。挑着蚊帐的一根树枝有茶杯粗，绑着小手指粗的麻绳，另一头钉在墙上，上面挂着阿婆几套衣裤，除了黑色就是深蓝。

屋中另一角也拴着一根绳子，上面挂着十多棵正在晾干的青菜。屋顶的房梁有钉子，吊着两个塑料编织袋，不知里面装着阿婆什么东西。

床尾有张小木桌，铺着蓝色的桌布，放着一个白瓷小碗，装着几片咸菜，用透明塑料饭盒扣住。地上堆着几只空纸箱。

这间屋子最引人注目的地方是家里人的各种照片，包括阿婆更为年轻时候的一些留影，直接用胶水粘在墙上，落满了厚厚的灰尘。似乎所有人并不害怕这些灰尘，一如既往地笑着。

胡亚前说，老妈平时喜欢吃芒果，现在很少吃了，经常反胃，只吃一点稀饭和饼子。

但她每天还是像平时那样很早起来，虽然不能像前些年上山砍柴，喂猪，煮饭，背着木瓜、木薯干赶圩去卖，但还是拿着扫帚扫院子里每晚从树上落下的叶片。白天也闲不住，有时看见叶子掉得多，马上又去清扫。

阿婆还能自己接太阳能的热水洗衣服。从年轻时候就一直喜欢黑色和深蓝色的衣服。

她喜欢嚼槟榔，醒过来就要嚼，随时都咬着。但黄阿婆的嘴皮，没有陈阿婆那么红。

后来我发现，黄有良和陈亚扁有很多相似之处，但她们至今只见过一面，连对方的名字和家庭住址都没有记住。

2000年在海口的会面，可以说是她们命运的短暂重合，两人同时被选为“中国海南黎族妇女受害者”代表，身穿黎族黑衣筒裙，共同手举写着“讨还血债，谢罪赔偿”的黎家土布条幅。

之后过去的十多年，尽管两家相隔不到二十公里，从未来往。

1940年至1941年，上岛的侵华日军占驻陵水，大量征集民工，在后石修建军用机场。之后为了长期持久掠夺岛上的资源和方便与抗日的琼崖游击队作战，修通了田仔乡通到藤桥的一条乡间公路。与此同时，在架马村附近四十米远的地方，设立了自己的据点。

秋天晴朗的早晨，田地一片金黄，家家户户开始收割稻谷。快满十五岁的黎族姑娘阿良头戴斗笠，挑着两只稻笼，准备去田里把父亲收好的谷子挑回来。

她走得很快，想在中午天热之前把活计做完。转过一个弯道，就是自家的稻田了，她抬起头往前看，一下子站定了——前面不远处，正走来一队日本兵。

阿良回过神来，吓得扔下稻笼，拔腿就往回跑，十多个日本兵喊叫着追了上来。实在跑不动，就被他们抓住了。

一个日本兵叽哩瓜啦对阿良说话，她脑袋混乱什么也听不懂。他干脆一把抱住她，在脸上乱亲乱咬，接着伸手往上撩她的裙子。

阿良大哭大叫，张口朝着那只抓在她前胸的大手咬了下去，这个日本兵疼得放开她，拔出了匕首。这时候，一个军官模样的日本人大叫了一声，日本兵慢慢收起了手里的刀。

阿良被眼前发生的一切吓呆了，双手紧紧抱在胸前不停颤抖。小军官又向那几个日军士兵叽哩咕噜说了一阵，然后手一挥，让日本兵都走开了。

军官笑眯眯地走上来，把阿良搂在怀里，亲她的脸。阿良推开他，转身往家里跑。跑了一阵停下来回头看，身后并没有追来的人。她站定喘着粗气，抬手擦去脸上的汗水。

她试探着慢慢往回走，没有见到刚才那拨日军了。她捡起扔在路边的稻笼，继续来到田里，装上稻谷挑着回家。

放下稻笼喊了几声，爹妈都没应答，走进厨房准备生火做饭。

突然，一双大手从背后抱住了阿良，连抱带拖进了卧房，把她放到床上。原来是刚才路上碰见的那个日军小官。他依然笑着，拉起她的裙子，嘴里说着阿良不懂的话，压到了她的身上。

阿良又哭又喊，没有人进来救她。

心满意足的小军官站起来，并不急着离开，房前屋后转了一圈才走了出去。

不一会儿，阿良听见母亲叫自己的名字，哭着从卧房跑出来。从门外摸索进来的母亲抱着几棵青菜，听阿良在哭，就问怎么了？阿良边哭边把今早发生的事说给母亲。

母亲听着也哭了起来，紧紧抱着钻来怀里的女儿。

阿良家只有父母和她三口人。母亲双眼几乎失明，全靠父亲一个人干活维持全家生活。阿良个子娇小，但勤劳能干，很小就帮父亲下地干农活。视力模糊的母亲，只能做些简单的家务。

那天晚上，因为害怕日本兵再来，父亲和母亲让她躲到邻居家睡一晚。那夜阿良睡不着，想想又哭上一阵。

第二天，小军官又带着两个日本兵走进家门，问她的父母人在哪里？父母摇头说不在家，日本兵不相信，一间一间房进去搜查。

的确没有人，日本兵对阿良父母拳打脚踢，两人发出惨叫。躲在邻居家的阿良听见父母的叫声再也待不住，急忙跑回家来。

后来知道，小军官名字叫“九壮”，见她回来了，就拉起她的手拖进卧房，扯掉衣服和裙子，把她按在床上。

“九壮”穿好衣服出门，又进来一个日本兵。

接着，又进来一个。

从那天以后，“九壮”又带人来阿良家骚扰过几次，后来就让汉奸经常过来把她带到据点去洗衣服，打扫卫生，晚上陪他睡。

这样的情形直到1942年3月，有一天，“九壮”和几个日本兵开着军车来到阿良家，把她带上车，一起来到藤桥军部。

阿良成为日军藤桥慰安所的慰安妇。

黄有良来到藤桥慰安所大约是1942年3月，她的记忆凭借厚志的翻译依然清晰——

有几个姑娘和我同一天来到藤桥，一起被关进一间大屋。大屋用木板隔成几个格子，每人一格。

每个格子里面有一张床，床上铺着竹席，没有被子，只有一个枕头和一块布。蚊子多，有蚊帐。

比我们先来的姑娘还有十多个，关在另外几个房间。每个房间门口都有哨兵走来走去，不准我们随便出门走动。白天，勤务兵会来给我们分配活计，有人打扫卫生，有人洗衣服，有人帮忙做饭。说我们参加了什么“服务队”？要听话守规矩，不能互相说话，各做各的事。到了晚上，日本兵来找我们，有时候一晚上来几个，有时候没有人来，有时候当官的来就睡下了，第二天早上才走。

我们这间房子死过一个姑娘，不清楚是汉族还是黎族？有一天晚上几个日本兵接着来找她，她流血止不住了。日本人的医生来看，让人把她抬走了。第二天我们听说她的血流干死了。

我当时人小，受不了一个接着一个的日本人，疼了也不能擦药，只能忍着。也不是我一个人受不了，几个姑娘都说疼。我们说过逃跑的事，但又怕被抓到打死。

关于藤桥慰安所，黄阿婆说的情形和陈阿婆说的差不多。

按陈阿婆的记忆，她是1942年6月左右来到藤桥，按理说应该与早来3个月的黄有良认识。但问起时，黄阿婆说她没有见过陈亚扁，也没有听说过这个名字。

我很疑惑，同在一个慰安所，两年时间怎么都会碰面啊，就问陈厚志，藤桥有几个慰安所？他说，只有一个。阿婆也说，只有一个。

两位阿婆都是黎族，从身份证的出生日期看，都生在1927年的12月，陈亚扁十六日，黄有良比陈亚扁大六天。被日军强暴，都未满十五周岁。

厚志说2000年她们两位在陵水集合一起去海口，都说到自己被抓过到藤桥，但不认识。我请他用黎语让黄阿婆再想想，到底有没有见过陈阿婆？“阿扁！”我按厚志教过我的音调喊出陈阿婆的小名。

黄阿婆还是摇头，说关的房间不一样，日本人不准串门，干工也不让说话。好多姑娘来来去去，记不住。

她留着2000年在海口时两人的合影，说照片上这个人她记得。还说，即便是一起在过藤桥，也不知道叫什么名字，那个时候的样子不是照片上这个样子，认不出来。

1944年，阿良在藤桥已经两年了，个子还是矮小，人枯瘦，几乎没有长高。

6月里的一天，架马村的堂哥黄文昌突然来到藤桥日军营部，急着要见黄有良。日军哨兵把他带来慰安所，喊出来黄有良。

一见面，黄文昌就哭着对阿良说：“bomeilahei！”

“Bo”是黎语的“父亲”，阿良已经两年没有发出过这个呼唤，“mei”是“你、你的”，而加上后面的“lahei”，就是“你父亲死了”。

听到这句话，阿良大哭起来，不顾一切跑去找日军军官，要求回家给父亲送葬。日军军官起初不同意，她和黄文昌就跪在地上向他苦苦哀求，最后说定办完丧事马上回来才放人。

跟着堂哥从慰安所出来已近傍晚，黄文昌带着妹妹从藤桥抄小路走，深更半夜才回到家。

一进家门，阿良惊呆了——父亲并没有死！

父女久别，抱头痛哭。原来，这是父亲和黄文昌为了向日本人要回阿良想出的计策。

而母亲，却真的去世了。

父亲说，为了应付日军，自己已在村子后边的山坡上垒好一座假坟。鸡叫头遍的时候，父亲和黄文昌拿着锄头粪箕，悄悄来到那个假坟的旁边，快速堆了另一个假坟。

天亮不久，父亲带着阿良离开架马村，躲到亲戚家去了，直到日军撤离海南岛才回来。

和陈亚扁一样，没有任何“好人家”的男子愿意娶阿良。她只有同意嫁给一个得过麻风病的男人。这个男人对她还算好，他们生了5个子女，搬了几次家，最后在英州镇母爸村委会乙堆村安定下来。

“我老爸出生在民国十三年，老妈出生在民国十六年。我有三个姐姐一个哥哥，大姐今年六十岁了，哥哥四十八岁。老爸在五年前去世了。”

黄阿婆露在外面的两条小腿，长满青黑色的瘀斑。她跟厚志说了几句话，原来地上的叶子黎语叫“beibai”，可以消炎止痛，黄阿婆就是靠这个给自己医病。

胡亚前是黄阿婆的小儿子，今年四十二岁，他能讲基本流利的普通话。他还告诉我们，院子里的芒果、椰子、槟榔和菠萝蜜都是老爸和老妈栽的，从他出生就看见这些树了。之前的家从哪里搬来，他也说不清楚。

但他清楚记得，老爸经常和老妈吵架。为生活吵，为子女吵，为他不能当村干部吵，为儿子入团入党吵。

从小，胡亚前就听人骂老妈“日本娘”，和小伙伴有矛盾，人家扔来一句“你妈给日本人睡！”就跑了。小时候不懂事，遇到这种时候哭着跑回家骂妈妈。

老妈性格温柔，被骂只是哭，不说一句话。家里穷，她天天干工，还要做家务。有病没钱医，七十岁以后才吃过医院开的药，原来生病都是自己找草药来吃。三个姐姐懂事，对妈妈很好，帮忙做事情。但是妈妈的名声，让老爸和五个孩子在村里矮人一等。

问起他的“别墅”，胡亚前说家里经济来源全靠自己和小孩在外面打工。他帮人栽芒果、施肥、修枝，还当油漆工。去年花了十二万盖的新房子，是原来老房子的地基，等挣了钱再装修。妈妈现在住的红砖房，是自己在1996年结婚时候盖的。姐弟五人共有十七个小孩，都是老妈亲手带大。他有两个，一男一女。

1992年，历史有了转机。首先是山西的侯冬娥、万爱花勇敢站出来，把自己遭受侵华日军性暴力残害的遭遇告诉了全世界，接着开始起诉日本政府强征慰安妇和强掳农村少女的罪恶。这个消息传到海南并不迅速，尤其是语言不通的黎族村寨就更加不容易。直到1995年，海南政协开始正式的调查和寻访，才把黄有良、陈亚扁这样的受害妇女找出来，将近二十个人。

调查结果令人惊讶，侵华日军上岛六年，设立慰安所六十二家。“在当时日军占领海南岛的十六个县一个建制市中，仅崖县、昌江县、八所、那大等两县两地日军慰安所的慰安妇数量已达一千三百多人。”而总数，无法确认。

一生忍辱负重的黄有良终于放声痛哭，她说出了自己年幼时遭遇的劫难，也道出了战争结束后因为这段经历受到乡亲的耻笑甚至丈夫的打骂。她渴望历史还她清白，给她伸冤的机会。

2001年7月，黄有良、陈亚扁、林亚金等八名海南“慰安妇事件”受害幸存者向日本政府提起诉讼，要求公开道歉并给予相应经济赔偿。

八位阿婆中，由于身体状况和表达能力的差异，选出了四个代表共八次前往日本出庭作证。

11月，黄有良平生第一次登上飞机，作为第一批原告代表飞往日本。她站在法庭上，用黎语讲述了侵华日军占领海南岛期间自己遭受的性虐待。

往后的几年，负责这个案子的中、日两方律师不断来海南调查取证，并多次在日本东京开庭。然而，原告和律师们的努力，并没有得到公正的判决。

2006年8月，黄有良第二次飞赴日本出庭作证。30日下午，日本东京地方法院作出一审判决，驳回了中国海南岛“慰安妇事件”一案原告要求日本政府谢罪并给予赔偿的诉求。

对于这个结果，黄有良、陈亚扁和另外几位阿婆失望、气愤、不甘，充满无可奈何的悲伤。

第二天，保亭县什曼村八十六岁的黎族阿婆杨娅榜听到这个消息，在绝望中离开了人世。

面对苍老的黄阿婆，我不想再提官司的事，无力实现的愿望只会增加她们的痛苦和绝望。也许，官司并不是她们苦难心灵唯一的出路，亲人与同胞的爱护，才是最真实最温暖的抚慰。

阿婆小的时候去干工，被日本人惩罚，在地上做“四脚牛”，海南话发音“dikawu”。这个动作难度相当高，男人女人都要做。

陈林村：从“嫖公”到“四脚牛”

1996年底，电影《七仙岭传奇》开机，这是保亭县史上第一次有人来拍电影，也是第一次想让奇异美丽的七仙岭风光被世人知晓。县委宣传部需找个会照相的人来拍工作照，但县城除了照相馆里的一两个师傅，还真找不出谁会照相。不知是谁，向宣传部推荐了南茂农场养殖场的职工陈厚志。

片场在离县城九公里的七仙岭，陈厚志拿着相机忙前跑后，生怕完成不好宣传部委以的重任。一天，他看见一位老同志蹲在地上，不停拍打着手里的相机，脸上已经冒出了汗水，觉得奇怪上前问怎么了？老同志说，相机有毛病。陈厚志接过来检查，发现是胶卷卡死不能过片，就打开摄影包的小暗箱，帮他处理了。

过了一会儿，老同志找到陈厚志，先夸他技术好，接着说有件事想跟他商量，但这里人多，晚上到他家里来。

这位老同志是保亭政协文史办主任张应勇，他说自己正在进行慰安妇的调查，也就是年轻时被上岛的侵华日军抓去强奸过的老人。问陈厚志，愿不愿意跟他一起做这件事？他负责收集资料，厚志负责拍照，考虑考虑回答他。

接着，他拿出几张日本人来海南岛调查时拍的照片给陈厚志看，都是面容苍老痛苦的老阿婆。陈厚志想都没想就告诉张老师，我愿意！

那一刻他突然想起自己上初中的时候，村里经常抓人出来批斗，看到哪里有灯光，小孩子们就往哪里跑。当时被批斗的人几乎都是“对现实不满”，必须认真回答一个问题：解放前在干嘛？

挤在人群中的少年陈厚志，听见有人说村里王阿婆的孩子是“日本崽”，另一个人马上制止，不要随便讲人家。

当时王阿婆不到五十岁，长得很漂亮，生了四个儿子。有人说的“日本崽”，是她家老二。

陈厚志问张老师：“这个王阿婆，是不是您说的慰安妇？”

张老师说：“这要调查才能下结论，她可能是结婚生了一个儿子才被抓的。”但实情问不到了，王阿婆已经去世。

从那天以后，他背着自己的摄影包跟着张应勇走乡串寨，一家一家去寻访，在保亭找到五十多个受害的阿婆，但只有五个人愿意公开自己的遭遇。后来，陆陆续续有十五人愿意站出来。

2002年的一天，张老师说：“厚志，我这里有线索，有一个被日本崽抓过的阿婆，就住在你们农场，名字叫陈林村。你回去先问问有没有这个人。”

南茂国营农场就在加茂村的地盘上，厚志回到村里问养母，谁是陈林村？养母说，就是你书店门口卖包子的阿婆啊！

在加茂村出生长到六岁，一位五十多岁的阿婆非要认厚志当儿子。家里兄弟姐妹七个，父亲在供销社上班忙，妈妈一人照顾不过来，干脆把他给了阿婆。他开朗、勤快，帮养母挑水、砍柴、背米，什么都抢着干。

长大参加工作，厚志被安排到南茂农场书店卖书。店门口有一对老夫妻开的小食馆，每天卖稀饭、油条和椰子馅包子，又甜又香引来很多吃客，供不应求。他几乎天天来，不是包子就是油条。

这对老夫妻人缘好，阿公经常一边收椰子做包子馅一边唱歌，阿婆卖包子油条也时不时哼上几句。后来阿公中风动不了，阿婆独自一人坚持一段时间关闭了小食店。

厚志问养母，阿婆去哪里了？养母摇摇头，说不知道。

后来养母帮他打听到陈阿婆老家在毛林村，她的堂哥有个儿子，拉着一台柴油碾米机，走乡串寨帮人碾米。厚志闻风而动，在各条路上堵他，将近一个月才遇上。

陈阿婆侄子说，九二年姑姑带着姑父回万宁治病，姑父九四年去世了。现在两个儿子和她住在一起，小孩她帮带。等问到万宁的电话告诉他。

过几天得到电话号码，厚志拨过去，找到了陈阿婆，用黎话介绍自己的名字，阿婆马上想起他就是书店卖书的小伙子，经常来买椰子包。接着问有什么事找她？

他大着胆子问："阿婆，你年轻时候有没有去日本人那里干工过？"

电话那头，什么声音也没有。

等了一会儿他接着说："现在政府有人在调查受日本人欺负的女性，准备帮她们打官司。如果您有被欺负的经历，愿意说出来，就和我联系见个面。如果没有或者不愿意说也告诉我，就不再打电话麻烦您了。"

听筒里终于有了犹犹豫豫的声音，说不好讲，以后再说。

过了几天再打电话给陈阿婆，她说她回毛林村弟弟家住几天，可以去那里找她。

厚志来到毛林村，阿婆见到他时表情很尴尬。坐了一阵，还是觉得在弟弟家讲不出口这种事。厚志问可不可以去他家说？

阿婆弟弟的女儿是厚志中学同学，陪着姑姑来，气愤地说起自己从小被人议论甚至诬陷，都是因为姑姑被日本人欺负的事。听着侄女说话，陈阿婆不停抹眼泪，哭个不停。

厚志又说："阿婆您今天来是信任我，您说不出来没关系，等您想说再来找我就是了。"老同学带着姑姑回去了，什么也没有说。

过了几天，姑侄二人再次来到厚志家，才把自己的苦水倒出来。"阿婆一直哭一直哭，好多次讲不下去停下来，我记住她的痛苦我也痛苦。"事隔多年，厚志说起那一天眼圈又红了。

2002年7月21日，苏智良先生带人来给保亭的受害妇女做口述公证，他们录下了陈林村七十六岁的声音。

从陵水到万宁的路，越走越宽敞，两边的田野和椰林逐渐变得开阔和平坦。厚志说，保亭和陵水是山区，万宁可以见到大海。

“花生”的面包车，把我们拉到万宁市边缘的大茂镇红石村委会进坑村。一路上凤凰树正开满火红的花，耀眼而令人兴奋。

在路边一间平房前停下，厚志说这就是陈阿婆的家。红砖建盖的房子已经有些年代，山墙上嵌着两大一小三个窗户，顶部做成圆弧、很多小棂柱，颇有南洋风格。这样的窗子正门左、右墙上各有一个，只是顶部形状由弧线变为直线。

厚志的声音又是黎话，门口大叫：“阿ze（婆）!阿ze!”

陈阿婆笑着进入门框，两只手扣着短袖衬衫门襟上最后一颗纽扣，嘴里又说了几句黎话。她笑得真好看，嘴角上翘，很有文艺模样，使得那个瞬间像某部电影的画面。

厚志说，阿婆告诉他，刚才吃了感冒药犯困，躺在床上睡着了。

陈阿婆家的门槛很高，可以当凳子坐。堂屋比我去过的任何一个阿婆家都宽敞，有玻璃茶几和电视机。因为后墙有两道窗户，所以屋里光线充足。

阿婆会说几句普通话，“你好”“谢谢”“请坐”，还有“阿婆不懂”。

说着话，走进来一位瘦高中年男子，厚志介绍是村委会副主任张亚财。他是陈阿婆丈夫弟弟的儿子，叫阿婆“大婆”，有空经常转过来看她，碰到在门前的地里忙碌就帮她干上一阵。张亚财说“大婆”很开朗，不是讲笑话，就是叫他一起听音乐播放器里的海南地方戏。

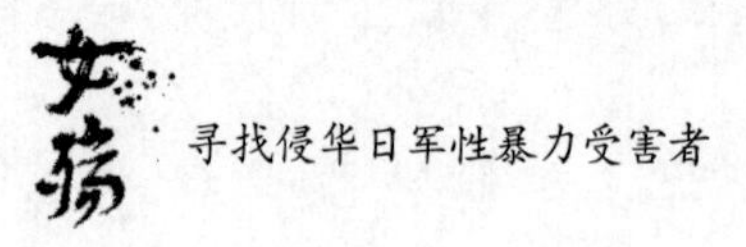

我们来阿婆很高兴，不忍心提起她的伤心事。听说阿婆阿公感情好，就先问两位怎么认识的？

阿婆呵呵呵笑了一阵，眉飞色舞讲起来。我一句听不懂，只能从情绪来判断这是阿婆爱讲的事。等她说完，厚志告诉我——

1950年，海南岛解放，黎族聚居的加茂镇毛林村进驻汉族工作队，带来一个小戏班，经常唱戏宣传解放。陈林村去看戏，很想报名参加，找人介绍后被录用了，开始用地方戏演唱拥护共产党，热爱新生活的剧目。

就是在这个戏班里，陈林村认识了汉族演员张重日，两人配戏渐渐默契，一起编排的节目在汇演时获了奖。与此同时，产生了某种奇特的好感。

五一年、五二年的时候，政府组织人员培训，利索能干的陈林村被选为妇女代表，去学习耕田、掌犁、耙地，回来负责教村中妇女。

这个活动结束后，张重日和陈林村结婚了。

1955年，他们的儿子出生，取名张先民。五八年，张重日带着陈林村和3岁的大儿子从毛林村回到万宁来生活。六零年和六四年，又生了两个女儿。小儿子张先雄在六六年出生。

1970年以后，两口子又回到加茂镇，在加茂村开了个小食店卖包子油条和茶水，直到1992年老阿公得病，陈阿婆才重新回到万宁。

陈林村嫁给张重日的时候已经二十六岁，对于早婚早育的黎族来说，陈林村已经是超大龄青年。村子里的人都嫌弃，但汉族青年却真心喜欢她。

阿婆说她现在几乎是一人在家。大儿子在外帮人开大车拉货，另外盖了房子住，虽然住得近，但是忙，很少回来。大女儿就嫁在大茂镇，男人死了，女儿已经嫁人，自己在外面打工，也很少回来。二女儿嫁给北坡一个建筑包工头，男人在外面忙，需要她管家，身体不好，头痛背痛，经常去医院吃药打针，也顾不得老妈。小儿子先雄在海口打工，一年回来两次。

孙儿孙女长大了，也在外面打工。

阿婆今年八十八岁，天天下地干活。自己煮饭自己吃，洗衣服、拾柴禾。有时候感冒发烧，身体虚弱动不了，才请邻居帮忙打电话给子女，需要他们才回来。她拿出一盒感冒颗粒给我看，说是孙女刚才送来给她的。

有电视机，阿婆也不懂怎么开，只有儿孙回来才能看节目。她随时使用的电器，是一个带USB插口的音乐播放器，孙子孙女帮她下载很多海南地方戏，还教会她接上电源充电。

阿婆最爱听《梁祝》，每天听几遍，上床听到睡着。

这个播放器，是张阿公的侄子给婶婶买的，让她在割草、种地的时候听。听烂一个，又买了这部送给她。

十年来，阿婆养成了这样的习惯：每天晚上十点睡觉，第二天早上五六点起床。基本是一天两餐，高兴时一日三餐。一个人很孤单，想起就吃，有时候会忘记，生活没有规律。

虽然阿婆走路快，手脚还利索，但身上关节痛、头晕，左脚和右手臂经常麻木，后背也会感到酸痛。

堂屋的一条长凳上，搁着一包艾叶，也是剁好一小堆。我问阿婆做何用？她说要敷在腰上和手臂上。

我说可以帮她。

阿婆坐在一个大红色塑料方凳上，弯腰前倾，右手摸着腰部，给我指出痛点。那一刻，我看见她腰上有一块陈旧的疤痕，就问怎么伤到的？

厚志把我的问题告诉阿婆，她突然站起来，扑倒在地上，嘴里不停说着什么？我赶紧走上去想拉她，没想到她已经站了起来。在凳子上坐下，放声大哭。我惊呆了，不知所措。厚志赶忙端起茶几上的口缸递给她。阿婆喘着气，喝下几口，慢慢平息下来。

我坐下，抱着抽泣的阿婆。厚志解释，阿婆刚才是告诉我，小的时候去干工，被日本人惩罚，在地上做“四脚牛”，海南话发音“dikawu”。这个动作难度相当高，男人女人都要做。不是手掌撑在地上，而只是大拇指和食指张开着地，脚上只准大脚趾用力，身体悬空，地上用木头夹着一把刺刀，刀尖冷酷地指着人的腹部。坚持不住趴下的，会被刺刀戳穿肚皮。但如果臀部抬得过高，日军走狗台湾人和朝鲜人就会拿木棒狠打腰部。被迫做“四脚牛”的人，很快就汗如雨下，浑身发抖，只有求饶。

在海南岛，很多阿公和阿婆都做过“四脚牛”，尽管地区不同，方言有差别，但说到这个残酷的刑法，都是统一用海南话“dikawu”发音。阿婆第一次把自己的不幸告诉厚志，哭得死去活来的时候就是讲到做这个“四脚牛”。那时她又瘦又小，根本坚持不住几分钟，浑身大汗，嗓子干得冒烟，头皮像要起火。

我接着问，为什么要做“四脚牛”？

阿婆说出她被日本崽关到加茂据点，逃跑后被抓到，在地上接受惩罚。

厚志翻译——

她的名字叫陈林村，是因为出生在保亭加茂镇的毛林村。

父母生了姊妹七人，先后病死五个。父母怕剩下的二女儿和最小的儿子再有不测，就请来“三父公”（神爷，海南话念dabaigong）为剩下的两个孩子跳神驱魔。神爷给陈林村取了一个新的小名，叫做“嫣公”，说这个名字有神秘的力量，可以赶走病魔。

的确，两个孩子再没有生大病，真的活了下来。但父母的身体一直不好，下地干工很吃力。

1942年，日本军队在加茂镇设立据点，让附近农户轮流去修路和种地。陈林村的父母没法完成这个任务，只好让十六岁的女儿顶替。

村里几个小姑娘分到的活计是在离据点八百米的烟地和菜地里捉虫，再回到据点筛米捡小石头，帮日军洗衣服。

阿婆第一次把自己的不幸告诉厚志，哭得死去活来的时候就是讲到做这个“四脚牛”。

有一天，小姑娘们蹲在地上搓洗衣服，几个日军走过来，一人拉起一个拖进营房，扯开了她们的小筒裙。

从那天起，每天都要被拖进营房“genmudao”。

做“四脚牛”，就是因为受不了这种虐待逃跑被抓回来，受到的惩罚。

她不再逃跑，但被折磨得躺在床上动不了，汉奸把她送回家。

等她身体恢复可以劳动，去帮地主家放牛。不料几个日军又走过，把她拦在稻田里，轮奸完带回了据点。

受不了又跑，又被抓回做了“四脚牛”，差点被刺刀戳穿。

陈阿婆说，她一共被日本兵抓过四次。最后还是活下来了。

“嫕公”这个名字，让她抵抗了病魔，却没能抵抗战场上的魔鬼。

厚志还说，保亭另外几位受害的阿婆，都因为逃跑做过“四脚牛”：十四岁被日军抓到的陈金玉，十七岁被抓的谭亚洞，十八岁被抓的林亚金，二十岁被抓的林石姑，还有说不清自己年龄的卓天妹。他和张应勇老师听她们讲过去的事情，提起“四脚牛”都不寒而栗。

告别陈阿婆，路上突然想起张应勇老师已在2005年去世，刚满六十五岁。问起死因，厚志说：“我们这里有个习惯，到人家里要先喝酒吃饭才算有礼貌。你不喝、不吃，人家认为你看不起他的家境，不是朋友，什么都不会给你讲。我们天天喝得烂醉还要工作，不能倒下睡觉。问到情况回家去，已经是深更夜半。张老师还要赶快把听到的情况记下来，差不多天就亮了。他用凉水洗个脸，接着去单位上班。六十岁退休以后，因为他这个岗位无人替代，就一直返聘，直到发现他得了肝癌住院。经常这样辛苦，不累死才怪！”

张应勇去世后，陈厚志继承了他的遗志。

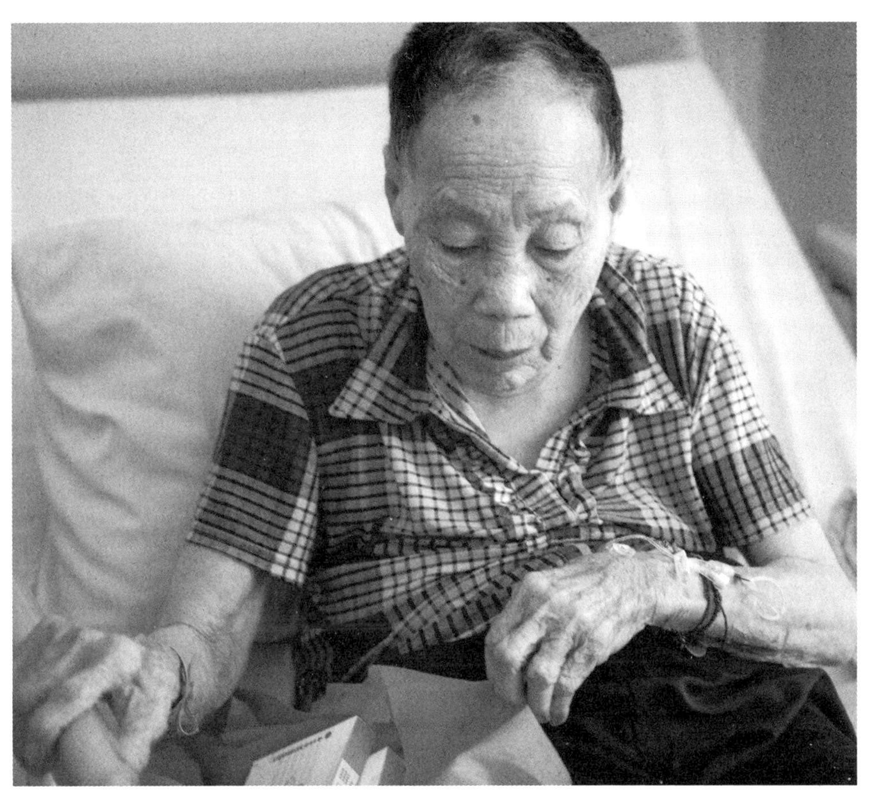

2014年5月29日见面之后，她的心力逐渐衰竭，最后完全停止了跳动。那一天临走给她的拥抱，就是永远的告别。

邓玉民：我叫“零泽亭”

她往前挪了挪，弯下腰。

我拉起她蓝色的斜襟外衣，帮她涂抹祛风止疼的精油。这个后背像一座鼓起的山峰，已经分不出腰和背的界限。

九十二岁的皮肤依然白皙细腻，只是缺少了水分和弹性。我的手指在这个驼背上轻轻推开精油，划过一个不到一寸长的小坑。我问，这是什么伤痕?

1939年冬天，几个汉奸来到保亭附近响水镇的上山，找到苗族聚居的村落，挨家挨户宣传说服，要他们去日本军营干工。他们说，日本军营里管吃管住还发工资，在那里干活也不苦，男人挖土修路，女人做饭洗衣服。

十八岁的邓玉民和三十多个苗族男女来到县城，才知道汉奸当中有人会说日本话。

但是，日本军营和汉奸讲的完全不一样。大家白天忙着干活，开荒、挖土、铺路，又苦又累，晚上挤在简易工棚里睡觉。人多饭少，基本吃不饱。

一开始，邓玉民被分配去挑石灰。她个子不高年纪小挑得少，日军监工拿起木棍使劲打她。她叫喊不要打不要打！监工还是不停手。

几天以后，日军通知几个姑娘搬到粮食仓库去住，负责筛米和装袋，也帮日军洗碗、洗衣服。仓库没有床，她们在地上铺开谷草挤着睡。

一天傍晚，翻译官带着日本兵来仓库，叫走两个比邓玉民大几岁的姑娘。等送回来，坐在地上哭个不停。接着天天都有人来叫走，又哭着回来。她们没有告诉邓玉民发生了什么。直到有一天，翻译官说有一个长官要接见邓玉民。

这个长官叫松木，大约四十岁，鼻孔下面留着一小撮胡子。他让邓玉民坐下陪他喝酒，小姑娘害怕又害羞，站在墙角不肯动。松木自己喝了几杯，站起来就给邓玉民脸上两个耳光。邓玉民吓得大哭，拉开门就往外跑。松木大叫，站岗的哨兵端起手里的枪，刺刀扎进奔跑着的小姑娘后背。

背上流着鲜血的邓玉民被哨兵和松木拖进房间。几个做工的女人听见哭叫跑过来，翻译官叫她们滚开！

从那天起，邓玉民才明白两个姐姐被叫走发生了什么。

松木经常派人来叫她，邓玉民不敢不从。两个多月后，实在忍受不了松木虐待，邓玉民偷偷跑出兵营，回到山上。母亲抹着眼泪，采草药为她治伤。日军很快让翻译官追来，母亲求饶，说女儿小受不了，等医好伤再送回来。

翻译官离开，母亲让她赶快逃跑，去三亚。

在三亚几年，邓玉民和一个姓王的汉族青年结了婚，可惜丈夫去炸鱼，雷管爆炸伤到人，当场身亡，留下一个刚刚出生的婴儿。生活困难，她只好带着小孩又回到保亭附近的山上找父母，没想到很快又被日军抓到据点。

还得逃跑。这次从据点跑出来，她独自一人去了万宁的苗寨。跟一两个苗族男子生活过，都不如意。听说日本鬼走了，才回到保亭山上。后来跟着苗民搬家，来到响水镇的什齐村。

这是去年冬天来海南岛第一次见到邓阿婆时她告诉我的往事。

说到松木，她眼里噙着泪水，指着人中说了一段海南话。厚志翻译，

阿婆双腿麻木胀痛，我给她擦药的时候顺便按摩了两个腿肚。她的腿已经没有肌肉，只有一层纸一样干燥的皮肤。

阿婆说那个人有一撮小胡子。

那一天，她坐在家门口的一个木头沙发上，腿上盖着一件橙色男式T恤衫，破旧而宽大。阿婆双腿麻木胀痛，我给她擦药的时候顺便按摩了两个腿肚。她的腿已经没有肌肉，只有一层纸一样干燥的皮肤。

待我站起来洗完手，她又示意我再帮她按摩，用汉话说痛、痛、痛！

我又蹲了下来。

突然，她拍拍我的手告诉我："我叫零泽亭（苗语发音）。"我赶快请厚志问阿婆什么意思？厚志不懂苗语，与邓阿婆说海南话。他说阿婆喜欢你，告诉你"邓玉民"是汉族人给她的名字，她的苗名是"零泽亭"。阿婆笑眯眯，又教我几遍，直到认为我的发音全对才罢休。

接着给她擦背上的药，见到了日军刺刀留下的伤疤。

邓玉民长得漂亮，鹅蛋脸、大眼睛、长睫毛，还有一副动人的歌喉，经常在山坡上和男人对歌，无人能敌。

她心灵手巧，蜂蜡加热，用蜡刀在白布上描花画图，再用靛青染成苗族蜡染，自己缝裙子穿在身上。

村里村外的男人纷纷上门求亲，并不在乎她被日军欺负的经历。她三十岁的时候，有一个名叫蔡德才的小伙子来到她家，坚决要当她的丈夫。邓玉民说，我都有七八岁的儿子了，你找我很亏的。但他认为不亏，很好。

他和她结婚，生了三个女儿。

今年5月26日，厚志来电话说邓玉民阿婆突发肺炎和心脏衰竭，已经从什齐村来到保亭县人民医院内二科。

刚从海南回昆明不到一个月。5月29日，我和茁儿又登上飞机。

海口经陵水到保亭，已是下午。直接来到保亭城边半山坡上的人民医院。躺在病床上的邓玉民阿婆见到我，马上告诉痛、痛、痛！

她的头发剪短，左手插着针头，右手绑着一根塑料带。上面贴着不干胶的纸片，上面写着姓名：邓玉民　住院号：43363　年龄：93。

病房里，我见到阿婆的两个女儿，蔡桂英和蔡桂兰，苗语的名字叫“色代”和“色旦”。大姐蔡桂香五十八岁，叫“色龙”，在家里做饭，一会儿送过来。

她们的哥哥王其中，已经七十岁。

桂兰今年四十八岁，她说妈妈一直在家里当家作主，种田、种地、挖草药、带孩子、煮饭。老爸去年不在了，活着的时候脾气好，妈妈让做什么他就做什么。她们小的时候，身上的衣服都是妈妈亲手蜡染和缝制的。前几年，妈妈还能走到陵水和乐东去卖草药。不知道这回活不活得过？

我问她，村里人会不会议论阿婆被日本人抓过的事？桂兰说：“知道啊！那是日本的错，不是妈妈错！没有人怪她嘞！”那时我明白，阿婆受到的伤害只留在她的身体和内心，苗族乡亲没有给她任何歧视。

我松了一口气。

当我说出邓阿婆的苗名“零泽亭”，两姐妹惊呼：“是是是！泽亭、泽亭！”阿婆听见自己的名字，竟然“呵呵”笑出声来。

我带去一大包云南白药，帮阿婆贴在两条腿上。给她一个信封，她微笑着接过去，费力地抽出里面的钱，一定要装在贴身的裤包里。

6月19日下午六点，我在山西阳曲县刘改连大娘家采访，厚志给我打来电话，说邓玉民阿婆在两小时前去世。

5月29日见面之后，她的心力逐渐衰竭，最后完全停止了跳动。那一天临走给她的拥抱，就是永远的告别。

两天后，厚志用微信给我发来两张照片：一张是什齐村邓阿婆家地上简朴的棺材；另一张是立着墓碑的新坟。

第九章

尾 声

远东军事法庭审理的日本军战犯住冈义一在供词中坦白，侵略中国山西时他曾任阳曲县南温川据点分队长，在北岔口和附近的村庄抓了刘氏等十个年龄相近的女人，对她们施行了强奸。

在北京档案二馆查阅资料的河北省社会科学院研究员田苏苏看到这段供词，马上打电话给张双兵并赶到盂县，约上县政协赵润生一起展开调查。经过多次查证他们才弄清楚，住冈义一所说的刘氏，名字叫刘乃妮，家住北温川村。

2001年7月21日，他们在太原市见到了七十六岁的刘乃妮，她的回忆令人震惊——当时和她一起被抓的闺女就有十七个。

她们的名字还能想起来：郭玉翠、刘玉先、刘翠娥、刘二妮、刘银妮、刘改荷、杨乃妮、刘银哥、刘改连、刘翠欢、张三妮、刘素娥、温秀只、庞二妮、高知月、董银翠、张春荷。

刘乃妮说日本兵经常从炮楼出来抓捕女人。在日本兵的追赶下，她们漫山遍野奔跑，有时把鞋子跑掉了都不知道。有好几次，她跑到山里，被日本兵抓到，当场强奸后又带到南温川据点。

有一次母亲和她从家里跑出来，日本兵在后面追赶，又喊叫又打枪，把她们吓得什么也顾不上，拼命往前跑。仅有四十二岁的母亲，拉着女儿的手一步没有停下，生怕被日本兵追上，就这样一直跑得吐了血，还不敢停下脚步。一边吐血一边跑，在一个山沟里停下来，母亲的上衣已经被鲜血染红。回到家两天后，就去世了。

母亲下葬还不到一个月，汉奸刘二喜就带着日本兵包围了刘乃妮的家，要抓她去据点。她急得吞下生鸦片，很快口吐白沫不省人事，刘二喜却说："就是死也要让她死在南温川（据点）。不然不好向皇军交代。"汉奸把所谓的"解药"（人类尿）灌进刘乃妮嘴里，然后用鸡毛在嗓子里搅，把吃下去的东西吐出来，然后用小毛驴把她拖到南温川离据点不远的维持会院子里。

被抓到南温川据点的女人，大多是一个村子来的住在一起，也有单人住的。她们的身体几乎都被糟蹋坏了，有的家庭营救得及时，她们就可以早一点回去。更多的闺女，只能一等再等。一直都有新的女人被抓进来。放走几个，不到几天又抓来一批。

两年多的时间，刘乃妮就被抓进去好几次。

刘乃妮大娘说到的姐妹，我见到的只是其中一个人。

晚年的刘改连总是说："那一天没跑脱，日本兵来的太快。"

刘改连：风雪之殃

日本兵的扫荡，让老百姓不寒而栗。一旦听说鬼子来了，家家户户就忙着往山里跑。

晚年的刘改连总是说："那一天没跑脱，日本兵来的太快。"

1943年12月最后几天，一直在下雪，村里人以为日本兵不会来了。没想到，那个叫"三太君"的汉奸还是领着日本人来到刘改连的家里。

反抗无用，刘改连被拖出家门绑在骡子背上，冒着小雪来到南温川据点。原来是日本兵为提高士气活跃气氛，从北温川、杨家掌、黄土方、岔口、董家宴几个村子抓来姑娘一起"过新年"。她们被关到一间大房子里，被日本兵在大炕上同时多次强奸。趁守门的士兵不注意，刘改连摸出门来进入雪花飞舞的黑夜，估摸着往北温川方向奔跑。并没有跑出多远，日本兵手电筒的亮光就找到了惊恐中颤抖着的刘改连。她被边打边往回拖，脸都打破了几个地方，火辣辣的疼，吓得再也不敢跑了。

一直到家里凑够一百块大洋送到南温川据点，又请汉奸翻译了一大通好话，才把刘改连接走。

"那年，俺二十岁。"刘大娘说。

现在，刘大娘住在阳曲县杨兴乡杨兴村大闺女刘毛妮的家里。

毛妮姐属狗，今年六十八岁，热情、开朗、大方，告诉我："俺娘生了五个闺女，三个儿子，大小子是原先那家里的。"

这句话我一开始没听懂，又问才明白大娘先后嫁过两个丈夫。和第一个丈夫生了一个儿子一个闺女。

闺女就是毛妮姐。

我问她："你知道妈妈被日本人抓去过这事吗？"

"听俺奶奶说过，日本人要女人，要那个。俺爷爷用现洋赎回来的，要不然早死啦！你不是在电影里见过汉奸给日本人当走狗，说他们'良民，大大的好！'是找汉奸帮的忙。"

"这么说，你妈妈被抓的时候已经结婚了？"

"结了！不结婚俺爷爷奶奶会说嘞？"

"那么，当时您爸爸不在家吗？"

"不在，打仗嘞！打日本人。俺哥哥小，不到一岁。日本人抓俺娘，哥哥没娘天天哭，俺爷爷奶奶急得没办法，到处借钱让汉奸带着去找日本人。日本人走了俺爸爸回来才有的俺。我是1946年生的。"

"你爸爸和妈妈关系好不好？"

"俺可说不上。听爷爷奶奶说，不吵架，可好了！就是俺一岁时候，爸爸又去打仗，让子弹打死了。俺一岁，娘带上俺嫁给后面这个爸爸，生了两个弟弟四个妹妹。俺哥哥，爷爷不让带走，留在家里。今年七十多了。俺哥哥住在黄寨镇，离这儿六十公里。要不是等你们来，他就把俺娘接走了。俺的四个妹妹都住在黄寨。两个弟弟在太原。"

"你最小的妹妹多大年纪？"

毛妮姐记不住，扭头问刘大娘："俺家小毛有几岁？"

"四十八，属马的。"刘大娘马上回答。我很惊讶，老娘虚岁九十，记性比女儿还好。

毛妮姐的继父也是北温村人，也姓刘，叫刘万只。娶了刘改连后才来到三十八公里以外的杨兴镇供销社工作。

"你们的父亲多大年纪？"

"死了。死八九年了。原来是供销社的主任。这个工作可不好干，一个月才三十六块的工资。买不上煤，我从小带弟弟妹妹捡柴禾。"

“妈妈下地干活吗？”

“她针线活很厉害！还会裁缝。俺也会，妹妹都会，娘教的。她现在还在做针线，帮村老人做寿衣。就是脾气怪，打我打得可厉害嘞！打，不听话就打，干活干不好就打，烂脾气她！她一辈子就在哄小娃娃，我们几姊妹生了娃娃都送回来让她带。她地里干活不行，家里活行，做饭好吃，嫌我们做的不好吃。”

“继父对你和妈妈好吗？”

“好着呢，我是大闺女嘛！俺爸爸对妈妈也好。她可厉害了！性格就厉害。她最喜欢的活计就是做针线，针线大王。”

铺在大炕边上的坐垫引起我们的惊呼，刘大娘用灰、黑、蓝三种颜色的碎布拼出一条长约一百八十公分、宽六十公分的条幅为基础，又在第一和第三个六十公分的中心，嵌进一个八瓣的大花朵，每瓣以红布为基调拼接各色花布。在全为红色的那一瓣，贴上金发笑脸的小公主，穿着粉红的小裙子。或是在某块素净的小波点上，点缀一红一绿两只小苹果。而中间的六十公分，是几乎以对角线不规则连接的两组色块，一边稍小，灰、黑、蓝，一边朱红、果绿、浅灰、淡蓝，在与黑蓝的接缝处，插入一片大小恰当的鹅黄，令人为之一震。高超的手艺在于，看不见一丝针脚。九十岁的高龄，飞针走线不戴老花镜。

我不知刘大娘对美的认识从何而来，只能左一遍右一遍抚摸她的巧手。

毛妮姐有两个闺女一个小子。她的大孙子在天津大学读研究生。她给我看去年刘大娘过生日拍的全家福，画面上有老少三十八人，五世同堂。寿星刘大娘的头上，带着一个写着“好运来”的皇冠。

坐在我们面前的刘大娘的长相很出众，鹅蛋脸、大眼睛，目光温柔，不时略带犀利。脸上皮肤白净，基本没有斑点。头发全白了，梳得整齐光亮。身上穿着红黑细格的灯芯绒背心，说话眉飞色舞。

毛妮姐说，娘有八个孩子，想上谁家就上谁家。

张双兵老师说，另外的十五位大娘可没有刘大娘这么幸运，有的穷死，有的病死，有的从据点回来就发疯了。

他解释，很多大闺女不能承受这种耻辱，从据点回来不久家里人就发现她神经错乱，一辈子都没好过。像这批大娘中的刘银哥，发疯跑出去，死了几天都没人知道。

武乡：南沟据点里的性奴

武乡曾经是八路军的根据地，设有八路军总部、第一二九师师部、中共中央北方局等领导机关。几乎所有的农户家里都有人参加抗日部队，并加入共产党。

农历1939年2月18日，日本军队占领武乡县城，接着进驻段村，并在南沟村外设立据点，修建一条通到太原的火车铁路。

南沟据点附近有了一个火车站，运送军火物资。日军很重视这个据点，经常有将近二百名官兵驻守。

修铁路和据点，首先抓了南沟的男人当苦力。不够，就开始到附近的村庄抓人。男人被抓走的同时女人也遭殃，很多小姑娘和小媳妇被关进南沟据点。

李爱莲 邵渠是个大村，现在有两百多户，一千多人。八十六岁的李大娘招呼我们坐下，说到八年前被雪地意外滑倒伤到的股骨越来越疼，我带来的伤湿止疼喷雾和药膏她很喜欢，让我仔细念念说明书给她听，说最近几次把药吃错了。

她不愿回忆十八岁的那个夏天，摇头摆手说："过了的事情，不说了。"

但后来，还是断断续续讲清楚自己两次被日本兵抓走的遭遇。"俺十七岁嫁人，腊月二十四结的婚。日本人和中国人（伪军）当兵的抓俺和俺男人到故城，关在谷仓里。"

故城离邵渠村不过三里路，这里的日本人是驻扎在武乡段村和南沟村

李爱莲：日本兵进了院子。“看看俺的男人不在家，就把俺给喊走了。”

的，他们到故城盘踞只是临时的驻扎。

这一次，日伪军抓来男男女女好多人，说要找乡干部，说不出来就给灌冷水。李爱莲的丈夫是地下共产党员，为了万一暴露不牵连她，两口子装作不认识。十多天以后，李爱莲可以回家了，男人却被押往段村做苦力，七八个月后才放回来。

第二次听说日本兵又来抓人，十八岁的李爱莲急忙从外面跑回家来告诉自己的丈夫。门后的地上，有两颗手榴弹，却不见男人的影子。她刚把手榴弹藏到被子里，就听见日本兵进了院子。“看看俺的男人不在家，就把俺给喊走了。”李大娘说，“一次就抓了三姊妹，俺的二哥、俺兄弟和俺。”

这一天是1946年农历5月27日，日本人突然来到邵渠村，一下子抓了三百八十二人，还烧了谷仓。把他们带到南沟据点清点人数，怕有人路上逃跑。很快日军就发现抓来的人太多，“在（住）不下，把老人和小孩放走了。年轻男人、女人和老婆留下。有三座两层楼，五个格子院，俺和九个女人，年纪都差不多，关在南边和东边。还有四十岁五十岁的老婆，关在西边和北边。饭不够吃，不是人过的日子。”

往下，李大娘不愿再说了。

我问：“大娘，这次关你多少天？”

“二十七天。日本人跑了。我们才回来。”

回来的李爱莲发现，弟弟被日军当成地下党打死了，真正是共产党员的二哥未被识破，保住了性命。第二年，李爱莲生下一个女儿。几年后丈夫生病去世，她改嫁给第二个丈夫。

李大娘的小儿子邵保洪是从亲戚家领养的，今年四十五岁。他的妻子李秀平是本村的姑娘，长得好看，勤快又热心，婆媳关系亲密。

邵保洪小的时候听母亲讲过她年轻时被抓到南沟，日本人跑了才放回来的。他说姐姐六十八岁，属猪，住在洼里，离邵渠村三十里地。接下来是哥哥，今年六十，住在沁县。还有一个姐姐五十一岁，属兔。

我很诧异，日军已在1945年8月投降，为何李大娘会在1946年5月还被抓？

张老师说，估计这股日军当时已被阎锡山收编，一直没有被调走，继续抓人打人，到6月24日才撤离南沟。

赵兰英 也是在邵渠村。秀平带我们来到赵大娘的三女儿王凤仙的家，见九十二岁的赵大娘躺在炕上，五女儿王焕仙正在帮她捶腿。王凤仙六十二岁，笑呵呵忙出忙进，一边招呼我们坐下，一边管着双缸洗衣机里的衣物。

两位姐姐相差六岁，性格活泼开朗，说三年前某一天母亲因为脑血栓手抓不住东西，挣扎着下炕摔在地上，再也没有站起来。七十岁前天天下

1941年农历5月19日中午，七八个日本兵突然推门进来，用绳子绑上王怀江准备拖走。十八岁的赵兰英冲上来拖着自己的丈夫，几个日本兵拉开她。突然，又把她绑上，一起押往南沟。

地干活，性格也像她们一个样。

王凤仙说："俺父亲身体一直不好，六十七岁因为高血压发病突然去世。俺妈吆喝我们下地干活，每天吃上窝窝头和擦面就不错了。有时就吃粗糠拌苦苦菜、甜菜（都是野菜）。中午剩的东西，晚上热热吃。我妈一辈子在武乡，从没出过门。"

王焕仙说："俺娘脾气暴，爱冒火，生活太苦，有时着急打孩子。"

赵大娘偏过头侧着身听着，费力地伸出手，把一小碗冰糖朝我和韩国摄影家安世鸿面前推过来。王焕仙说妈妈每天都要吃冰糖、山楂和饼干。

世鸿拉着赵大娘的手，冰糖和山楂吃了一颗又一颗。赵大娘高兴地笑了，他才站起来，打开照相机的镜头。而我想知道的是，当年日军怎么把她抓到了南沟？

1939年，岸北村姑娘赵兰英十六岁，嫁给故城镇信义村同岁的青年王怀江。第二年，他们生下一个女儿。

1941年农历5月19日中午，七八个日本兵突然推门进来，用绳子绑上王怀江准备拖走。十八岁的赵兰英冲上来拖着自己的丈夫，几个日本兵拉开她。突然，又把她绑上，一起押往南沟。

婆婆抱着孩子追出来，大骂日本兵“狗杂种”，两个日本兵就用枪托在婆婆身上乱打，为了保护受惊吓大哭的孙女，婆婆只好停下了脚步。

赵兰英和王怀江夫妻两人被押到南沟炮楼。同时带去的还有赵兰英的本家姐姐赵兰花和赵玉英。

不知道日军把王怀江关到什么地方？三个姐妹被关在据点伙房旁边的一间房子里，当晚就被强奸了。

日本兵一天要来好几趟，加起来有十几个人。姐妹们每天承受着暴力的折磨，疼得浑身麻木瘫在地上，还不能吃饱饭，饿得头昏恶心。

无奈之下，她们看到有人从门前路过，就大声叫喊要东西吃。有的时候厨房里的杂工会送来一点大米锅巴。有时候实在饿得没办法，只好坐在地上哭闹，打滚，求饶。这样一闹有可能得到一口饭吃，也有可能招致一顿打骂。

两个多月以后，婆婆和娘家通过熟人（在日军内部办事的）找到日军，送去大米和鸡蛋，才把赵兰英夫妻和两个姐姐放回家。夫妻见面才知道，原来是有汉奸说王怀江是地下党，拷打之后确认不是，也没有放他出来。

但是，他们回来几个月生活都不能自理，娘家母亲只好来帮着婆婆照顾这对小夫妻。

赵兰英的兰花姐，回到家里还是一直不停流血，吃了一年多的药，才慢慢好起来。但她从此没有了生育子女的能力，到老凄惨可怜，五十多岁就不能动弹，在床上躺了二十多年，只有一个老伴陪她受苦受罪。

赵兰英还算幸运，丈夫一直对她很好，两人生了七个闺女一个儿子。

最小的女儿属羊，今年四十七岁。

任兰娥 1944年农历6月19日，村里的汉奸程连步报告日军，任家小子俊生经常给八路军送情报。第二天早上日军就来到任家，让把任俊生交出来。

任俊生不在家，爷爷和父亲就成了替罪的羔羊。日军用火点燃他们的头发，烧伤了脸上和身上的皮肤。他的妈妈和三妹兰娥见状大哭，跪在地上给日军磕头求饶。

日本兵拖起十三岁的兰娥进了家门，把她按在炕沿边上强奸了。

临走的时候，他们带上了痛哭着的兰娥，不顾妈妈哭得昏死倒在地上。爷爷和父亲早已不省人事。

这一天，信义村很多村民被带到南沟据点。兰娥被关在离炮楼最近的一个院子，这里已有两个从东乡抓来的大姐姐。

她们每天都要被日本兵欺负。后来，一位姐姐被日军用刺刀捅死了，另外一位吓得发了疯。有一个日本小兵走进来把疯姐姐拉出去，再把她一步一步推出院子，听说被好心人送回东乡的家里。

剩下兰娥一个人，每天不下十个日本兵从她年幼的身体上过去。一个留着小胡子的日本兵更坏，经常用力拧她的大腿和胸部，疼得她大喊大哭。被他拧过的地方青一块紫一块，好多天褪不掉。旧的伤疤还没有褪去，新的伤疤又被拧了出来。

一个月以后，可能是八路军来攻打日本人的炮楼，看管院子的哨兵离开了。突然，哥哥出现在门口，兰娥惊喜得大叫。哥哥把她背起来跑出院子，回到家。母亲和两个幸免的姐姐看她穿在身上的灰色裤子被血染成黑红色，抱着她哭得死去活来。

哥哥也站在一边抹眼泪，转身就找八路军去了，后来在解放临汾的战斗中牺牲。

任兰娥：哥哥把她背起来跑出院子，回到家。母亲和两个幸免的姐姐看她穿在身上的灰色裤子被血染成黑红色，抱着她哭得死去活来。

妈妈让两个姐姐带着兰娥躲到山里，轻易不敢回村，一直到日本人走了才回来。

七十年过去了，也是六月，我来到故城镇故城村。任兰娥二十岁的时候，从信义村嫁给故城村的刘上大，丈夫比她小一岁。

走进她家的院子，任大娘和小儿子在家。

任大娘今年八十三岁，人憔悴清瘦。拉着我的手说："俺心脏不好，肚子里疼。医好肚子疼，其他病又来了。前几天高压二百多，吃了药打了针才给压下来，医生说不让出去不让说话。"问她吃什么药？她拿出一小瓶"安茶碱片"，说医院买的。

递给她我带来的风湿药和速效救心丸，大娘急了："这要多少钱啊？！"

我说："我和两个朋友送给您的，不要钱。"

"啊？不要钱！"大娘很吃惊，接着说："那我慢慢吃。"

安世鸿和我又给她钱，大娘说："是给我买点菜？那我就慢慢买。"

任大娘的丈夫在2012年去世了。接着大儿子去世了，老二五十七岁，就住在隔壁的院子里。老三刘万长五十五岁，因为家里穷，一直娶不上老婆，和母亲一起生活。

郝菊香 郝大娘就是南沟村的姑娘，今年九十一岁。

说不上是什么野草，高过我的膝盖，长在至少有二百平米的一块空地上。野草的边缘有一条小路，从河边通向郝大娘的家门。张老师让我们等一下，说他先去看看家里什么情况？

这里是武乡县的权店村。1939年4 月28日，这里被日军占领。

郝大娘家的院子有两扇宽大的铁门，漆成墨绿色。在外以为里面有一幢与之相配的新房，进去看见的房子却已有些陈旧，房门和窗户的蓝色油漆几乎完全脱落。门边一副桃红色的春联还在，上联：心想事成福临门；下联：万事如意财亨通。

走进房门，郝大娘笑呵呵从炕上站起来，她瘦小而灵活，长着秀气的瓜子小脸，身上穿一件黑底粉红牡丹花的半高领毛衣。雪白的头发在脑后挽了一个跟她人一样瘦小的发髻。

要我们坐下来。我问她："身体好吗？大娘。"她说："没病，不疼。就是老得不能走路了。"

她拉着我的手，好像问我是什么人？我没反应过来，她又一遍问："你是日本人？"我摇头，告诉她："大娘，俺是中国人！"

我指指安世鸿："他是韩国人。"大娘说："韩国？什么韩国？"我说："南朝鲜。"其实大娘还是不明白。

我接着问："大娘，您见过日本人吗？"

郝菊香：“俺才十五，大太君他都老了。在地主家炮楼，他住着欺负我四五天，官家维持起来，才放回我来。”

“见过日本人？见过。见那下俺还小呢，十五岁。权店是俺婆家，在俺娘家见过，在南沟。在南沟见过。把我抓到地主家里，关我好几天，才放回我来。”

“日本人打您没有？”

“打了倒没打。日本人，大太君有势力。俺才十五，大太君他都老了。在地主家炮楼，他住着欺负我四五天，官家维持起来，才放回我来。给俺弄病了，父母带俺去看才看好。”

“有没有其他的日本兵来欺负您？”

“没啦，就大太君欺负俺。俺才十五嘛，他已经老了。”

“有没有其他姑娘和您关在一起？”

“没有，就俺一个。父母找维持官家，放回我来。”

“父母拿钱给大太君没有？”我问大娘。大娘理解成我问大太君给她钱没有？她说：“给钱？他不给钱。他欺负了也不给钱。”

又说：“我才十五岁，小了。欺负我病了，小了。”

“大娘，日本人在哪里抓的您？”我又问：

她回答：“在家里抓的俺。在娘家我的家里抓的。”

“家里有谁在？还是您一个人？”

“爹妈在，惹不起，惹不起大太君。惹不起。”

“是大太君亲自来抓的您吗？”

“大太君，抓俺去南沟，地主家炮楼。”

“您被抓过几次？”

“抓一次，在地主家住了四五天。”

“您年轻时候被日本人抓过的事在您结婚后有没有告诉过您的丈夫？”

“丈夫？什么？”

“您的汉子，您的男人。”在山西，我已经知道这些称呼。

“我十八岁嫁了。我十八，他十七。他小些。告给他他也没（mou音）办法。”

“那您告诉他没有呢？”

“没有。不告，不告人家也知道。我的娘家是南沟，这里是权店，不远。六七里地。”

“大娘，您有几个孩子？”

“三个。闺女六十来岁，最大。大小子五十多了，二小子五十岁。大小子在家受苦，二小子给我做饭，三小子在太原打工。”

“您平时要花点钱，谁给你？”我问。

“大小子他有老婆孩子，两个闺女一个小子。二小子没老婆，在家受苦，不挣钱。三小子也是两个闺女一个小子，他挣得不多。”

“您去过太原吗？”我的意思是有没有去过三小子的家，大娘的回答却是说：“去过。回家里来，害怕太君又来欺负俺，去了太原。”

“去太原，住在谁家呢？”我追问。

“住在武乡会馆管家的家里，没办法，介绍我去南门外打工，挣了点钱买饭吃。经常没钱。”

“您在太原住了多久？”

“在太原，住了两三年。又去了太谷，回来才嫁的。”

这时，张老师问她一个问题。郝大娘扭头问我：“说啥了？”所有人笑起来，大娘让一个云南人把一个山西人的话翻译给她。

与郝大娘的对话仿佛得到神的帮助，我几乎听懂了她的每一句话，她也听懂了我的每一个问题。后来我想，说到自己，她一下用“俺”，一下用“我”。有时一句话出来，基本就是普通话。这可能与她去过太原和太谷的经历有关。

采访郝菊香的录音，是我采集的二十七位“侵华日军性暴力受害者”最清晰和流畅的声音。

回到昆明的家里，听了一遍又一遍，最后决定，拷贝一张光盘送给郝菊香大娘作为纪念。

郝月莲 突然，听见院门被踢开，她跑到厨房门口一看，是两个端着枪的日本兵。月莲吓得不敢说一句话，双手紧紧抓住门框，双脚不停颤抖，但还是被拖到炕上，剥掉了衣裤。

父亲和母亲下地去了。

她胆小，不敢吭声。两个日本兵走出门，又在院子里抓鸡。听着鸡飞狗叫，月莲躲到炕头上，用被子把自己盖起来，痛哭。她不敢下地，一直到父母回家。

郝月莲大娘永远记得那一天，1943年6月13日。她十五岁，家在武乡

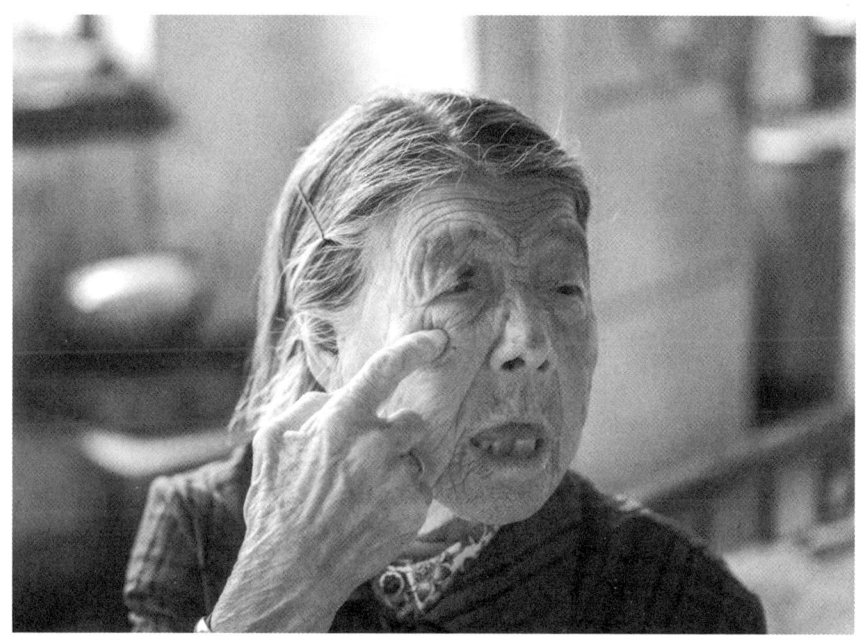

眼泪还没有擦干，又听到几声枪响。日本兵冲进家里来，用刺刀逼开父母，把月莲拉下炕，拖到大路上。

五峪村。

一家人没有吃饭，坐在炕沿上哭到太阳落了山。

可是，他们的眼泪还没有擦干，又听到几声枪响。日本兵冲进家里来，用刺刀逼开父母，把月莲拉下炕，拖到大路上。

十多个村里的年轻人，被日军用一根长绳拴连着，把月莲绑在最后，一起押到南沟据点。

男女分开，各自关在一间大房子里，门口有人看管。

那个晚上没有给他们饭吃，第二天也没有人送饭来。四个男人被拉出去审问，让姑娘们站在旁边观看。

男人的衣服被脱光，先是给他们灌冷水，然后就用木杠压他们的肚子。杠子的两边坐满了人，受刑的男人嘴巴和肛门都往外冒水，叫不出声音。这样压完之后，就问说不说？不说就再灌，灌了再压。连续几次，把他们折磨得快要死了。但是，他们什么也不知道。最后，日本兵拿来烧红的烙铁往他们身体上烫。几个姑娘吓得闭上眼睛，惨叫声穿过她们的耳膜，一阵糊臭进入鼻孔。

有的姑娘被吓得站不住瘫在地上，有的尿了裤子。

傍晚，日军把六七个姑娘分开，月莲和另外一个被关进堆着杂物的大屋。很快，日本兵走进来，在大炕上挤着对她们同时强奸。

这种糟蹋不分白天还是晚上，只要没有作战任务，日本兵都要来。

没多长时间，月莲就病了，每天都在出血，可日本兵还是来。持续一个月左右，从别的村子抓来十几个闺女，才把已经生病的月莲替换下来，通知家人拿钱来把她赎回去。

回家两个多月，被糟蹋坏的身体还没有完全康复，月莲又被日本兵抓住，再次押到南沟。

没有把她拉去审问，而是关进一个铺了很多干草的空房子里。到了晚上，就有日本兵进来“欺负”。有时整整一夜，也记不住过去多少日本人，被折磨得只想死掉。

白天，有人给她送来一些剩饭，但经常是饿着肚子还要受罪。日本人进门，她不敢哭也不敢叫，忍受着疼痛到天亮。

不到一个月，月莲的身体完全垮了，躺在地上起不来，日本兵不再管她。她从草房爬出来，请过路人带口信，爸爸和哥哥赶过来把她背回家。

回到家的月莲，虚弱得连茅房都去不了，请医生来号脉，吃了二十多副中药才慢慢好起来。

十八岁的时候，月莲嫁进故城镇羊公岭村程家，丈夫比她大十岁。两人生活了二十年，确认月莲没有生育能力，才从丈夫的妹妹家抱来一个女孩，取名程艾仙。

自月莲被日军抓走后的七十一年零八天，我在清徐县甲西后街二十七号程艾仙的家里，见到八十六岁的郝大娘。

她孤单一人坐在一张简单的木头床上，穿着紫底灰格的外套，领口露着白底蓝花的衬衫，朴素而整洁。跟张双兵老师说二孙子骑摩托车不小心摔伤了腿，女儿和女婿赶去看望，要找他们可以打电话。

大娘两条腿肿得很厉害，行动不方便，她说："俺耳朵听不到了，眼睛花花络络的。心脏不好，血压高，腰疼，两条腿疼走不了，拄着棍子。女婿会中医，配药、打针都会，给俺看病，好不少。麻烦了，你们对我关心。"

九年前的冬天，郝大娘老两口在家里烧着煤炉取暖，早上醒来头晕、恶心，发现程老伯人事不省。大娘强撑着打开门，乡亲们赶快来把老伯抬到医院，没有救回来，死时八十八岁。

"俺也该死了。三四年，在闺女家住着不走了。"郝大娘声音柔和轻细，我请她别乱说。

给她两条腿上药，一边拉家常，她说不爱吃面条，每天都是馍馍加小米粥。她的左右手腕上都戴着金戒指和镯子，她说："四（是）假滴（的），增（真）滴可贵了。"

不一会儿，程艾仙和她当医生的丈夫进门来，先向母亲说了儿子的伤情不大碍事，才问我们从哪里来?

程艾仙告诉我，母亲性格温和，从不和父亲吵架。自己从小到大，不管做错什么，母亲都舍不得骂一声打一下。她总是穿着黑色和棕色的衣服裤子，耐脏。

我说这是第一次见面，不久还会来采访大娘，有很多问题还没有完全弄清楚。艾仙很热情，把她的手机号码告诉我，又在我的笔记本上写下了她的名字和家庭住址。说下次来从太原坐大巴，在客运站下车给她打电话，她骑摩托车去接我。

沁县：难以倾诉的苦痛

可以想象那几年，去往交口据点的道路充满着黑暗和悲伤。

从太原到长治、沁源到沁县、武乡到沁县、都要经过交口。这个据点里的日军统治着附近三十多个村庄，抓捕劳力、搜刮粮食、拖走猪羊、强掳民女，不断制造着战争的罪恶。

经常会有老实巴交的父亲，心里装满无奈的愁苦远道而来，在汉奸的引领下去见日本太君。他们带来好不容易借到的几十块现洋和家里仅有的小米、鸡蛋、活鸡，以求换回自己的闺女。

有的时候，孩子是带回来了，但不能丧失的名节却不复存在，日军的性暴力伤害，像一把冷酷锋利的剪刀，几乎根除了漫漫人生中本可以茂盛的幸福和希望。

还有很多姑娘家里无钱赎回，被折磨得发疯，甚至死亡。

战后的沁县，除了承受生命与财产的巨大损失，还得承受上千名大闺女被日本军强奸轮奸的深刻羞耻。尤其是受害者本人，并没有因时光流逝和硝烟散尽得到解脱和重生。

来到沁县，张双兵老师不像在盂县那么轻松自如，他迟疑地说："先去漳源镇固亦村刘大娘家，然后上县城看郭大娘，等家里人同意再去册村镇上官村姜大娘家。"

刘凤孩 车在路边停下，离刘大娘的家门还有二三十米。单门独户，门楼面朝田地和道路，古朴而别致。

走近门楼细看，两扇大门的顶上有一个真正的小楼，左右是土墙，前

刘大娘对我说，这事不想再说了，村里人背后议论不好听，见有人来过家里就要问什么人？什么事？孩子们不爱听。

后是木料造型的墙板和四个格子窗，不可开合。左边第二扇已经缺失，露出里面堆满的谷草和劈好的木柴。楼顶铺着青瓦，东西南北四角起翘。来山西几趟，还是第一次见这么传统和精致的院门。

两扇门扉残留着铸铁的半月板和环形门扣，已经朽坏残缺不能使用。门被一尺多长的连环铁链和一把小锁拉住。

张老师说，等他去找刘大娘。

我从门缝往里望，院子宽敞，大概二百平米。东西、南北各有一栋两层土楼，成直角摆放，造型和门楼同一风格，楼上也是木板墙格子窗。院子的左边，还有几间新盖的红砖平房，大概是占用了原先的菜地。

刘大娘和张老师很快回来，她瘦小和蔼，剪着齐耳的短发，从身上摸出一把拴在布带子上的钥匙，打开大门带我们进去。一边说，今天长治的医院免费给村里的老人体检，但治病的药费要自己出，来回车费六十元，就没有舍得去。听说去检查的老人回来了，就去问问情况怎么样?

问她身体可好？刘大娘告诉我，腿痛、背痛、腰痛。几年前发生过脑梗塞，半边身子麻木，每天都要吃三次活血化瘀的药。

她属马，今年八十五岁，丈夫已经去世二十多年，目前和三小子一家生活。

刘大娘生过五个孩子，现在剩下三个。她说："大小子一家就住在村里。二闺女二十多岁在夫家害什么病不知道，请人带信回来，等我赶到已经死了。二小子肚子里有病，难过，不能吃饭， 五十岁死的。三小子在长治打工，媳妇大脑不够用，人可是老好，生了两个小子一个闺女，就住在隔壁。我得病，胳膊不能动，腿也不能动，什么都做不了，就合伙吃饭。衣服儿媳妇给我洗，做好饭给我端来，她做什么我吃什么，还让孩子来跟我一起睡。大闺女住得远，在沁县（县城）。"

问起刘大娘平时花钱哪里来？她说闺女小子给一点儿，国家每月给五十五元，拿来买药吃。平时就在家里，连沁县城也没有去过。在太原工作的外甥女带她去过一回。弟弟的闺女住在长治，也带她去玩过。

尽管"那事说起来话不好听"，大娘还是告诉我她被日本人抓走，去过交口炮台。

"记不得是十三岁还是十四岁日本人抓我，在刘家坡我家。那天爸爸不在家，就妈妈和妹妹，还有一个哑巴兄弟。妹妹很小，还是小孩儿。很多日本人来，我们很害怕。抓我走了好几天。不是我一个人被抓，还有两个女的，年纪没有我大，她们早就死了。"

后来，刘大娘终于想起和自己一同被抓的两个小妹有一个的名字叫刘月桂，她们被日本兵用刺刀押着，先是和村里几十个男男女女一同来到火车站。接着，三个闺女被关进一间房子里。到了晚上，一个太君和几个日本兵进来，要她们脱衣服。躲闪着不愿意，就有日本兵举起刺刀吼她们，便被吓得不敢动了。

天气寒冷，日本兵剥掉她们的衣服，一个接着一个糟蹋她们。

从此以后，每天都有日本鬼子来来去去。又把她们带去炮台，让更多的鬼子糟蹋。她和刘月桂疼得昏死过去好几次。

好几天以后，爸爸拿着钱和鸡蛋来到炮台，好说歹说才背走刘凤孩。

回到家好多天卧床不起，请医生看病吃药，几个月以后才能下地劳动，做一些轻巧活儿。

刘大娘对我说，这事不想再说了，村里人背后议论不好听，见有人来过家里就要问什么人？什么事？孩子们不爱听。

她送我们到院门口，低声说如果我下次再来固亦，就说是她的亲戚。我使劲点头答应，让她放心。

郭毛孩 她虚弱地躺在客厅的沙发上，来自窗户的光线照亮她身上盖着的素花薄被，也使她露出的面部和双手显现了明朗的线条，勾勒出一位年老女性保存的力量和坚强。

这双手依然温暖，握着我手还有不小的力度。

她叫郭毛孩，属虎，今年八十九岁。刚从医院输液回来，止住了胃部大出血。

从小到大，她的心里深藏着一段饱含血泪的历史，惨痛令人悲愤和震惊。

1938年4月，日本鬼子从沁源来沁县大扫荡，一路烧杀，百姓哀号却无处藏身。1939年6月，日军大部队来到沁县，沿着公路住进几个村庄。

住在段店村的鬼子出来打仗和抢粮，相距一里地的北漳村经常受到骚扰，家家户户不得安身。

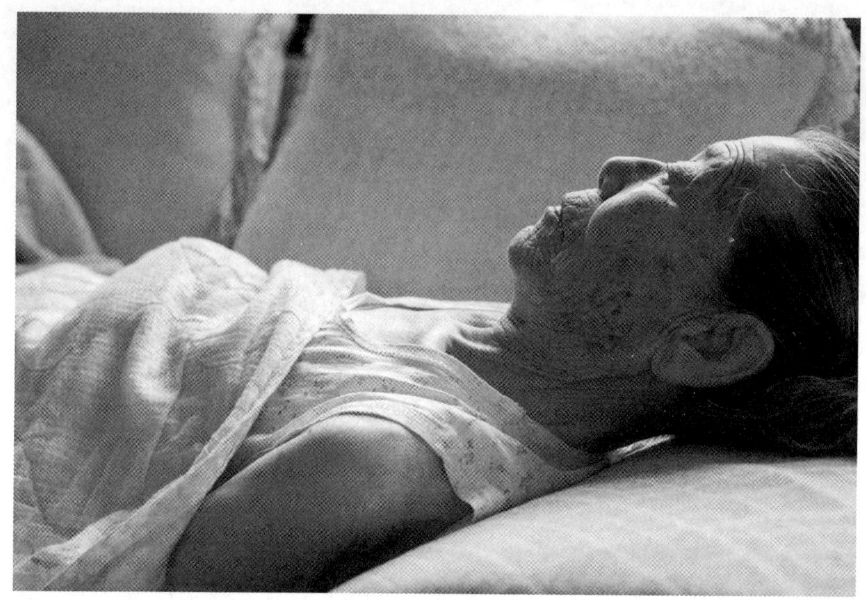

看着郭大娘，我几乎没有勇气去想那些让她撕心裂肺、悲痛欲绝的往事。

郭毛孩虽然年纪小，已经是八路军的地下交通员，还担任着青年救国会的秘书。大哥和三哥参加了八路军，大姐和二姐在八路军的医院里工作。

灾难很快降临这个家庭，父亲被日本鬼子打成残废，回到家里又气又急，不久告别人世。母亲也被打断胳膊，生活很困难。

但是，不幸并未到此停住。一天早晨，日军突然进村扫荡，踢开郭家的院门，发现四个姐妹都在家里。

郭毛孩是老三，刚满十三岁。两个姐姐二十出头，最小的妹妹，才十一岁。

日本兵马上找来一根绳子，把姐妹四人连在一起拖到段店村，关进在一户农家。当天下午，一群鬼子挤进来，轮奸了她们。

无法承受的痛苦使得姐妹四人每天挣扎、哭泣、求饶，但没人理会。

没过几天，十一岁的小妹就死在日本兵的身子底下。三个姐姐扑到妹妹的尸体上痛哭，日本兵并未因此停下，还把她们揪起来继续强奸。

妹妹死后的第三天，日本兵出村和八路军打仗。傍晚，大姐和二姐背起死去的妹妹，带着三妹偷偷跑出段店村。

由于人太小，天又黑，很快就和两位姐姐跑散了。郭毛孩在一片玉米地里转来转去，天亮又看见了日军的营房。就在那个时候，一队日军发现了她。

这次，把她关在一个堡垒户家里，户主是一对老实的夫妻，听了日本人的话，就不敢把她放走。

白天和晚上都有日本兵来欺负郭毛孩。难忍的疼痛和体力的消耗使她多次昏迷，半个月后，日本兵终于不再要她了，这对夫妻在半夜把她背回家交给母亲。

两个姐姐不敢在家了，逃到远处的亲戚家躲起来。妈妈拖着伤残的身体照顾她，一直休养了半年多，郭毛孩才能照顾自己。

十五岁那年，大哥郭万被日军抓住，打死在牢房里。日军说想要尸体得给二十块大洋，妈妈没办法，只好一百块大洋把她卖给刘家庄的贾家当媳妇，再用二十块大洋买回大哥的尸体。

在沁县城农机局家属楼郭大娘养子的家里，她的儿媳丽霞告诉我，公公在1988年去世了，自己第一次跟对象（郭大娘养子）去定昌镇刘家庄看望母亲就剩孤儿寡母。家里穷得就是一个“土房房”，啥都没有。见到婆婆的时候，她已经六七十岁，但一看就是不怕吃苦的人，受苦受累根本不在话下。后来发现，婆婆性格爽快像个男人，说话做事干脆利落，没有一句废话，很好相处。田地和家里的活计样样上手，身板硬朗，个子很高，有一米七零。

“她就没有生育的能力，只能抱养孩子。”丽霞说，结婚后她和丈夫每天下班都骑自行车回刘家庄吃饭，八里路，不算远。直到1994年，丽霞生了女儿，才把婆婆接来城里一起生活到现在。婆媳关系好，从来没有冲突过。

丽霞和我说着话，郭大娘不时扭过头来冲我们微笑。看着大娘，我几乎没有勇气去想那些让她撕心裂肺、悲痛欲绝的往事。我向丽霞打听郭大娘眼下的生活。丽霞说，婆婆爱干净，衣服再旧再破也要缝补得整整齐齐，她身材好，总是穿卡身的衣裤，从不穿宽大没型的衣服。冬天爱穿“枣儿红”的棉袄，春夏秋穿鲜艳的大红。看见别的老人穿“老来红”，就让丽霞给她买。

郭大娘声音嘶哑，人很客气，拉着我的手，说了好几遍：“闺女，谢谢你来看我。”

姜改香 册村镇上官村四十二号，是姜改香大娘的家。从县城过来，一路下着狂暴的雨。

姜大娘躺在炕上，已经无力说话。屋顶打进一个挂钩，吊着输液的药瓶、塑料管和针头。炕头边，靠着一个一米多高的氧气瓶。大娘已经三天没有进食，仅靠液体和氧气保持呼吸。

她的两个儿子和一个女儿都在家。大儿子六十四岁，女儿六十一岁，小儿子五十岁，全都性格开朗，待人和气。

姜大娘的孙女美荣今年四十一岁，在武乡县法院工作，正好也在家。说起奶奶，有着滔滔不绝的记忆。她从小和奶奶亲，记事以来就知道奶奶心脏不好。

奶奶姐妹三人，排行老二，姐姐生孩子的时候去世了，妹妹在榆次生活难得回家，老祖一人生活，只有奶奶照顾。每个礼拜，奶奶都要走二十多里山路，煮好吃的给住在故县镇牛庄村的老祖送去，一路上还捡着烧火的柴禾。美荣时常陪奶奶回娘家，一直到她十五六岁，就用自行车搭着奶

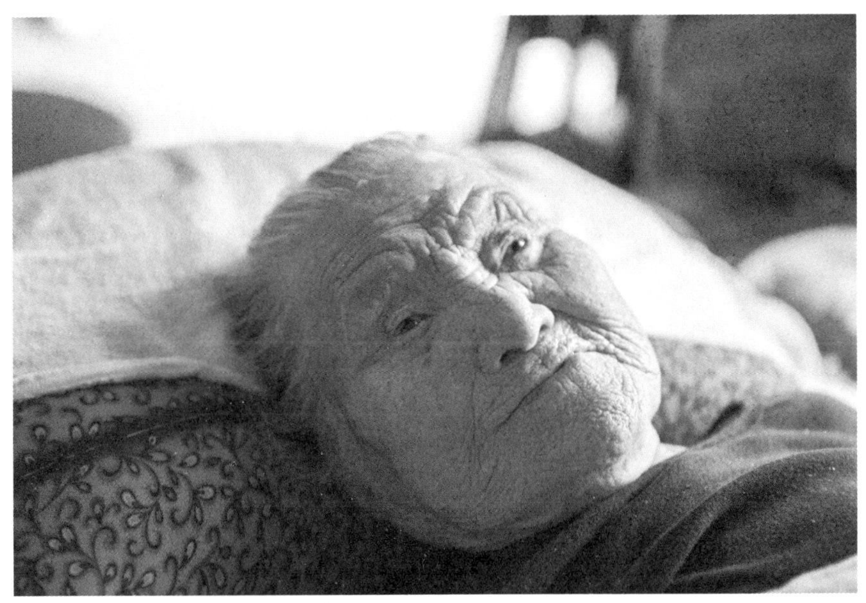

再详细的经过，已经无人能知。姜大娘只能微笑，轻微地说声谢谢。

奶，省力省时不少。

爷爷有气管炎，五十多岁就不能劳动了。农忙时，家里所有人集中下地干活、磨面，把玉米、高粱、豆子和在一起做“擦面”。家里穷，杨树叶、槐树叶、苦苦菜、树皮、野菜，什么都拿来充饥。最记得奶奶就有一套衣服，秋冬天是棉袄，春夏天把棉花取出来穿夹衣。全身都是补丁，连鞋带上都有。冬天没有袜子穿，脚经常冻僵了。尽管生活这样苦，奶奶却从来不打骂自己的孩子和孙儿孙女。美荣还说，其实奶奶生过好几个孩子，就活下来自己的父亲、大姑和叔叔。

对奶奶被日本人抓走过的事情，美荣只知大概，还是姑姑翠平说得清楚：“1941年，驻在故县镇余凹村的日本兵到牛庄村抢粮食抓壮丁，也把我妈和村的五个闺女抓到炮楼上。她当时只有十七岁，被日本人关在炮楼十几天。我姥爷和其他几个闺女的父亲一同送东西给维持会长，托他向日本人说情，才把她们给赎回家的。”

再详细的经过，已经无人能知。姜大娘只能微笑，轻微地说声谢谢。她五官端正、慈眉善目，穿着紫罗兰色的毛衣，雪白的头发朝后梳得整整齐齐。

并非到此结束

她们一会儿说愿意接受采访，一会儿又带口信来说还是算了。张双兵老师三次修改过采访的安排，最后让我们在沁县县城志愿者李焕清大娘家里等待。他解释说，沁县这个地方是日本鬼子侵略的重灾区，几乎家家户户都有人被日军杀害，很多妇女被强奸，原来调查到的受害者已经去世，就剩我这几天去过家里采访的刘凤孩、郭毛孩、姜改香大娘。今天即将见到的三位，不光自己的决心下了好几年，子女也不太愿意这事说出来，所以她们有顾虑。

这顾虑很能理解，让人难过的是这份伤痛竟然在一个受害者心中深深埋藏七十多年无法倾吐，不能得到一点慰藉和平衡，到今天还在矛盾和羞耻中痛苦纠结。

这样的情况让我不安，一是她们的顾虑让我感到强人所难，这毕竟是一种特殊的经历和苦难；二是我和安世鸿都意识到这种集体见面的方式不太妥当。受害者每天最熟悉的生活环境被抽离，我们不能长时间在她的家里与之共处，也不能感受她与子女和乡亲构成的关系。那么，如何了解她们漫长的生命故事?

但还是来到李焕清大娘和何俊芳大叔的家里。

李焕清大娘七十五岁，她的姐姐李金鱼和堂姐李金娥都是日军性暴力受害者，前几年已过世。他们的家在离菜市街不远的一个小院，客厅不算太宽敞但有座椅和沙发。

我们还未坐定，就前后走进来三位八十多岁的大娘，都由女儿和儿媳

引起他的痛哭，是因为恰好听到何大娘的讲述，让他想起自己的两个姑姑，就是何大娘说的那两个小媳妇。

陪伴。大家认识后，我在笔记本上记下了她们的名字。

我想，这样的初识也可以，先听听基本情况，往后再约时间到她们的家里去慢慢采访。若后悔或是做不到，那就再等一等。

首先，是年龄最小的何大娘给我讲述她的受害经过：

十三岁的时候，她和村里两个小媳妇被进村的日军抓起来，在晒谷场上搭起的帐篷中强奸了三天。之后的一生，因为那几天挫伤的腰椎让她腰腿疼痛，不能直立。后来，只有一个双腿残废的男人肯娶她……

突然，我听见何俊芳大叔哭泣的声音，他进来小卧室帮我们加开水。

我赶快站起来问他为何如此难过？

他泣不成声，断断续续说出父亲何士亢是八路军地下交通员，因为汉奸出卖，被日军毒打灌水至昏迷。他当时仅有八岁，哭喊着扑倒在父亲身

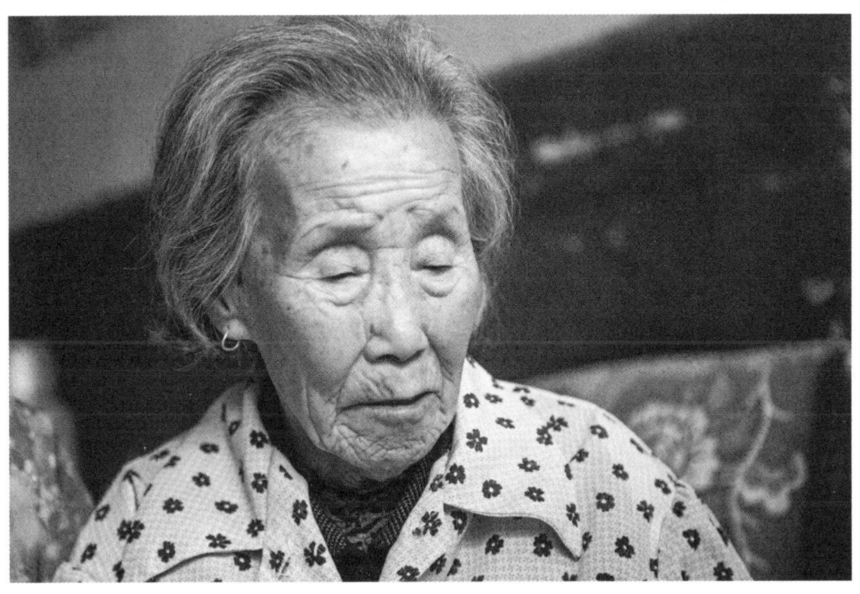

被关进炮台后，几个姑娘不愿被日本人欺负，在院子里奔跑，想找个地方逃出去。日本人看着哈哈大笑起来，接着一个一个把她们拖进房间。

上，日军用刺刀在他背上扎了一刀，又用脚把他踢翻过来，在左肩靠胸部处扎了两刀。幸好那天天冷，他穿着棉袄，才留下性命。后来日军翻译官转达，太君需要四百块现洋，何家只好卖了四亩好地。

大叔今年七十九岁，他拉起身上的T恤衫，我们看见三处显眼的刀伤。

引起他的痛哭，是因为恰好听到何大娘的讲述，让他想起自己的两个姑姑，就是何大娘说的那两个小媳妇。

八十五岁的李兰孩大娘由六十四岁的女儿高彩平陪着来，她们的老家在松村乡蔡甲村，现在住在沁县城。

大娘的话我听不太懂，彩平姐给我翻译。

1945年3月3日，松村炮台上的日本兵来到了蔡甲村，她们抓了李兰孩、李小玲和另外两个姑娘。

被关进炮台后，几个姑娘不愿被日本人欺负，在院子里奔跑，想找个地方逃出去。日本人看着哈哈大笑起来，接着一个一个把她们拖进房间。十多天以后，父亲找到维持会长送了东西和钱，才把她赎回来。

回到家里的李兰孩病倒了，父母请来医生诊治，吃药调养了半年才恢复。

十八岁，李兰孩嫁给一个伤残的八路军。丈夫的左胳膊被日军的炮弹削掉，心脏受到影响，身体不好。当八路军的时候经常吃不饱饭，正煮着饭日军的炮弹来了，赶忙把夹生饭分给大家转移地方，边走边吃不消化，很多人得了胃病。1962年，丈夫因胃癌去世，给李大娘留下高彩平和高仲平姐弟。

因为父亲是残废军人，高仲平被保送进卫生学校读书，毕业后分配到县防疫站疾控中心。高彩萍当了小学民办教师，嫁的丈夫也是小学老师，就来县城一起生活。

现在，李大娘住在女儿家，每年回松村三个月。虽然耳朵聋了，心脏不好，还是想回家跟乡亲们说说话。每天做不了饭，就给村里卖馍馍的人买两个。

彩平姐说，父亲去世后妈妈改嫁到松村乡的另一个村子，继父没有小孩，对妈妈和姐弟俩“不赖”。2007年去世了，也是胃癌。

我们说着话，五十九岁的高仲平进来了。姐弟俩说支持妈妈讲出来她心里的痛苦。李大娘同意我写出她的名字和故事，并在我带来的《授权书》上，由儿子签下他和母亲的名字。李大娘不会写字，在自己的名字上按了手印。

高仲平补充说，他母亲的哥哥，当时是八路军组织的民兵，被日军杀害了。父亲的哥哥，是八路军地下交通员，也被日军杀害。

我留下姐弟俩的电话号码，约定过段时间再来采访。彩平姐说可以住她家。

八十六岁的骈大娘犹豫过几次，怕自己的8个孩子不高兴。就是在早上，还下不了决心，最后是小儿子媳妇陪着来。但还是不愿有人去家里采访，怕被邻居看见问起。

大娘的话也不太听得懂，她的儿媳妇在一边帮着解释。大娘说，她的哥哥是共产党员，两次被日军从家里抓走，第一次扔进山洞用豆尖点燃烧伤，第二次被杀害，留下一个三岁的女儿和五个月的儿子。

父亲的哥哥是八路军的交通员，也被日军杀害。

1942年秋天，骈大娘才十六岁，几个日本兵突然冲进家里，把她抓住带到羊沟据点，关了她二十多天。

当时她的姑父在伪军里当差，找了很多人向日军求情，才把她放回家。隔了几个月，又来把她抓到据点。还是姑父去求情，日军又放了她。反反复复抓她四次，娘哭瞎了眼睛。

大娘边讲边哭，渐渐浑身发抖，像发哮喘一样接不上气，声音断断续续。我急得紧紧抱住她："不说了、不说了！大娘不说了、不说了！"我们哭成一片。

我的心里充满后悔和歉疚，甚至发誓永远不再问任何一位大娘的过去。我让茁儿拿出速效救心丸给奶奶，骈大娘儿媳说她心脏没病，就是提起过去的事就伤心成这样。

我放弃了这场采访，只是抱着抽噎的大娘，让她的痛苦和悲伤在我的拥抱中慢慢平息。

这时刻让我永生难忘。唯有沉默，能够进入历史的回声。

后来，当我把一个装着钱的信封递给骈大娘，她坚决不要，使劲推开我的手。她又哭了，把我搂在怀里说："闺女，俺不要你的钱，俺只要把心里的苦水倒出来就行了，装了几十年了。"

后 记

从东京到桂林调查的独立电视节目制作人朱弘，身高一百八十公分以上，双膝在身高不足一百五十公分的韦绍兰面前跪下，他说："勾起您六十年前的痛苦和耻辱，为此，我们向您道歉，向您说声对不起……"

去年十月去广西采访韦绍兰大娘，她的女婿武文斌给我十多张登载着有关岳母消息的旧报纸，要我复印后还给他。我挑选时认真阅读，在2007年6月25日的《桂林晚报》上看到这个场景。

朱弘足足跪了十五分钟。我震惊之余不禁会想，不可能是这么简短的两句话，他一定还说了些什么？

从2012年的3月17日，为了寻找一个传说中的"慰安妇"，我登上飞往腾冲的飞机，到2014年6月30日从桂林飞回昆明长水机场，留下一大堆机票、长途客车、动车、出租车票。除此之外，还坐过没有票的面包车、无证经营黑车、摩托车、助力车、拖拉机和马车。从云南中缅边境的畹町，到黑龙江中俄边境的东宁；从海南保亭县叫什齐的苗族山寨，到山西盂县叫七东的乡村窑洞，找到了二十七位侵华日军性暴力受害者。

中日战争结束七十年，这二十七位女性早已老去，她们当中最年长的符桂英九十五岁，最年轻的刘凤孩八十五岁，在尘世拥有的生命已经不多。尽管其他的人生记忆不断模糊和散失，讲述生命的往事有时会词不达意，但那种关于自己少女时代被战争和性暴力吞噬灵魂和肉体的黑暗印记却坚固如铁，永远不会磨灭。

当我长途跋涉，数次抵达她们生命现场的时候，那些久久埋藏的惊恐、痛哭、妥协、苟安、反抗、逃离、疯狂、绝望，甚至某种难以启齿的疼痛一点一点苏醒，缓慢而细碎地进入了我的录音笔和笔记本，并在心里堆积下来。

与此同时，我惊讶这种历史的悄无声息和即将被完全埋没。

从某种角度来说，二十七名女性被强奸、轮奸，已经足够说明战争的疯狂和残酷。然而，以“侵华日军性暴力受害者”归类的女性却有四十万。

无疑，这是一个巨大而惊人的数字。

但在更为巨大的战争灾难面前，这个数字就不会让人太过于吃惊。据不完全统计，二次世界大战的六年，失去生命的人大约六千万以上，合计死伤一点九亿人。

如果我们对每一个经历了战争灾难的幸存者进行调查和采访，就会发现不论男女都是一份特殊的苦难，同样充满奇异的伤痛和无尽的悲哀。个人的悲剧，重大而深刻。

其他类型的战争受害者，比如亲人死亡、自我伤残、丧失财产，都可以昂首挺胸、义正词严控诉战争的罪恶，唯有性暴力受害者忍气吞声，沉默寡言，得不到应有的同情和正视。

性暴力是特殊的伤害，更为特殊的是人们对这种历史的轻视、回避和缺失反省。

战争结束之后的多年，那些数次跨入慰安所大门的日军才有人感到后悔和羞耻，才觉得战时公开设立的慰安所如同当众拉开裤子拉链暴露的私处。

公开受害经历的困难造成了调查统计的困难，也让这段历史保持了长久的沉默。

仅就我见到的二十七位，她们不得不生活在偏僻闭塞的乡村和城镇背静的街道，永远蒙受难以摆脱的羞耻和苦涩，甚至是来自同胞和亲人的冷淡和鄙夷。她们简陋的居所、困顿的生活、惨痛的记忆、悲伤的内心、多病的身体、落寞的神情总是让我不安和难忘。

除了态度之外还有资料收集的困难。当年慰安妇和慰安所的相关资料多数被日军销毁和遗失，日军强奸轮奸的受害者数目无法统计，因而活着的当事人证言尤其重要。

二十七位幸存者的证言，让我得以记录并凝固人类羞耻的历史，以及这种暴行对生命的伤害和希望的粉碎。对四十万性暴力受害者，除了对她们孤苦的灵魂献上我的同情和悲悯，还希望她们的牺牲能成为人类永别武器走向和平的警示。

这就是写作此书的意义。

7月6日，打开电脑，写下这本书的书名和最初的一段文字。写作，让我再次回到受害者的身边，感受她们深深的绝望和无法稀释的痛苦。那些被刺刀威逼带走、被汉奸哄骗离家、被性暴力折磨的记忆无法从她们的生命中抹去，也在我的记忆和字里行间得以永存。

这本书的写作，不能消除她们的苦痛，只能封存她们的苦痛。而走进她们的苦痛又是不可逃离的苦痛。

写作是对寻找过程的回顾和提炼。而以下这些经历和心情，并没有写进书中，但此刻却涌上心头——

想起两年前第一次走进云南龙陵县董家沟二十八号原侵华日军慰安

所，受到的震撼和惊吓制造了当夜的噩梦。睡梦中从床上滚落下地，惊醒发现满头的细汗，干脆把一角落地的被子扯来裹在身上，就那样在地上躺着。抬手从床头柜上摸到手机，想打个电话给谁，看时间是凌晨四点二十三分，不想惊吓任何人，只得作罢。接着，哭了起来。拉被子蒙住头，哭了好一阵，才爬回床上。

想起因为飞机晚点，我和茁儿从机场大巴下来太原的街上已是夜里1点半。不敢上两个男司机的出租车去酒店，又从后备箱拖出行李，惹得其中一人抱怨："咋不相信人呢？"我固执地带着茁儿上了另一辆车，其实到现在心里还很不好受，也许伤害了无辜，但我别无他法。

想起几位没有见过面的大娘：郭喜翠、侯巧良、赵润梅、杨时珍、刘银哥，从日军的"炮楼"回来，不能承受身体的伤痛和内心的羞耻而发疯，终生癫狂，生活不能自理。有人孤独的死去很久，却无人知晓。我的眼前，总是会出现她们披头散发冲进荒野的风中，思维早已破碎。

想起6月20日在沁县见到姜改香大娘，她躺在家里炕上输液、吸氧，几乎不能说话。我把手伸进被子握着她的手，感受了最后的干瘪、冰冷、无力。她的眼睛给我一丝笑意，已有离别之兆。

五天后，姜大娘永远闭上了眼睛……

历时八百多天大跨度大范围的调查采访，整整一百天写作成书，都超出了我个人的经验和想象。而更加超出想象的是这种特殊的两性关系，粗暴、怪诞、冷酷、麻木，制造了人类历史上男性对女性最极端的罪恶，也制造了战争对女性最极端的损毁。

我希望这本书能够完成非虚构文学对生命经历和内心情感的深度描述，所呈现的故事不仅仅是女性的个人命运，而是人类共同的历史和记忆。

后来，我认识了朱弘，忍不住问他："你给韦大娘跪下的时候，说了些什么？”

朱弘这样跟她讲：“妈妈，我今天来见您，是想为您讨回公道，找回公平，但是必须得到您的配合，才能得到足够的证据。完成这个工作很不容易，我问您的问题会勾起您最痛苦最羞耻的记忆，让您伤心和难堪。这些问题，本来应该由女孩子来问，那样会好很多。可是，她们不站出来，只有我们这些臭男人来问您，会给您的回答增加很多困难。我先给您道歉，说声对不起！然后由您来决定说与不说。您要不愿意，我马上离开，永远不来打扰您。”他继续跪着，等待瘦小的韦绍兰给出答案。

久久丧失了贞洁和尊严的韦绍兰惊呆了，接着失声痛哭。那些久藏心底的无奈与屈辱统统化为此刻的泪水和哭声，母亲与被叫做“日本仔”的儿子相拥而泣，忘了跪在地上的朱弘。哭了一阵，韦大娘才赶紧拉起他。

这就是我想了解的那十五分钟。

“所以，尽管她们说不上是圣人，但是伟人，勇气超过我们太多太多。对于弄清历史的真相，她们的证言非常重要。我敬重她们，也谢谢你。你终于站出来了。”朱弘对我说。

说不上自己给历史的真相贡献了什么，仅仅希望，所做的这一切，对得起朱弘给韦大娘的那一跪。

由衷感谢：

二十七位性暴力受害幸存者的亲属，在我采访和写作中多次给他们带来麻烦和打扰。我知道要配合我的工作需要多么大的勇气和力量，才能耐心回答我的提问并在《授权书》上签自己的名字和按下手印。尤其是：黄有良阿婆的小儿子胡亚前先生、陈林村阿婆的小儿子张先雄先生、邓玉民阿婆的女儿蔡桂兰女士、李美金阿婆的二子张泰开先生、王玉凤阿婆的大儿子钟天民先生、张先兔大娘的小儿子郭艾明先生、李兰孩大娘的女儿高彩平女士和儿子高仲平先生、姜改香大娘女儿张翠平女士和孙女张美荣女士。

中国青年出版社副总编辑李师东先生和本书责任编辑彭明榜先生的信任、鼓励、宽容，让这本书得以问世。

今年4月，为了帮助我完成艰难的调查，我的女儿自告奋勇，延迟三个月硕士课程，背着她的相机远道回国。

在经历了汗如雨下的劳累、无从预料的惊险，甚至不可想象的脏乱和蚊叮虫咬之后，她留下了二十七位奶奶一千多张照片，为本书提供了不可缺少的插图。与此同时，这个世界让她有了二十七份牵挂。

我给她取的大名，叫段苏夏。

在调查采访过程中，得到以下各位专家学者和朋友的热情帮助：戈叔亚先生、苏智良先生、陈祖樑先生、朱弘先生、陈俊先生、方军先生、黄尧先生、胡廷武先生、段生馗先生、李继东先生、段培东先生、周勇先生、王然先生、黎泉先生、田子渝先生、伍金贵先生、杨开庆先生、李绍元先生、陈旭先生、陈院峰先生、陈景东先生、何德尊先生、邱佳伟先生、麦舍先生、高晓诗先生、马子兴先生、李绍明先生、杨卫平先生、杨卫民先生、王贵明先生、陈厚志先生、黄大强先生、梁朝胜先生、张双兵先生、李贵明先生、吴先斌先生、经盛鸿先生、王炳毅先生、施正东先生、丁勇先生、马建强先生、李晓方先生、徐少军先生、陈晓建先生、杨涛先生、李涛先生、哨兵先生、雷江先生、武文斌先生、高自祥先生、安世鸿先生（韩国）、夏本雄二先生（日本）。

王选女士、杨新锦女士、胡丽华女士、谢红女士、米小菲女士、杨艳女士、陈蓓琴女士、朴尔敏小姐、黄莛小姐、杨晨小姐、罗文静小姐、肖宇小姐、赵彩玲小姐、易迪女士、李红梅女士、张冀萍女士、张学芬女士、汤萍女士、尘埃女士、石顺华女士、叶多多女士、刘晓兰女士、任红梅女士、马燕女士、朱娜女士、赵慧萍女士、婕妤女士、白薇女士、彭群力女士、赵丽兰女士、李小麦女士、周兰女士、李纪常女士。

本书写作中，得到几位兄长真诚的启发、指点和鼓励：邓贤先生、张庆国先生、何立伟先生、何小竹先生、汤世杰先生、李霁宇先生。

李根志先生、陈庆港先生、安世鸿先生（韩国）提供了侵华日军慰安妇朴永心、朴来顺、李寿段相关照片。吴先斌先生提供了侵华日军使用的“突击一号”和“星秘膏”实物照片。

在面对几大本日文、英文、韩文资料一筹莫展的时候，益羽小姐（日本）、朴孝晋小姐（韩国）、段苏夏小姐、三毛先生不厌其烦帮我翻译成中文。

我的母亲段树媛女士，在我带病采访的过程中充当了保健医生。弟弟瑞德和妹妹瑞平，在完成此书的过程中给予了温暖的理解和有力的支持。

在采访过程中，多次得到龙陵县委、政府、宣传部、松山抗战遗址管理所和腾冲县委、县政府、宣传部的大力支持和帮助。

参考文献如下：

《1944：松山战役笔记》 余戈 著

《日军慰安妇制度批判》 陈丽菲 著

《南京沦陷八年史》 经盛鸿 著

《炮楼里的女人》 张双兵 著

《真相》 陈庆港 著

《世纪呐喊》 李晓方 著

《记忆的伤痕》 蔡雯 李根志 著

《二战时期的慰安妇制度》 苏智良 荣维木 陈丽菲 主编

《城东生死劫》 费仲兴 著

《日之完》 张正隆 著

《重重》 [韩] 安世鸿 著

《武汉兵站》 [日] 山田清吉 著

《汉口慰安所》 [日] 长沢健一 著

《随军慰安妇》[日] 千田夏光 著 林怀秋 译

《中日拉孟决战揭秘——异国的鬼》[日] 品野实 著 伍金贵 译

《松山：全军覆灭战场的证言》 [日] 太田毅 著 伍金贵 译

《菊与刀》 [美] 鲁思·本尼迪克特 著

《拥抱战败》 [美] 约翰·W·道尔 著

《第二次世界大战战史》 [英] 李德·哈特

《血雾迷茫》 陈祖樑 编著

《中国抗日战争正面战场作战记》 郭汝瑰 黄玉章 主编

《日军侵华罪行实录：云南部分》 云南省档案馆编

《江山作证》 陈祖樑 主编

《中国远征军滇西大战》 云南保山地区新闻中心
云南省保山地区博物馆 编

《孟县：文史资料汇编》 孟县政协

段瑞秋

2014年10月20日 于昆明

补记：

2014年11月21日，星期五。

电话响了，号码陌生。听筒里是熟悉的声音和陌生腔调的中国普通话："瑞秋，我是安世鸿。我在中国、广西、荔浦，见过一个奶奶，还要去见另一个奶奶。可是，另一个奶奶去世了，今天中午。你等一下。"电话换到另一位先生的手里，估计还是韩国人，也估计他的中国话比安世鸿流利，才让他给我详细解释。在山西采访遇见摄影家安世鸿，他只会说"你好"和"谢谢"。

我一直没有说话，不解释我也知道是何玉珍大娘去世了。

我的心不停下沉，眼眶盈满泪水，哽咽着向他们道谢，并请他们向冯秀珍大嫂转达我的慰问和对何大娘的悼念。韩国先生善解人意，说："别伤心，我们晚上再给你打电话。"

何大娘的生日是11月2日，去年第一次去到她家，正好是她九十二岁寿辰。今年6月30日再去看她，已经完全失去了记忆。今天，是她九十三岁零十九天。

接到电话是下午三点二十八分。之后，我呆呆坐在沙发上，看着纱窗外的天光一点一点变暗、逝去，如同生命的谢幕。再次回想我所知晓的何大娘一生，不知不觉进入了黑暗。我知道，这样的消息，会接连到来。不知下一位逝者，是谁的名字？何大娘是今年离世的第三位侵华日军性暴力受害者。我也知道，这是她们对苦难生活的真正脱离，但愿到了另一个世界，她们能平安、幸福地活过一生。

六点五十分，安先生的电话再次打来，告诉我何大娘今晚装棺，五天后入土。明天一早，还要去何大娘家。他的相机，要记录这场葬礼。

2014年11月22日